9un

Über dieses Buch . Der international bekannte Songpoet Bob Dylan gilt als eine der bedeutendsten Figuren der Popularkultur nach dem Zweiten Weltkrieg. Seine Lieder spiegeln die Geschichte einer ganzen Generation – der »rebellischen« Jugend der sechziger Jahre. Als Dylan 1970 die Ehrendoktorwürde der Princeton University verliehen wurde, bezeichnete deren Präsident den Sänger als »den authentischen Ausdruck des beunruhigten Gewissens seiner Generation«.

Das vorliegende Buch beschäftigt sich daher nicht nur mit Bob Dylans Liedern, sondern ist gleichzeitig eine Analyse der sechziger Jahre. Dylans weltberühmte Songs werden kenntnisreich in ihr soziokulturelles Umfeld eingeordnet. Bürgerrechtsbewegung, Kuba-Krise, Raketenangst, Vietnamkrieg, Generationskonflikt, Gegenkultur und schließlich desillusionierter Ausstieg – all das kommt in seinen Songs zum Ausdruck. Kein Wunder also, daß Dylan zum Leitbild, ja zur Kultfigur für die Jugend der sechziger Jahre geworden ist.

Der Autor Mathias R. Schmidt, geb. 1953, studierte Amerikanistik; Dissertation über Bob Dylans Protestsongs und deren Hintergrund. Schmidt lebt als freier Autor und arbeitet vorwiegend für den Rundfunk, oft zu amerikakundlichen Themen; 1980 Veröffentlichung einer Materialsammlung über die Indianer in den USA: »Wenn wir gehen, geht die Welt. Indianer in den USA. Interviews und Dokumente«.

Mathias R. Schmidt

Bob Dylan
und die sechziger Jahre

Aufbruch und Abkehr

Fischer
Taschenbuch
Verlag

Für Tanja und Arne

Der Abdruck der zitierten Song-Texte von Bob Dylan erfolgt mit freundlicher Genehmigung der Warner Bros. Music GmbH Germany, München.
Übersetzt wurden die Texte von Mathias R. Schmidt.

Originalausgabe
Fischer Taschenbuch Verlag
September 1983
Umschlaggestaltung: Jan Buchholz/Reni Hinsch
Fischer Taschenbuch Verlag GmbH, Frankfurt am Main
© 1983 Fischer Taschenbuch Verlag GmbH, Frankfurt am Main
Satz: Fotosatz Otto Gutfreund, Darmstadt
Druck und Bindung: Clausen & Bosse, Leck
Printed in Germany
1080-ISBN-3-596-22987-1

Inhalt

Vorbemerkungen   7

1 Arbeit, Ordnung und Konsum   11
Rückblick auf die 50er Jahre

2 Zur rechten Zeit am rechten Ort   19
Dylans Anfang in New York
LP *Bob Dylan* (1962)

3 Mit Eifer auf ins Ungewisse   31
King, Kennedy und Kuba-Krise

4 Der Motzer mit der spitzen Zunge   39
Dylans frontale Attacken
LPs *The Freewheelin' Bob Dylan* (1963)
The Times They Are A-Changin' (1964)

5 Alte Muster, neue Masche   65
Der Protestsong in der Lied-Tradition

6 Ein Sänger sucht nach neuen Ufern   81
Dylan zwischen Folk und Rock
LPs *Another Side of Bob Dylan* (1964)
Bringing It All Back Home / *Subterranean Homesick Blues* (1965)

7 Kanonen statt Butter   107
Die Kluft im Volk wird breiter

8 Rocksongs mit Pfeffer und Köpfchen   121
Dylan – ein ›Brecht der Musikbox‹?
LPs *Highway 61 Revisited* (1965), *Blonde on Blonde* (1966)

Zwischenbilanz   150

9 Von Hippies, Trips und Ausgeflippten   155
Die kurze Blüte der Gegenkultur

10 Und die Moral von der Geschicht'   167
Dylan setzt auf Ausgleich und Liebe
LPs *John Wesley Harding* (1968), *Nashville Skyline* (1969)

11 Wie ein rollender Stein   181
Versuch einer Würdigung

Discographie   187

Bibliographie   189

Dank   192

Vorbemerkungen

Bücher über Bob Dylan, fundierte und weniger gute, gibt es mittlerweile eine ganze Reihe, die meisten allerdings in englischer Sprache. Man findet biographische Werke, Foto-Bände, etliche Song-Interpretationen aus unterschiedlichen Blickwinkeln, eine gelungene Aufarbeitung der Dylan-Kritik in Deutschland und den USA (Dennis Anderson), Tournee-Berichte, Zusammenstellungen mit Interviews und Aussprüchen des Songschreibers sowie mehrere Discographien. Eine ausführliche Bibliographie ist in Vorbereitung (Harald Müller). Was bislang fehlte, war eine breiter angelegte Veröffentlichung, in der Wirken und Wirkung Bob Dylans in bezug zu seiner Zeit gesetzt wird. Das vorliegende Buch soll diese Lücke schließen. Nur wer mit dem zeitgeschichtlichen Umfeld vertraut ist, kann das Phänomen Dylan begreifen.

Bob Dylan ist seit über zwanzig Jahren ein Superstar; wenige moderne Musiker haben sich so lange halten können. Der internationale Ruhm des Robert Zimmerman aus Hibbing, Minnesota, wurde in den sechziger Jahren begründet. Mit seinen Liedern hat er die Jugend des ›Jahrzehnts der Rebellion‹ in einer Weise angesprochen wie kein anderer Vertreter der populären Musik. Obwohl nach wie vor gefragt und gefeiert, besaß der Songschreiber in späteren Jahren jedoch nicht mehr den gleichen tiefgreifenden Einfluß auf sein Publikum. So konzentriert sich dieses Buch mit gutem Grund auf den Dylan der sechziger Jahre.

Zur Vorgehensweise: In fünf Kapiteln wird das zeitgeschichtliche Umfeld beleuchtet, fünf Kapitel beschäftigen sich mit den Liedern und der Entwicklung Dylans. Dabei lassen sich drei Phasen unterscheiden: der frühe Folk-Protest, die Rock-Nummern der Jahre 1965–67 und die schlichten, von Ausgleich und Liebe handelnden Songs am Ende des Jahrzehnts. Das Buch ist chronologisch aufgebaut und zweigleisig konzipiert: Jedem der in sich abgeschlossenen Kapitel zu einem bestimmten Abschnitt der Dylanschen Karriere folgt ein zeitgeschichtliches Essay.

Grundlage meiner Song-Analyse sind die offiziell erschienenen Langspielplatten. Auf unveröffentlichte Lieder und die zahlreichen illegalen Raubpressungen (bootlegs) wird nicht eingegangen; ebensowenig auf Dylans diffuses Buch *Tarantula* (1971) und die verschiedenen von ihm verfaßten Gedichte auf den Plattenhüllen (liner notes). Das Hauptprodukt eines Songschreibers sind dessen veröffentlichte Lieder, d. h. seine Platten. Alle sonstigen Äußerungen sind demgegenüber von untergeordneter Bedeutung. Dies gilt in besonderer Weise für die verschiedenen Interviews Bob Dylans. Wenn es in der Pop-Szene einen Meister des Verwirrspiels gibt, dann Robert Zimmerman. Seine Abneigung gegenüber Journalisten ist sprichwörtlich. Wie schreibt doch Bob Sarlin? »Die meisten seiner Interviews sind Lehrstücke höherer Manipulation« (Sarlin, S. 38). Zwar mag es in den veröffentlichten Gesprächen hin und wieder ehrliche, ernst gemeinte Passagen geben, doch wer will beurteilen, wo die Verschleierungstaktik einmal fallengelassen wird? Ratsamer ist es, nach folgendem Motto zu verfahren: ›Fragt nicht Dylan, hört seine Songs!‹ Die Lieder sprechen für sich.

Sämtliche in dieses Buch eingeflossenen im Original englischen Zitate sind gewissenhaft übersetzt worden. Dies gilt ebenso für die wiedergegebenen Ausschnitte aus Dylans Liedern. Bei der Übertragung der Verse kam es mir darauf an, deren Gehalt so exakt wie möglich wiederzugeben. Auch die Vers-Einteilung blieb weitgehend gewahrt. Ganz bewußt wurde darauf verzichtet, die Übersetzungen durch Reim und Rhythmus zu glätten, denn solch formales Aufpolieren geht fast immer zu Lasten des Inhalts. Die bislang veröffentlichten deutschen Fassungen der Dylan-Texte sind streckenweise mehr Nachdichtung als Übersetzung. Wer sich für die englischen Original-Texte interessiert, sei auf die im Verlag Zweitausendeins erschienene autorisierte Sammlung *Bob Dylan. Texte und Zeichnungen* verwiesen.

Im Zuge der Recherchen für meine Dissertation über Dylans Verwurzelung in der Lied-Tradition (s. Bibliographie) habe ich mehrere ausgedehnte Reisen durch die Vereinigten Staaten unternommen. Dabei konnte ich nicht nur kiloweise Fotokopien hierzulande schwer zugänglicher Bücher und Artikel beschaffen, sondern auch eine Reihe Interviews mit kompetenten Kennern der amerikanischen Musikszene führen. Zu den von mir Befragten gehören:

– Gordon Friesen und Sis Cunningham, Herausgeber des New Yorker Protestsong-Magazins *Broadside,* in dem zahlreiche frühe Dylan-Lieder abgedruckt wurden;
– Pete Seeger, international bekannter amerikanischer Folksänger;
– John Hammond, Sr., ehemaliger Vizepräsident des Schallplatten-Konzerns *Columbia Records* (CBS), bei dem Dylan seinen ersten Vertrag erhielt;
– Ralph Rinzler, zu Dylans Anfangszeit Bluegrass-Musiker in New York (gemeinsame Auftritte), heute Direktor des *Folk Life Program* der angesehenen Smithsonian Institution in Washington, D.C.;
– Robert Shelton, ehemaliger Folk-Kritiker der einflußreichen *New York Times,* journalistischer ›Entdecker‹ Dylans und Verfasser einer mit Spannung erwarteten umfangreichen Biographie des Songschreibers (heute freier Autor in London);
– Prof. Serge R. Denisoff, Soziologe an der Bowling Green State University (Ohio), kompetenter Kenner der amerikanischen Musikszene und Autor einschlägiger Standardwerke.

Sämtliche im Text dieses Buches nicht weiter gekennzeichneten Äußerungen dieser Personen stammen aus meinen eigenen Interviews. Bei allen sonstigen Zitaten werden der Name des Autors und die Seitenzahl genannt; die genauen Quellenangaben sind der Bibliographie zu entnehmen.

Zur Erhöhung des Gebrauchswertes sind zu Beginn der jeweiligen Interpretationspassage die Titel all jener Songs, auf die im Text näher eingegangen wird, durch Unterstreichung hervorgehoben. Am Ende des Buches findet der Leser eine Übersicht über die behandelten Dylan-LPs und die darauf enthaltenen Lieder.

Lindenhof, im Frühjahr 1983   Mathias R. Schmidt

1 Arbeit, Ordnung und Konsum

Rückblick auf die 50er Jahre

Chevrolet Bel Air (1955)

Wer die 60er Jahre, jene spannungsgeladene Ära der Abkehr und des Aufbruchs, begreifen will, muß sich die Ausgangssituation vor Augen führen – die gesellschaftlichen und politischen Bedingungen in den USA der 50er Jahre. Die Saat, die in den Sechzigern aufgehen sollte, ist in den Fünfzigern gesät worden.

Die *fifties* begannen mit dem dreijährigen Korea-Krieg (1950–53), einem Waffengang, der sich äußerst günstig auf Arbeitslosenziffer und Bruttosozialprodukt auswirkte. Schon der Zweite Weltkrieg, aus dem die USA als unangefochten stärkste Macht der Welt hervorgegangen waren, hatte solch ›positive‹ Begleiterscheinungen an der Heimatfront mit sich gebracht. So befanden sich 1945 immerhin drei Viertel des Investitionskapitals der Erde und zwei Drittel der gesamten Industriekapazität auf US-amerikanischem Boden. Doch wie zuvor im Falle des Weltkriegs hatte auch der ökonomische Aufschwung im Zuge des Korea-Booms einen hohen Preis: 33 000 Amerikaner fanden in Südostasien den Tod – und daheim durchlebten die Bürger eines der schwärzesten Kapitel ihrer Geschichte.

Nachdem bekannt geworden war, daß die Sowjetunion 1949 einen Atomtest durchgeführt und 1950 ein Wissenschaftler atomare Geheimnisse an die Russen verraten hatte, stieg in den Vereinigten Staaten das Mißtrauen gegenüber der UdSSR deutlich an. Als der Kalte Krieg in Korea in eine, wenn auch lokal begrenzte, heiße Phase umschlug, schien es vielen US-Bürgern nur folgerichtig zu sein, auch im eigenen Lande alle »Roten« aufzuspüren und auszuschalten. Treibende Kraft der nun beginnenden anti-kommunistischen Hexenjagd war Senator Joseph McCarthy, der von 1950 bis 1954 einen entsprechenden parlamentarischen Untersuchungsausschuß leitete.

Der Feldzug gegen alle »un-amerikanischen« Aktivitäten richtete sich vor allem gegen Intellektuelle, Ausländer und verdächtigte Regierungsangestellte. Die patriotische Säuberungsaktion fand auch in zwei Gesetzen ihren Niederschlag. So wurde eine Behörde zum Kampf gegen die Unterwanderung ins Leben gerufen und die Überprüfung einreisender Ausländer hinsichtlich ihrer Einstellung zu den Vereinigten Staaten verfügt. Obwohl diese Gesetze verfassungsmäßige Grundrechte anrührten, wurden sie vom Obersten Gerichtshof bestätigt. Nicht unähnlich den »Berufsverboten« späterer Jahre in der Bundesrepublik mußten sich in den frühen 50er Jahren amerikanische Bundesbedienstete einer Loyalitätsprüfung unterziehen. Nicht allein Personen, denen linkes Engagement unterstellt wurde, galten als »Sicherheitsrisiko«, sondern auch wer durch Alkohol- oder Drogenkonsum, sexuelles »Fehlverhalten« usw. unangenehm auffiel. McCarthys Diffamierungskampagne steigerte die Kommunisten-Angst seiner Landsleute fast bis zur Hysterie. Das Ende des Korea-Krieges nahm dem übereifrigen Senator schließlich den Wind aus den Segeln. Doch die von ihm ausgelöste Verunsicherung, ja Einschüchterung vieler Bürger mit abweichender Meinung sollte noch über Jahre hinaus nachwirken.

Nach dem von vielen Patrioten als peinlich empfundenen Waffenstillstand in Südostasien und dem Ende der hektischen Hatz des Joseph McCarthy begannen in den Vereinigten Staaten Jahre angepaßter Ruhe. Die Motive für jenes allgemeine Streben nach stillem Glück und trautem Heim lagen vor allem im persönlichen Bereich. Nach zwei denkbar turbulenten Jahrzehnten – Depression, Weltkrieg, Korea – glaubten die Bürger, ein Recht auf Frieden, auf Stabilität und Sicherheit zu haben. In weiten Teilen der Bevölkerung ließ sich eine isolationistische Stimmung verzeichnen; von auswärtigen Konflikten hatte man fürs erste mehr als genug. Jetzt galt es zunächst einmal, Versäumtes nachzuholen und die gezwungenermaßen zurückgestellten materiellen Wünsche zu befriedigen.

Dieser Grundstimmung kam die Politik des republikanischen Präsidenten Eisenhower entgegen. Mit der Amtseinführung des populären ehemaligen Generals und seines Vizes Richard M. Nixon ging eine politische Epoche zu Ende: 24 Jahre lang hatten Vertreter der Demokratischen Partei das Washingtoner Staatsruder in der Hand. Eisenhowers erklärt konservatives Kabinett bestand fast vollständig aus Männern der Wirtschaft. Ein Industrieller aus Ohio war Finanzminister, an der Spitze des Verteidigungsressorts stand ein Ex-Präsident von General Motors. Bei einer solchen Besetzung der Kommandozentralen kann es nicht verwundern, daß die republikanische Regierung fortan Industrie und Handel in vielfältiger Weise Unterstützung angedeihen ließ. Die Abschreibungssätze wurden erhöht, die Einkommensteuer für Unternehmen gesenkt, das steuerliche Absetzen von Verlusten erleichtert. Franklin D. Roosevelts Zentralismus wich einem Geist des *Laissez-Faire*.

Dank des freien Spiels marktwirtschaftlicher Kräfte wurde die Ära Eisenhower (Feb. 1953–60) eine Zeit des ökonomischen Wachstums. Am Ende seiner achtjährigen Amtszeit (die Verfassung verbot eine nochmalige Kandidatur) konnte der General in vieler Hinsicht mit dem Erreichten zufrieden sein. Das Bruttosozialprodukt war seit seinem Einzug ins Weiße Haus um 25 Prozent angewachsen, das durchschnittliche Familieneinkommen um fünfzehn, der Durchschnittslohn um zwanzig Prozent gestiegen. Der Lebensstandard des vielzitierten Normalverbrauchers hatte sich spürbar verbessert (vgl. O'Neill, S. 4).

Amerikas Weg zur Wohlstandsgesellschaft läßt sich nicht zuletzt am Siegeszug des Fernsehens nachvollziehen. Gab es 1947 erst 10000 TV-Geräte, flimmerten 1960 in den US-Haushalten bereits 45 Millionen Mattscheiben (und zwar laut Statistik im Schnitt fünf Stunden pro Tag). Kaum minder rasant stieg von 1950 bis 1960 die Zahl der Automobile um 20 Millionen (auf 61,5 Mio.) an* (vgl. O'Neill, S. 3; Adams, S. 391).

Daß bei solch einmütigem Streben nach technischen Statussymbolen für

---

* Zum Vergleich: Die USA hatten im Jahre 1950 151,1 Mio. und 1960 179,3 Mio. Einwohner.

gesellschaftliche Kritik oder gar Opposition wenig Raum blieb, versteht sich. Die Ansätze einer linken Szene waren seit McCarthy weitgehend zerschlagen, und die einst kämpferischen amerikanischen Gewerkschaften hatten sich zu trägen Mammut-Körperschaften aufgebläht. An den Universitäten – in gewisser Hinsicht Gradmesser des politischen Klimas – herrschte disziplinierte Ruhe: Es wurde fleißig gebüffelt, und an Ausschreitungen waren lediglich hin und wieder sogenannte *Panty Raids* zu verzeichnen, tolldreiste Überfälle auf Zimmer von Studentinnen, bei denen feminine Dessous erbeutet wurden.

Am 4.10.1957 schickte die UdSSR ihren ersten Sputnik ins All, ein Ereignis, das in der amerikanischen Bevölkerung einen tiefen Schock auslöste. Die Aufregung ist nachvollziehbar: Für ein Land, dessen Selbstwertgefühl nicht unwesentlich auf der Überzeugung basierte, die führende Industrienation der Welt zu sein, *mußte* der erfolgreiche Start eines Raumflugkörpers durch eine konkurrierende Macht eine technische Demütigung ersten Ranges bedeuten. Die großen, die genialen Vereinigten Staaten überrumpelt, überrundet? Ein obskurer russischer Flugkörper mit Kameras und wer weiß noch was an Bord zieht seine Bahnen um die Erde, ohne daß die Freie Welt etwas dagegen unternehmen kann? Die latent schlummernde Kommunisten-Furcht war neu entfacht. Der Gedanke der Eindämmung des sowjetischen Einflusses (containment) – ursprünglich auf Europa beschränkt, dann zur globalen Strategie erweitert – erhielt neuen Auftrieb. Fachleute warnten vor einer zu Ungunsten der USA aufklaffenden »Raketen-Schere« (missilie gap) und drängten den Präsidenten (vergeblich) zu einer deutlichen Aufstockung des Verteidigungshaushaltes. Die blutige Unterdrückung des Volksaufstands in Ungarn verlieh der Forderung, vor der Roten Gefahr gewappnet zu sein, zusätzlichen Nachdruck.

So wurden die US-Bürger ab dem Sputnik-Schock von Politikern und Medien immer wieder aufgerufen, dem Vaterland ihr Bestes zu geben, um die erlittene nationale Schmach schnellstmöglich wettzumachen. Spitzenleistung (excellency) war Tugend und Gebot der Stunde. Nur durch ein Aufgebot aller Kräfte glaubte man der russischen Herausforderung und vermeintlichen Bedrohung aus dem All begegnen zu können. Die gesellschaftlichen Grundtendenzen des Jahrzehnts, Konformismus – nicht selten Duckmäusertum – und Materialismus, traten damit natürlich noch deutlicher zutage.

Der häufig für diese Aufbau- und Nachholjahre verwandte Ausdruck *silent fifties* – »stumme Fünfziger« – hat in vieler Hinsicht Berechtigung. Abgesehen von einer vorübergehenden Phase des Zweifels, ausgelöst durch den Sputnik-Start, war das Jahrzehnt im Vergleich zu der folgenden Dekade eine Zeitspanne behäbiger Selbstzufriedenheit. Hatte man *Nips* und *Krauts* (Japanern und Deutschen) nicht gezeigt, was eine Harke ist? War der heilige Kreuzzug wider den Faschismus nicht glorreich gewonnen worden? Sie hatte gute Gründe, stolz zu sein, die Generation der Kriegsveteranen – kurz geschoren, gleichschrittgeübt und gewohnt, allen Anordnungen gefälligst Folge zu leisten. Nachdem sie sich auf drei Kontinenten in jeder Hinsicht hatten austoben können, fiel es Amerikas heimgekehrten Helden nicht schwer, sich mit der Tanzstunden-Freundin in die Idylle schmucker Eigenheime in den grünen Vorstädten (suburbs) zurückzuziehen. Das durchschnittliche Heiratsalter sank (in der zweiten Hälfte des Jahrzehnts auch die Zahl der Scheidungen), die Geburtenrate stieg. Man ging wieder öfter in die Kirche. »Happy people with happy problems« – so umschrieb der Schriftsteller Herbert Gold den Gemütszustand der Nation.

Und doch hatte es unter der Oberfläche bereits zu gären begonnen: Die in den Südstaaten seit Jahrzehnten verschleppte Bürgerrechtsfrage war wieder aktuell geworden. In mehreren Entscheidungen hatte der Oberste Gerichtshof angeordnet, die Rassentrennung in den öffentlichen Schulen des Südens aufzuheben, ein Beschluß, der auf den erbitterten Widerstand der dortigen Bevölkerung stieß. Als der Gouverneur von Arkansas 1957 in der Stadt Little Rock gar die Nationalgarde aufbot, um neun schwarze Kinder am Betreten einer Oberschule zu hindern, mußte Präsident Eisenhower (widerstrebend) Bundestruppen einsetzen, um dem Gesetz Recht zu verschaffen. Unter der Führung eines gewissen Dr. Martin Luther King, Jr. boykottierte die schwarze Bevölkerung in Montgomery, Alabama, zum Jahreswechsel 1955/56 eine lokale Omnibuslinie, die – wie überall im Süden – farbige Fahrgäste nur auf den hinteren Bänken beförderte. Nach einjähriger Auseinandersetzung mußte die Busgesellschaft aufgeben. Der gewaltlose Widerstand nach dem Vorbild Mahatma Gandhis hatte seine erste Bewährungsprobe bestanden und sollte eine der wenigen progressiven Ideen sein, welche die 50er den 60er Jahren vererben würden.

Für den Bereich der Popularkultur gilt ähnliches wie für das gesellschaftliche Umfeld: Zumindest die ersten zwei Drittel der Fünfziger hatten wenig Pepp. Wer jedoch seine intellektuelle Antenne entsprechend ausgerichtet hatte, konnte erste Signale eines sich abzeichnenden nicht mehr allzu fernen Wandels empfangen. So warnte der deutsche (lange in den USA lehrende) Sozialphilosoph Herbert Marcuse in seinem 1955 erschienenen Werk *Eros and Civilization* vor der Unterdrückung des Menschen und seiner Triebe in der totalitären »spätkapitalistischen Gesellschaft«. Mit *The Power Elite* (1956) griff der amerikanische Soziologe C. Wright Mills das Thema auf und argumentierte, sein Land werde von einer kleinen Clique einflußreicher Leute beherrscht. In eine ähnliche Richtung zielte die Analyse von William H. Whyte, der in seinem Buch *Organization Man* (1956) dazu aufrief, sich den übermächtigen bürokratischen und hierarchischen Strukturen des Systems nicht länger kampflos unterzuordnen. Als besonders eloquenter Kritiker aus dem Lager der amerikanischen Intelligentia erwies sich Paul Goodman, der in *Growing Up Absurd* (1959) die Mißachtung des Individuums in den zeitgenössischen USA und das Brachliegen so vieler Begabungen anprangerte sowie die Hochkonjunktur des reinen Zweckdenkens und die Verachtung der Künste beklagte.

Gesellschaftliche Mißstände theoretisch zu durchdringen ist *eine* Sache, aus solchen Einsichten persönliche Konsequenzen zu ziehen, eine ganz andere. Der Kreis bewußter Nein-Sager, aktiver Verweigerer, war in den 50er Jahren noch denkbar klein. Er beschränkte sich auf ein Grüppchen vornehmlich in San Francisco und New York City lebender Kultur-Rebellen, für die der Begriff *Beatniks* geprägt wurde. Die Lebensphilosophie dieser Aussteiger fand in den Druck-Produkten ihrer Sprecher und Helden, der sogenannten »Beat-Poeten«, literarische Verewigung. Zentrale Figur und großer Apostel der *Hippster* war Jack Kerouac. Sein 1957 erschienenes Buch *On the Road,* die Schilderung einer Serie hektischer Trips kreuz und quer durch Amerika, ist ein einziges Pamphlet gegen den gesellschaftlichen Status quo der Nachkriegs-USA. Der wohlgeordneten Welt der Etablierten (»square world«) stellte Kerouac die ungehemmte Persönlichkeitsentwicklung (von der Freien Liebe bis zur Droge) und zenbuddhistische Mystik entgegen. Was Kerouac auf dem Gebiet der Prosa begonnen hatte, versuchte Allen Ginsberg im Bereich der Lyrik (*Howl,* 1956): sich mit einem unstrukturierten, spontan-emotionalen, ungemein vitalen Wortschwall »freizuschreiben«. Die stellenweise recht überdrehten Ergüsse Kerouacs und Ginsbergs sowie die Werke ihrer Mitstreiter William Burroughs (*Naked Lunch,* 1959), Gregory Corso, Gary Snyder, Philip Whalen, Peter Orlovsky und Lawrence Ferlinghetti vermochten durch die konsequente Verwendung lebensnaher, nicht selten obszöner Straßensprache der Prosa und Lyrik wieder eine größere Leserschaft zu eröffnen.

Die US-amerikanische Popularmusik wurde bis Mitte der 50er Jahre von gefällig-melancholischen Liedchen zum ewigen Thema »Liebe« beherrscht. Der Autor Bob Sarlin bringt diese Dominanz »lahmen Materials ohne Anspruch« mit dem gerade umgehenden *McCarthyism* in Verbindung: »Die Hexenjäger waren unterwegs, und die amerikanische Unterhaltungsindustrie hatte vor ihren paranoiden Forderungen praktisch völlig kapituliert« (Sarlin, S. 23f.). Die großen Stars jener Tage, Sänger wie Frank Sinatra und Dean Martin, waren mehr Interpreten als schaffende Künstler; keiner von ihnen schrieb seine Lieder selbst.

Der 1955 anlaufende Kinofilm *Blackboard Jungle* (»Die Saat der Gewalt«) platzte in diese schnulzige Süßlichkeit wie eine Bombe. Titelsong des in einem tristen Großstadtvorort spielenden Halbstarken-Melodramas war Bill Haleys *Rock Around the Clock.* Mit diesem Lied sowie seinem kurz zuvor auf Platte erschienenen *Crazy Man Crazy* hatte Haley einen neuen Musikstil kreiert: den Rock 'n' Roll. Die gelangweilte Jugend der Eisenhower-Epoche war wie elektrisiert. Der stampfendrhythmische Sound Haleys und wenig später die Nummern von Chuck Berry, Buddy Holly, Little Richard und Elvis Presley boten ihnen die Chance eines kurzzeitigen Ausbruchs aus dem behäbigen Gleichmaß der von Wohlstandsdenken bestimmten Welt ihrer Eltern. Der Rock 'n' Roll fungierte damit als lauthals vorgetragene Unabhängigkeitserklärung einer bislang sprachlosen Bevölkerungsgruppe: der Teenager. Mit ihrer starken Betonung von Sex und Sinnlichkeit hatte die neue Musik, wie irritierte Eltern, Lehrer und Politiker unschwer erkannten, einen nachgerade revolutionären Charakter. Rock 'n' Roll war eine kompensierende Kampfansage, eine Attacke gegen die geballte Langeweile des *mainstream*-Amerika.

Der kometenhafte Aufstieg des Rock 'n' Roll hatte auf den Tonträgern kleinerer Schallplattenfirmen begonnen. Sobald die großen Gesellschaften das gewaltige Marktpotential des neuen Musikstils erkannten, stiegen sie ebenfalls in das lukrative Geschäft ein, indem sie bereits »erprobte« Sänger von den kleinen *Labels* abwarben oder selber Talentsucher aussandten. Der Ausstoß an Rock 'n' Roll-Platten stieg sprunghaft an. Im Zuge zunehmender Kommerzialisierung entwickelte sich der ursprünglich ungehobelt-vitale, häufig amateurhaft für einen regionalen Markt produzierte Alternativsound zu einer geschliffenen, von Arrangeuren aufpolierten und standardisierten Dutzendware. So verwelkte der Rock 'n' Roll nach seiner kurzen Blüte (Höhepunkt: 1956/57) und war am Ende des Jahrzehnts nur noch »eine sanfte Berieselung für angehende Teenager« (Scaduto, S. 206). Als dazu im Jahre 1960 ein parlamentarischer Untersuchungsausschuß aufdeckte, daß bekannte Discjockeys von Plattengesellschaften regelmäßig dubiose Zahlungen empfangen hatten (»Payola-Skandale«), war der Rock 'n' Roll für einen Großteil der amerikanischen Jugend endgültig diskreditiert.

Das Verkümmern des Rock 'n' Roll und die erneute Vorherrschaft bestenfalls mittelmäßiger Hitparaden-Songs ließ im Bereich der Popularmusik ein Vakuum entstehen. Es gab keine wirklich zugkräftige Stilrichtung; gespielt wurde, was sich verkaufen ließ. Vor diesem Hintergrund ist der boomartige Erfolg des amerikanischen *Folk Revival* zu sehen.

Genaugenommen hatte das Phänomen *Folk Revival* bereits 20 Jahre früher mit den Almanac Singers seinen Anfang genommen.* Diese Folk-Gruppe, der u. a. die bekannten Songschreiber Pete Seeger und Woody Guthrie angehörten, verwandte für ihre engagierten Lieder häufig alte Folksong-Melodien. Einige Jahre nach Auflösung der Almanac Singers (1942) gründete Pete Seeger 1948 das Quartett The Weavers**, das mit seinem popularisierten Folksong *Goodnight Irene* sogar Spitzenreiter der amerikanischen Hitparade wurde. In der McCarthy-Zeit gerieten die linksliberalen Musiker unter starken Beschuß und

---

* Als Quelle dienten den Almanacs vor allem die Folksongsammlungen, die John Lomax seit Beginn des Jahrhunderts angelegt hatte. Sein Sohn Alan trat später mit großem Enthusiasmus in die Fußstapfen des Vaters und ermunterte Leute wie Guthrie und Seeger immer wieder zum Singen der alten Volkslieder.
**Benannt nach Gerhart Hauptmanns Stück *Die Weber.*

wurden von Medien und größeren Veranstaltern boykottiert. Durch dieses Berufsverbot war die bekannte *Revivalist*-Formation für die nächsten Jahre weitgehend ausgeschaltet, wenn sich auch Pete Seeger und sein Freund Woody Guthrie durch viele kleine Auftritte eine gewisse Anhängerschaft erhalten konnten.

Die zweite Phase, das eigentliche *Folk Revival,* begann 1958 mit dem Erscheinen der Platte *Tom Dooley* des Kingston Trios. Die aufbereitete Version einer traditionellen Südstaaten-Mörderballade wurde ein sensationeller Hit. Von den enormen Verkaufsziffern beeindruckt (ca. 3 Mio. abgesetzte Platten), begannen mehrere der ohnehin nach etwas Neuem suchenden Plattenfirmen, Folksinger unter Vertrag zu nehmen. Parallel zum Erscheinen neuer Folk-Platten fingen nun viele junge Leute an, selber Gitarre zu spielen und traditionelle Stücke zu singen. Die Nachfrage nach Instrumenten und Zubehör stieg, Liedersammlungen erschienen, Clubs entstanden. Je mehr Anleitung, desto größer die Motivation zur Nachahmung, zum Mitmachen. Neue Sänger, neue Fans, noch mehr Platten. Drei Jahre nach Erscheinen der Single *Tom Dooley* war das *Folk Revival* in vollem Gange.

Fazit: Die popularkulturelle Atmosphäre, die »Szene« der 50er Jahre mag (gemessen an den *Sixties*) vergleichsweise trist gewesen sein, doch gab es einige Lichtblicke, erste Brisen frischen Windes. Vor allem »Rock 'n' Roller« und Beatniks hatten gezeigt, daß es unter den Jugendlichen und jung Gebliebenen der Vereinigten Staaten ein Potential des Anders-sein-wollens gab, dessen Wirkungskraft sich jedoch zu jener Zeit noch nicht näher einschätzen ließ.

2 Zur rechten Zeit am rechten Ort

Dylans Anfang in New York

Januar 1961. Ein Jude namens Zimmerman, Robert Alan Zimmerman, kommt nach New York. Im Stadtteil Greenwich Village findet der schmächtige neunzehnjährige Neuankömmling genau das, was er seit langem sucht: ein Milieu, das sich kraß von der kleinkarierten Monotonie jenes Hibbing, Minnesota, unterscheidet, dem kleinen Bergbau-Nest, wo sein Elternhaus steht, er sich aber schon lange nicht mehr daheim fühlt. Die gleichförmige Welt des *North Country* hemmt und behindert ihn, engt ihn ein, und so ist er schließlich, wenn nicht gerade ausgerissen (wie seine Werbeleute später schreiben), so doch ausgebrochen: Ein kurzes Intermezzo als Student in Minneapolis, dann per Autostop kreuz und quer durch den *Middle West* über Chicago zum »Big Apple« New York.

Greenwich Village. In den Straßenzügen rund um den Washington Square und die Institutsgebäude der großen New York University lebt eine bunt zusammengewürfelte Gemeinde aus Studenten, Wissenschaftlern und Intellektuellen, aus Malern, Musikern, Bildhauern, Literaten und Schauspielern, »ein denkbar kurioser Haufen von Leuten«, wie es der Soziologe Serge R. Denisoff ausdrückt. Man hat Greenwich Village oft »Künstlerviertel« genannt, und in erweitertem Sinne trifft diese Bezeichnung auch zu: Hier in *downtown* New York sind Anfang der sechziger Jahre sicher mehr *Lebens*künstler versammelt als irgendwo anders im Lande. Greenwich Village – das bedeutet, mit bescheidenen Hilfsmitteln und einer gehörigen Portion Phantasie ständig etwas Neues auf die Beine stellen. Greenwich Village – da ist noch viel mehr los als im Dinkytown-Viertel von Minneapolis. Hier ist Bobby Zimmerman richtig. Individuen, Originale, Aussteiger; Existentialisten, schnoddrige Bohème – welch ein Kontrastprogramm zur bürgerlich-geordneten Kaufmannswelt der Zimmermans in Hibbing!

Das besondere Flair des »Village« jener Tage prägt vor allem dessen lebendige Folk-Szene, und die wiederum wäre nicht ohne die Kaffeehäuser europäischen Vorbilds denkbar. »Für den Preis einer Tasse Kaffee... konntest du da solange du wolltest sitzen und Schach oder Karten spielen oder lesen«, erinnert sich der Musiker Ralph Rinzler, »in einem Restaurant dieses Landes eine ganz und gar undenkbare Sache«. Die Beat-Poeten-Clique der 50er Jahre hatte die ersten *coffeehouses* als Treffpunkt benutzt, als Forum für Lesungen, radikale Reden und Diskussionen. Als nun am Ende des Jahrzehnts das *Folk Revival* in Schwung kommt, bietet es sich für die Kaffeehaus-Wirte nachgerade an, Musiker und Sänger in ihren Bistros auftreten zu lassen. Diese Künstler sind preiswert, brauchen keine aufwendige Anlage und ziehen trotzdem Gäste an. Das *Café Wha?*, *The Gaslight, The Commons, Mills Tavern, The Limelight, The Lion's Head, Gerde's* und *The Bitter End* – die Cafés, Clubs und Kneipen sind begehrtes Arbeitsfeld für arriviertere Gagen-Sänger und unbezahlbares Profilierungsterrain für die ständig wachsende Schar der unbekannten Debütanten. Als zusätzliches Beratungs- und Kontaktzentrum dient Israel (»Izzy«) Youngs »Folklore

Center«, und am Sonntagnachmittag trifft man sich zum zwanglosen *Sing Along* im Washington Square Park.

Folk-Szene Greenwich Village: Dave van Ronk, Ramblin' Jack Eliot, Happy Traum und Mark Spoelstra sind da zu hören, das schwarze Bluesduo Sonny Terry and Brownie McGhee, auch die New Lost City Ramblers, Judy Collins, Tom Paxton und Pete Seeger. Hier wohnen der durch seine Radio-Show bekannte Folklore-Interpret Theodore Bikel, die Mitglieder der populären irischen Folk-Formation Clancy Brothers und Mary Travers von Peter, Paul & Mary. Der verdienstvolle Folksong-Sammler Alan Lomax, Veranstalter des großen Carnegie-Hall-Konzertes »Folksong '59«, hat im »Village« seine Zelte aufgeschlagen, ebenso der Folklorist Roger Abrahams und nicht zu vergessen Robert Shelton, Folk-Experte der *New York Times*. Ralph Rinzler schwärmt: »Wir wohnten alle höchstens zehn Minuten voneinander entfernt. Das war eine Gemeinschaft, eine richtige Gemeinschaft. Man trank zusammen, man traf sich morgens beim Kaffee oder beim Zeitungskauf. Es war richtig nachbarschaftlich, wie in einem Dorf.«

Sehr viele der Bewohner und Stammgäste dieser dörflichen Großstadt-Gemeinde sind politisch und sozial interessiert, wenn nicht engagiert. Zwar teilen sie keine einheitliche Ideologie und sind beileibe nicht durch die Bank als »Linke« einzuordnen, wohl aber gibt es eine gewisse gemeinsame progressive Grundhaltung, die Robert Shelton so umreißt: »Wenn etwas im Interesse des Kleinen Mannes war und gegen die ›hohen Tiere‹ abzielte, gegen die Mächtigen, dann war man sich normalerweise einig.« »Weit gefächertes Interesse, Tatendrang, intellektuelle Spannung und ein allgemeiner Wunsch... nach gesellschaftlichem Wandel«, so beschreibt Ralph Rinzler das geistige Klima im Nervenzentrum des *Folk Revival*. »Die ganze Nacht Musik in den Cafés und eine Spur von Revolution in der Luft«, so wird Dylan diese Atmosphäre viele Jahre später in dem Song *Tangled Up in Blue* (LP *Blood on the Tracks*, 1975) poetisch verdichtet in Verse fassen. Kurzum: Die anregende Vielfalt der Szene in Greenwich Village zu Beginn der 60er Jahre ist ein überaus stimulierendes Umfeld für ein tatendurstiges kreatives Talent, »ein reicher, fruchtbarer Boden« (Rinzler). Bob Dylan kommt zur rechten Zeit an den richtigen Ort.

Der Neuankömmling besitzt Ehrgeiz und Ellenbogen. Er will als Musiker Karriere machen, das steht seit der *Highschool* für ihn fest. New York, die Verwaltungshochburg der Unterhaltungsindustrie, ist da ein geeigneter Anlaufpunkt, wenngleich die Dylan-Legende ein ganz anderes Motiv für Bobs Auftauchen am Hudson River bereithält: Der junge Mann aus Minnesota habe sich allein deshalb auf den weiten Weg an die *East Coast* gemacht, um den kranken Songschreiber Woody Guthrie im Hospital zu besuchen. Das klingt rührend, und viele Autoren greifen diese liebe Geschichte (die auch auf der Plattenhülle der ersten LP nachzulesen ist) immer wieder gerne auf. Insider mit intimer Kenntnis der Szene, wie Serge Denisoff (Autor des Standardwerkes *Solid Gold. The Popular Record Industry*), und der Folk-Vater Pete Seeger bezweifeln stark, daß Dylan je im Greystone Hospital in New Jersey gewesen ist. Es kann jedoch als sicher gelten, daß Bob den auf fatale Weise Dahinsiechenden bei gutmeinenden Freunden des Altmeisters (den Gleasons in East Orange) kennenlernen konnte. Daß Guthrie den jungen Dylan bei dieser Gelegenheit als seinen Erben und Nachfolger herausstellte, wie manchmal behauptet wird, hält Seeger wiederum für zweifelhaft. Die Krankenhaus-Story ist somit dort einzuordnen, wohin auch die lange Liste der angeblichen Ausreißer-Abenteuer des Knaben Robert Zimmerman gehört – in die Rubrik ›absatzfördernde Publicity agiler Werbetexter‹.

Wie auch immer die tatsächliche Interaktion zwischen Guthrie und dem jungen Neu-New-Yorker ausgesehen haben mag: fest steht, daß Dylan sich intensiv und voller Begeisterung mit Guthries vielen hundert Liedern (das bekannteste ist wohl *This Land Is Your Land*) und dessen spannender Biographie *Bound for Glory* beschäftigt hat. In den Anfangsmonaten seiner Karriere ist der junge Mann denn auch eine wandelnde Guthrie-Kopie und gibt sich redlich Mühe, in Diktion und Gestus der angenommenen Rolle des lebenserfahrenen Folk-Troubadours zu entsprechen. Während Bob in seinen diversen Schülerbands vor allem als singender Pianist in Aktion trat und Rock-Nummern den Vorzug gab (vor allem solchen von Little Richard), verlegte er sich nach seinem Auszug aus dem Elternhaus auf Folk- und Bluessongs zur Gitarre. Bei der Ankunft in New York verfügt er bereits über ein breites Repertoire solcher Stücke, wenngleich seine Fertigkeiten auf der Gitarre zu diesem Zeitpunkt von allen Ohrenzeugen als (gelinde gesagt) recht bescheiden bezeichnet werden.

So ist es denn auch nicht etwa musikalischem Können, sondern seiner irgendwie aus dem Rahmen fallenden Persönlichkeit zu verdanken, daß der Zugezogene in New York relativ schnell Anschluß findet. »Er war ein Meister in der Kunst, Freunde zu gewinnen und Leute für sich einzunehmen«, erinnert sich der Kritiker Robert Shelton. »... Er war das große Kind, und alle mochten das damals irgendwie. Alle wollten sich um ihn kümmern. Er sah so schmächtig aus und wirkte derart verloren, so als habe er dringend ein wenig Aufmunterung nötig.«

Mit großer Hartnäckigkeit und einem von allen zeitgenössischen Beobachtern registrierten enormen Eifer spielt sich Robert Zimmerman durch die erwähnten Lokalitäten von Greenwich Village. Einige der ortsansässigen Profis werden aufmerksam auf den ›schrägen Vogel‹ und nehmen ihn gelegentlich ein wenig unter ihre Fittiche. Der Bluesmann Dave van Ronk wäre da als vorübergehender Mentor zu nennen und ebenso Mark Spoelstra. Dylan nutzt die Gunst der Stunde, er studiert, kopiert, probiert, saugt musikalische Eindrücke und Anregungen auf wie ein Schwamm, ein Bild, das auch von seinen alten *buddies* oft gebraucht wird.

Einen gewissen Namen macht sich der zielstrebige Zimmerman in Insider-Kreisen zuerst als Mundharmonika-Virtuose, und das zu Recht, denn welcher Dylan-Hörer hätte nicht jene ungemein bluesig geblasene Harmonika im Ohr, durch all die Jahre und Phasen sein unverwechselbares Markenzeichen. Er begleitet Auftritte von Mark Spoelstra und bläst auf einer Harry-Belafonte-Platte. Schließlich wird er als Session-Musiker für die Produktion einer LP der Sängerin Carolyn Hester verpflichtet, eine junge Texanerin, die der Talentsucher John Hammond Sr. von *Columbia Records* als Gegenstück zur erfolgreichen Joan Baez (die für die Konkurrenz *Vanguard* singt) aufbauen möchte.

April 1961. Der italienischstämmige Kneipen-Wirt Mike Porco engagiert Dylan als Auftakt für ein John-Lee-Hooker-Gastspiel in *Gerde's Folk City*. Unter allen Folk-Adressen im »Village« hat *Gerde's* einen besonderen Rang: »[Dieses Lokal] besaß einen gewissen Status, hatte etwas Kabarettistisches an sich, das den Kaffeehäusern fehlte«, vermerkt Ralph Rinzler. *Gerde's* – hinter diesem Namen verbirgt sich ein Pub, in dem auf Anregung des rührigen Izzy Young seit einiger Zeit sogenannte *Monday Night Hoots* (Hootenannies) stattfinden, Abende unter dem Motto ›Bühne frei für Amateure‹, ein institutionalisierter Talentschuppen, dessen Programm später auch teilweise vom Radio übertragen wird.

Dylan als Stimmungsmacher für den legendären Bluesmann John Lee Hooker, dies bedeutet ein Publikum, das zu einem Soloauftritt des im Grunde namenlosen Zwanzigjährigen nicht erschienen wäre. Ein Anfang ist gemacht, wenn auch ein bescheidener. In den kommenden Monaten nimmt er noch mehrfach an den Amateur-Abenden bei *Gerde's* teil. Und der Zufall meint es gut mit ihm. Eines Abends ist Robert Shelton von der *New York Times* unter den Gästen. Der Kritiker umreißt jenen denkwürdigen ersten Kontakt folgendermaßen:

»Ich war in Begleitung von Pat Clancy, dem irischen Folksänger. Wir tranken ein paar *jars,* wie es bei den Iren heißt, und auf einmal blickte ich auf und sah diesen Burschen auf der Bühne. Er kloppte wie ein Irrer auf seiner Gitarre herum und besaß eine wahnsinnige Energie. Er machte einen auf schnuckligen Jungen mit einem ulkigen Hut. ... Ich sagte zu Pat, ›Hey, Pat, schau dir den mal an!‹ ... Pat war ein traditioneller Folksänger, aber zu der Zeit auch professioneller Theatermann. Er sah ihn sich kurz an und meinte dann, ›Well, was haben wir denn da?‹... Das war so ein Schockeffekt; er wollte halt ausdrücken, daß da jemand auf der Bühne stand, der wirklich gegenwärtig war; jemand, der sofort deine Aufmerksamkeit auf sich zog; jemand, der sich gleich auf den ersten Blick von der Masse abhob. Es gab damals einen Haufen Sänger, eine einzige Warteschlange, einer nach dem anderen...«

»Als er [Dylan] dann von der Bühne ging, sagte ich zu ihm, ›Hör zu, ich finde dich klasse. Laß mich wissen, wenn du mal wieder irgendwo singst, und ich werde versuchen, etwas über dich zu schreiben.‹ Nun, ein paar

Monate später hatte ich dann dieses schwache Stimmchen am Telefon: ›Hallo, hier ist Bob Dylan. Erinnern Sie sich an mich?‹ Ich sagte, ›O ja‹, und er sagte, ›Ich spiel' grad' im *Gaslight.*‹ Ich fragte, ›Für wie lange?‹, und er sagte, ›Nur eine Woche.‹ ›Oh‹, sagte ich, ›das wird eng. Heute und morgen abend hab' ich wenig Zeit. Aber ich werd' sehn, daß ich runterkommen kann.‹ Und ich habe ihn auch spielen gehört.«

»Anschließend haben wir dann zu mehreren probiert, ihm wieder einen Auftritt in *Gerde's Folk City* zu ermöglichen. Mike Porco [der Wirt] war nicht so überzeugt von der Sache; zu der Zeit wollte er nur noch wirklich zugkräftige Nummern. Ich hab' dann zu ihm gesagt, ›Du engagierst ihn, und ich werd' mein Bestes tun, um den Auftrag für eine Zeitungsbesprechung zu erhalten. Ich glaube einfach, der Mann ist wichtig.‹ Andere Leute haben es genauso versucht [Dylan erneut bei *Gerde's* unterzubringen], nicht nur ich. Das war eine ganze Clique von Leuten. Aber ich bin sicher, daß Mike [Porco] von der Vorstellung einer möglichen Zeitungs-Publicity angetan war.«

So bekommt Dylan schließlich sein Engagement: vierzehn Tage als Nummer zwei mit der Bluegrass-Band *Greenbriar Boys.* Ein formelles Engagement auf der führenden Bühne der örtlichen Szene – jetzt kann Shelton in Aktion treten. Noch während der ersten Auftrittswoche erscheint seine Besprechung in der *New York Times:*

»Bob Dylan: ein bemerkenswerter Folksong-Interpret.

Ein frisches neues Gesicht in der Folkmusik gastiert in Gerde's Folk City. Obwohl erst zwanzig Jahre alt, ist Bob Dylan einer der bemerkenswertesten Interpreten, die in den letzten Monaten in einem Manhattaner Club zu hören waren.

Er sieht aus wie eine Kreuzung aus Chorknabe und Beatnik... seine Kleidung mag ein wenig Pflege nötig haben, doch wenn er seine Gitarre, die Mundharmonika oder das Piano bearbeitet und neue Songs schneller komponiert, als er sich merken kann, dann besteht kein Zweifel daran, daß er vor lauter Talent schier aus den Nähten platzt...

Mr. Dylans ungemein individuelle Art und Weise, Folksongs anzugehen, ist noch in der Entwicklung begriffen... Auch wenn es nicht jedermanns Geschmack ist, trägt seine Art, Musik zu machen, doch den Stempel der Originalität und Inspiration, was in Anbetracht seiner Jugend ganz besondere Würdigung verdient. Mr. Dylan macht nur unklare Angaben über seine Vergangenheit und Herkunft. Doch es ist auch weniger wichtig, woher er kommt, als wo es mit ihm hingeht – mir scheint: steil bergauf.« (*New York Times,* 29. 9. 1961)

Ein Lob in der »*Times«,* der einflußreichsten Zeitung des Landes, ist im Showgeschäft Gold wert. »Ein Artikel, wie der von Shelton über Dylans Auftritt im *Folk City,* kann für manche Plattenfirma Grund genug sein zuzugreifen«, urteilt Gordon Friesen, Herausgeber des Protestsong-Magazins *Broadside.* Der Soziologe Denisoff geht noch einen Schritt weiter: »Alles, was die *New York Times* schreibt, wird von den anderen Medien schnellstens aufgegriffen.«

Das Eis ist gebrochen. Wenig später erhält Dylan in der Tat einen Plattenvertrag, und zwar bei *Columbia Records,* einem zum Medien-Riesen CBS gehörendes *Label* und unbestreitbar *die* Adresse im Musikgeschäft. Während Shelton davon überzeugt ist, der Traum-Vertrag bei *Columbia* sei nicht zuletzt auf seine Zeitungskritik zurückzuführen, will der verantwortliche CBS-Talentsucher John Hammond Sr. davon nichts wissen. Er habe die ungewöhnlich überschwengliche Besprechung zwar gelesen, Dylan aber schon vorher bei den Aufnahmen zu Carolyn Hesters Platte kennen- und schätzen gelernt. Was also hat ihn, Hammond, den ausgekochten Fuchs, Entdecker von Aretha Franklin und Johnny Cash, an diesem jungen Mann aus Minnesota so beeindruckt? »Nun, für mich war er ein Rebell – und das war genau, wonach ich gerade suchte. Er unterschied sich total von allen anderen, die wir bei CBS unter Vertrag hatten. Sein Stil war so originell, daß ich davon überzeugt war, der würde einen bleibenden Eindruck hinterlassen, vor allem als Songschreiber.«

Zur rechten Zeit am rechten Ort: Die umjubelte Joan Baez beweist soeben auf *Vanguard,* daß man mit Folksongs durchaus Geld verdienen kann. CBS hat im Folkbereich noch kein rechtes Zugpferd. Carolyn Hester könnte eventuell eines werden – vielleicht aber noch eher dieser Bengel aus dem hohen Norden, über den man im »Village« mehr und mehr zu reden beginnt.

Zwanzig Jahre jung und bereits einen Vertrag bei *Columbia* in der Tasche, noch dazu als Vertreter einer Musikrichtung, die von den Großen der Entertainment-Industrie bislang recht stiefmütterlich behandelt worden ist. So sehr seine in der Regel viel erfahreneren Folk-Freunde dem Knaben Zimmerman diesen raschen Erfolgstreffer auch neiden mögen, bedeutet Dylans Vertragsabschluß doch für die Szene als solche eine erste Anerkennung durch die Welt des Kommerz.

Robert Shelton, John Hammond Sr. – die dritte wichtige Figur aus Dylans Anfangstagen hört auf den Namen Albert Grossman. Der ehemalige Chicagoer Club-Gastronom war als Odettas Manager in New York eingezogen und mauserte sich in kurzer Zeit zum mächtigen Impresario und Mitveranstalter des Newport Folk Festival. Beeindruckt vom Erfolg des Kingston Trio *(Tom Dooley)* und angesichts der wachsenden Popularität der attraktiven Joan Baez suchte er sich aus dem reichen Reservoir der Folkszene drei Musiker für ein neues Trio mit anziehender Lead-Sängerin zusammen: Peter, Paul & Mary. Ein ausgekochter Geschäftsmann mit gutem Riecher für die Bedürfnisse des Publikums – genau der richtige Manager für jemanden, der es sich in den Kopf gesetzt hat, als Musiker Karriere zu machen. Gegen Ende des Jahres 1961 haben sie zueinander gefunden, der junge Dylan und das Schlitzohr aus Chicago. Eine jahrelange Partnerschaft beginnt.

Shelton, Hammond, Grossman – drei Asse im Pokerspiel um den Showbusiness-Ruhm. Hatte Dylan mehr Glück als Begabung, haben diese drei ihn ›gemacht‹? <u>Bob Dylan – Prototyp eines Promotion-Produktes?</u>

All jene, die seinerzeit dabei waren, weisen diese Hypothese weit von sich. »Humbug!«, empört sich John Hammond. »Wenn jemand Talent hat, sind wir alle doch nur Statisten. Man kann nicht sagen, daß ein Kritiker, irgendein Manager oder ein Mensch aus der Platten-Welt einen Künstler ›macht‹. Es steckt bereits in dem Künstler, und wenn *wir* das nicht herausfinden, wird es jemand anderes tun. Den Ausdruck ›entdecken‹ mag ich ganz und gar nicht.«

Robert Shelton sieht es ähnlich: »Ich hab' Dylan ein wenig Zeit gespart durch meine Artikel und indem ich sein Förderer, Freund und Verteidiger war. Ich hab' ihm ein wenig Zeit gespart, das ist alles. Auch Grossman hat ihm etwas Zeit gespart... Ich habe ihn [Grossman] einmal gefragt: ›Hätte Dylan es wohl auch ohne dich geschafft?‹ und er erwiderte mir: ›Willst du mich veralbern? Natürlich hätte er das!‹ Und das war nicht etwa falsche Bescheidenheit. Wir wußten beide, daß Dylan das Talent hatte, den Drive, das Bedürfnis zu triumphieren, wenn Sie so wollen. Er ist ein kleiner Napoleon, Napoleon in Lumpen.«*

Eine andere Frage ist schwerer zu beantworten. Hat Dylan es nur deshalb geschafft, weil er seine Folk-Freunde und Förderer nach Strich und Faden ausnutzte? Diese Sichtweise hat viele Anhänger, denn es gibt etliche Indizien zur Untermauerung einer solchen These. Denisoff erzählt beispielsweise von einem Konzert der seinerzeit (noch) viel populäreren Joan Baez in Berkeley, zu dem die Sängerin den relativ unbekannten Dylan mitbrachte. Anstatt wie vorgesehen lediglich drei, vier Songs zu spielen, habe Dylan dem verblüfften Publikum (das ja für Baez gezahlt hatte) mit penetranter Hartnäckigkeit ein Lied nach dem anderen aufgenötigt und sei erst von der Bühne gegangen, nachdem der Unmut im Saale nicht mehr zu überhören war. Ein ähnliches Erlebnis hatte Ralph Rinzler am Rande des Indian Neck Festivals vom Frühsommer 1961. Dylan habe sich in den Vordergrund gedrängt, andere egoistisch und rücksichtslos an die Wand gespielt.

Während man solches Verhalten noch als übergroßen Enthusiasmus erklären kann, wiegt ein weiteres Argument aus der Kategorie ›berechnender Ehrgeizling mit Ellenbogen‹ auf den ersten Blick erheblich schwerer. Dylan (der bekanntlich vom Rock kam und später auch wieder beim Rock landen wird) habe allein deshalb vorübergehend den Folkie gespielt, weil man in diesem Bereich am ehesten Karriere machen konnte. Biograph Scaduto schreibt: »Einige, die Bob zu diesem Zeitpunkt sehr nahestanden, hatten das Gefühl, daß in seiner Übernahme der Guthrie-Identität eine kalte Berechnung lag: Er wußte, daß Guthrie im Sterben lag... und damit in der Folkszene ein Vakuum entstanden war« (Scaduto, S. 77).

Die Wahrheit dürfte in der Mitte liegen. Dylans Begeisterung für die Songs und Lebensart Guthries wird echt gewesen sein. Daß es in New

---

* »Napoleon in rags«, eine Formulierung aus Dylans Song *Like a Rolling Stone* (LP *Highway 61*).

York eine Folkszene gab, in der ein Neuling durchaus gewisse Einstiegs-chancen hatte, wird seine Neigung zu diesem Bereich der Musikwelt noch intensiviert haben. Um an der *East Coast* als *Rock*-Musiker hochzukommen, hätte er nicht nur viel Glück, sondern auch Mitspieler, eine Verstärkeranlage (sprich: Geld) und einen Übungsraum gebraucht; im Folk-Feld entfiel all dies. »Alles, was man brauchte, war eine Stimme und eine Gitarre«, wie Shelton es ausdrückt, der weltbeste Dylan-Fachmann. Bob Zimmerman – Folkie aus Opportunismus? Sheltons Reaktion: »Nonsens! Nonsens!«

Auch die Behauptung, jedermann ausgenutzt zu haben, ist im nachhin-ein leicht aufgestellt. Pete Seeger hält diese Klage für eine »unzulässige Simplifizierung«, und auch Gordon Friesen und Sis Cunningham von *Broadside* nehmen Dylan in Schutz. Shelton läßt den Vorwurf nur sehr eingeschränkt gelten und meint, der Songschreiber habe oft arrogant bis verletzend gewirkt, ohne dies aber eigentlich beabsichtigt zu haben. Ralph Rinzler schließlich ist der Ansicht, man könne es keinem Men-schen verdenken, sein Fortkommen im Auge zu haben; er selbst habe nie unangenehme Erfahrungen mit »Bobby« gemacht.

So bleibt festzuhalten: Dylan ist weder eine raffinierte Public-Relations-Kreation, noch hat er es allein dank seiner Schliche, Tricks und Winkel-züge geschafft, die steile Leiter des Erfolgs zu erklimmen. Seine bei-spiellose (im Greenwich Village des Jahres 1961 beginnende) Karriere ist vielmehr eine ungewöhnliche Mischung aus Talent und Hartnäckig-keit, Glück und Kontakten.

Im November 1961 geht Dylan ins Studio, diesmal nicht als Session-Musiker für andere, sondern in eigener Sache. Innerhalb kurzer Zeit spielt er eine ganze Reihe von Liedern ein, und bereits Ende Februar 1962 kommt seine erste Platte auf den Markt. Ihr schlichter Titel BOB DYLAN. Elf der insgesamt dreizehn Stücke sind Neuaufnahmen tradi-tioneller Folksongs und Nummern anderer Autoren (z. B. *House of the Risin' Sun, Man of Constant Sorrow, Freight Train Blues*). Aus Dylans eigener Feder stammen lediglich der *Song to Woody*, ein fünfstrophiger Gruß an das schwerkranke Idol, sowie das achtstrophige *Talkin' New York*, ein autobiographischer Talking Blues.

Man könnte geneigt sein, die Platte von den Texten her als unbedeutend einzustufen, gäbe es nicht eine Passage in *Talkin' New York*, auf Grund derer diese (ansonsten gerechtfertigte) Bewertung eingeschränkt wer-den muß.

Nun, ein großer Mann hat einmal gesagt:
Es gibt Leute, die rauben dich mit einem Federstrich aus.
Es hat nicht lange gedauert, bis ich herausfand,
was der damit wohl meinte.
Es gibt 'ne Menge Leute, die haben kaum 'was zu essen auf dem Tisch,
aber dafür jede Menge Gabeln und Messer –
Irgendwas müssen die damit ja zerschneiden.

In diesen sieben Zeilen, die in eine Beschreibung seiner ersten New-York-Eindrücke eingebettet sind, sagt Dylan wenig Konkretes. So erfährt man nicht, was genau der Sänger schon nach kurzer Zeit in der Metropole gelernt hat, darf aber vermuten, daß es sich um ein Erkennen der Tricks und Schliche des Showgeschäftes handelt. Auch die Aussage, daß viele Leute kaum etwas zu beißen haben, ist im Grunde ein Gemeinplatz. Gewisse Brisanz erhält die Strophe erst durch den leicht zu überlesenden lakonisch-knappen Schlußsatz »and they gotta cut somethin'«, eine Verszeile mit warnendem Unterton. So gibt die zitierte Passage bereits einen leichten Vorgeschmack auf das, was in nächster Zeit von diesem Dylan zu erwarten ist: neben Songs über persönliche Erlebnisse und Liebesliedern vor allem kritisch bis sarkastisch gefärbte gesellschaftsbezogene Aussagen.

Die Begeisterung der Kritiker über das Debüt-Album hält sich in Grenzen, wenngleich einzelne Rezensenten wie Robert Shelton und Nat Hentoff durchaus Positives schreiben. Auch in der Chefetage von Columbia Records ist man geteilter Meinung über den folkigen Fisch, den Hammond da an Land gezogen hat. Einflußreiche Kollegen versuchen gar, die Produktion einer zweiten LP mit allen Mitteln zu verhindern und titulieren den Schallplatten-Neuling herablassend als »Hammonds Schnapsidee« (Hammond's folly). Doch der CBS-Talentsucher bleibt hart, und es gelingt ihm auch, seinen Fang erfolgreich zu verteidigen, wobei er unerwartete Schützenhilfe von einem anderen Sänger des Hauses erhält – von Johnny Cash.

Das relativ schwache Echo auf die LP *Bob Dylan* ist nachvollziehbar. Die Platte vermag keinen umfassenden Eindruck von dem zu vermitteln, was in diesem jungen Musiker wirklich steckt. Hier wird jemand noch als Interpret und Bearbeiter fremden Materials präsentiert, der sich zwischenzeitlich längst darauf verlegt hat, eigene Nummern zu schreiben und zu spielen. Auch ist die von den zeitgenössischen Zeugen herausgestellte beeindruckende Live-Ausstrahlung seines Showtalents auf der Platte natürlich kaum einzufangen; der Touch des Harlekins, des »tragischen Clowns« (Rinzler), mit dem Dylan seine Kaffeehaus-Darbietungen anzureichern pflegt, kommt daheim am Lautsprecher einfach nicht zur Geltung.

Und dennoch: Selbst jene, die keineswegs der Meinung sind, mit dieser Platte ein Erstlingswerk von historischer Bedeutung in Händen zu halten, kommen nicht umhin einzugestehen, daß die elf Dylanschen Interpretationen große Eigenwilligkeit verraten. Die Vorlagen sind stellenweise derart abgewandelt (überarbeitet oder verschandelt, je nach Standpunkt), daß sich die Originale nur noch mit Mühe wiedererkennen lassen. Ungehobelter Vortrag von verblüffend individueller Vitalität – so etwas hat es noch nicht gegeben. Hier bringt jemand sein Kontrastprogramm zum kantenlos polierten Sound des Kingston Trio, zur kristallklaren Brillanz der Joan Baez und zu den perfekten Vokal-Arrangements von Peter, Paul & Mary. Folksongs ›nature‹; urig, erdverbunden, roh. Auch wer ihn nicht mag, horcht auf. »Bobby«, der schlaksige Außenseiter mit der Reibeisen-Stimme, der ungestüme Folk-Freak, der auf alle Konventionen pfeift, dieser Dylan paßt in jenes Klima des Aufbruchs und der Abkehr. Die Zeit ist reif für so ein Original.

3 Mit Eifer auf ins Ungewisse

King, Kennedy und Kuba-Krise

Bürgerrechtsmarsch in Birmingham, Alabama, 1963 (vorne rechts Martin Luther King, daneben Ralph Abernathy)

Die sechziger Jahre – das Jahrzehnt der Rebellion. Zentrales Protest-Anliegen im ersten Drittel der unruhigen Dekade war der immer entschlossener geführte Kampf um die Gleichberechtigung der schwarzen US-Bürger. Nach der erfolgreichen Bus-Aktion in Montgomery wurde die Boykott-Taktik des Martin Luther King und seiner »Konferenz christlicher Führer des Südens« (Southern Christian Leadership Conference, SCLC) in zahlreichen anderen Orten der Südstaaten wiederholt. Der nächste national beachtete Meilenstein des *Civil Rights Movement* war ein Ereignis in Greensboro, North Carolina: »Die unruhigen sechziger Jahre begannen nicht mit dem 1. Januar, sondern am 1. Februar 1960« (Mehnert, S. 39). An jenem Tag setzten sich vier Schwarze auf ausschließlich Weißen vorbehaltene Plätze eines Schnellrestaurants und begehrten bedient zu werden. Das gewaltlos provozierende Sit-In war geboren und wurde bald allerorts praktiziert. Bis Ende des Jahres hatten in mehr als hundert Kommunen über 70 000 Personen an ähnlichen Aktionen teilgenommen und in zahlreichen Fällen die Aufhebung der Rassenschranken (desegregation) ertrotzt (vgl. O'Neill, S. 259). Die Bürgerrechtsbewegung erhielt dabei nun insofern eine neue Dimension, als jetzt in zunehmendem Maße weiße Idealisten (häufig aus anderen Bundesstaaten angereiste Studenten) solidarisch Seite an Seite mit den Schwarzen stritten. Zu diesem Zweck war auch das gemischtrassige *Student Non-Violent Coordination Committee* (SNCC) entstanden.

1961 wurde das taktische Repertoire des *Civil Rights Movement* um eine weitere Aktionsmethode bereichert. Der »Kongreß für Rassengleichheit« (Congress for Racial Equality, CORE) initiierte im Frühjahr sogenannte »Freedom Rides«, von schwarzen und weißen Bürgerrechtlern gemeinsam unternommene Busreisen, mit denen die Rassentrennung im Überlandbus-System (z. B. Greyhound) bloßgestellt werden sollte. Auch diese Serie von Protestaktionen stieß auf erbitterten und z. T. gewaltsamen Widerstand seitens der weißen Südstaatler, die sich nach wie vor jedweder Veränderung des vermeintlich gottgegebenen Status quo entgegenstemmten. Als am 20. 5. 1961 eine Gruppe von »Freiheitsfahrern« in Alabama von weißen Rassisten zusammengeschlagen wurde, entsandte Justizminister (Attorney General) Robert Kennedy Bundespolizei in den Süden, um die Ordnung wiederherzustellen. Die örtlichen Behörden waren bei derartigen Auseinandersetzungen in der Regel nicht bereit, die *Civil-Rights*-Demonstranten vor den Mobs zu schützen, sondern taten im Gegenteil alles, die Aktionen der Bürgerrechtler zu erschweren.

Am 1. November wurde auf Anweisung des *Attorney General* Robert Kennedy in allen die Grenzen der Bundesstaaten überquerenden öffentlichen Verkehrsmitteln (z. B. Greyhound-Busse) und den dazugehörigen Einrichtungen (Wartesäle usw.) die Rassentrennung aufgehoben. Der engagierte Justizminister (dessen Behörde mehr für die Belange der Schwarzen tat als irgendein anderer Arm der Exekutive, den Präsidenten eingeschlossen) konnte jedoch nicht verhindern, daß im Zuge der Protestaktionen zahllose schwarze und weiße Aktivisten verhaftet wurden. Traurige Berühmtheit für ihr hartes Eingreifen erlangten Mississippi und Alabama. Das überzogene Vorgehen der Organe jener Bundesstaaten trug nicht dazu bei, den Respekt der Betroffenen vor dem Staat zu fördern und gab dem *Movement* als der moralisch überlegenen Kraft weiteren Auftrieb.

Die führenden Köpfe der Bürgerrechtsbewegung handelten nach den Idealen Gandhis und z. T. auch Henry David Thoreaus (1817–1862); ihr taktisches Grundprinzip war der strikt gewaltlose zivile Ungehorsam (civil disobedience). Und doch besaßen die Engagierten eine überaus wirkungsvolle Waffe: *die Freedom Songs.* Von Anfang an wurde während der Sit-Ins und »Freiheitsfahrten«, auf den Versammlungen und Märschen der Bürgerrechtler gesungen. Lieder wie *We Shall Overcome, We Shall Not Be Moved* oder *Oh Freedom* wurden die Hymnen und Kampfgesänge der Initiativen zur lange überfälligen Emanzipation der Afro-Amerikaner. Mehr noch: Das typische Bild sich einander unterhakender friedlich singender Demonstranten symbolisierte auf höchst eindringliche Weise das Prinzip der erklärten Gewaltlosigkeit*, der bewußt zur Schau gestellten Rolle des unschuldigen David. Der Gruppengesang (oft von rhythmischem Händeklatschen verstärkt und durch Tanzschritte in Bewegung umgesetzt) war das einzige Verteidigungsmittel, das die *Civil Rights*-Aktivisten der psychischen Bedrohung durch weiße Mobs und repressive örtliche Polizeikräfte entgegenzusetzen vermochten. Die Lieder, so der einstige Mitstreiter Vernon Jordan, halfen die eigene Angst besiegen: »Die Leute waren alle ganz starr vor Furcht – bis schließlich die Musik das schaffte, was Gebete und Reden nicht hatten bewirken können: das Eis zu brechen« (nach DeTurk/Poulin, S. 177). Für den Baptisten-Pfarrer Luther King waren die Gruppengesänge vor allem auch ein Mittel zur Stärkung der Solidarität: »Die Freedom Songs spielen eine... entscheidende Rolle in unserem Kampf; sie geben den Leuten Mut und vermitteln ein Gefühl der Gemeinsamkeit« (*Sing Out!,* Dez.–Jan. 1962, S. 4/5).

Die *Freedom Songs,* eine Verschmelzung aus Gospel, religiöser Hymne und Gewerkschaftslied, hatten auf das *Folk Revival,* in dessen weitgespannten Bezugsrahmen sie einzuordnen sind, einen doppelten Effekt: Zum einen wurde im Süden in täglichem Einsatz bewiesen, daß Lieder eine wichtige Funktion haben können. Zum anderen trugen die allerorts gesungenen und im Zuge der Fernseh-Berichterstattung über die *Civil-Rights*-Aktionen auch ausschnittsweise übertragenen Songs erheblich dazu bei, die Volkslied-Renaissance anzukurbeln. So nützten die Lieder der guten Sache, die gute Sache aber auch dem *Revival.* Folk-Boom und sozialpolitisches Engagement bedingten und verstärkten einander.

* 1964 wurde Martin Luther Kings friedvolles Engagement für die Rassenintegration durch die Verleihung des Friedensnobelpreises geehrt.

Allen Bombenanschlägen, Attentaten und Überfällen rassistischer Reaktionäre zum Trotz hatten im Verlauf der beschriebenen Kampagne die meisten der Öffentlichkeit zugänglichen Einrichtungen in den Südstaaten die Rassentrennung aufheben müssen. Die meisten privaten Hotels und Restaurants und ebenso die Hochschulen der Großregion blieben den Afro-Amerikanern jedoch auch weiterhin verschlossen. Als sich am 30. 9. 1962 der Schwarze James Meredith an der University of Mississippi in Oxford immatrikulieren wollte, kam es zu gewalttätigen Ausschreitungen der örtlichen weißen Studentenschaft gegen die vorsorglich anwesenden Beamten der Bundespolizei (U.S. Marshals). Die verfassungsmäßigen Rechte des Bürgers Meredith konnten erst durchgesetzt werden, als Washington zusätzliche Bundestruppen nach Oxford entsandte. Daß das Studium des couragierten Farbigen unter solchen Umständen einem Spießrutenlauf gleichkam, liegt auf der Hand.

Trotz des in Oxford statuierten Exempels war die Gleichberechtigung an den Hochschulen damit noch nicht gesichert. So konnte im Mai 1963 in Alabama eine ähnliche Konfrontation nur in letzter Minute verhindert werden. Erst als die Nationalgarde des Bundesstaates demonstrativ direkt der Bundesregierung unterstellt wurde, gab Gouverneur George Wallace (1968 republikanischer Präsidentschaftskandidat) sein publicityträchtiges Vorhaben auf, den schwarzen Studienbewerbern an der Universität von Tuscaloosa höchstpersönlich den Zutritt zu verwehren. Anläßlich dieses peinlichen Zwischenfalls hielt Präsident John F. Kennedy eine Fernsehansprache, in der er seinen Landsleuten mit eindringlichen Worten ins Gewissen redete:

»Sollen wir etwa der Welt, und mehr noch: uns selbst gegenüber, eingestehen, daß dies ein Land freier Menschen ist – abgesehen von den Schwarzen; daß wir keine Bürger zweiter Klasse haben – abgesehen von den Schwarzen; daß wir kein Klassen- oder Kastensystem, keine Ghettos, keine Herrenrasse kennen – außer in bezug auf die Schwarzen?« (nach O'Neill, S. 162).

Seinen Höhepunkt erlebte das *Civil Rights Movement* im August 1963 mit dem großen »Marsch nach Washington« (March on Washington for Jobs and Freedom), an dem über 250 000 Bürgerrechtler und Sympathisanten teilnahmen und in dessen Verlauf Martin Luther King seine berühmteste Rede hielt. (»Ich habe einen Traum...«*). Zu einer derart optimistisch-idealistischen Vision glücklicherer Zeiten konnte beim damaligen Stand der Dinge nur ein zutiefst gläubiger Mensch fähig sein. War es nicht erst wenige Monate zuvor in Birmingham, Alabama, zu einem besonders brutalen Zwischenfall gekommen? Mit Wasserwerfern, Schlagstöcken und Schäferhunden war die Polizei gegen singende Schulkinder vorgegangen und hatte Hunderte von ihnen verhaftet – eine Aktion, die, so hieß es in einer Senatsrede, selbst in Südafrika undenkbar gewesen wäre (vgl. Pichaske, S. 55; O'Neill, S. 163).

---

* Abgedruckt in: Martin Luther King, Testament der Hoffnung, GTB Siebenstern

Durch die Medienberichterstattung über die zahlreichen Protestaktionen der Bürgerrechtsbewegung war die Bevölkerung des ganzen Landes auf den Kampf der Südstaaten-Schwarzen aufmerksam geworden. Trotz wachsenden öffentlichen Drucks zeigte sich der Kongreß jedoch nach wie vor nicht bereit, die von der Kennedy-Administration vorgeschlagenen Emanzipationsgesetze zu verabschieden. Die immer wieder hinausgezögerte umfassende Gleichstellung der schwarzen Bevölkerung sollte der bei Wirtschaft und Abgeordneten gleichermaßen ungeliebte Präsident nicht mehr erleben. Das *Civil Rights Act* (1964) und das *Voting Rights Act* (1965), die weitreichendsten Gesetze auf diesem Gebiet seit der Wiederaufbau-Phase nach dem Bürgerkrieg (1861–65), konnte erst Kennedys Nachfolger, der kongreßerfahrene Taktiker Lyndon B. Johnson, durchboxen.

In John F. Kennedy hatten die Vereinigten Staaten ihren bis dahin jüngsten Präsidenten. Daß der Senator aus Massachusetts die Wahlen vom November 1960 nur mit einem minimalen Vorsprung vor seinem republikanischen Rivalen Richard M. Nixon für sich entscheiden konnte (nur 112881 Stimmen Mehrheit bei 68 Mio. abgegebenen Voten; vgl. Adams, S. 407), geriet schon bald in Vergessenheit. Von Anfang an war für jedermann offensichtlich, daß der Einzug des katholischen Neuengländers ins Weiße Haus einen politischen Wendepunkt darstellte. In seiner vielgerühmten Antrittsrede verkündete der gutaussehende Präsident voller Pathos den Aufbruch der Vereinigten Staaten zu »neuen Grenzen« (New Frontier), beschwor er politischen Neubeginn und patriotische Opferbereitschaft: »Frage nicht, was dein Land für dich tun kann, frage lieber, was du für dein Land tun kannst.« Große Worte, wenig Konkretes; mit Eifer auf ins Ungewisse.
Der für die Öffentlichkeit am ehesten erkennbare Ausdruck jener neuen Ära lag im Atmosphärischen, im Wandel des Washingtoner Regierungsstils. Unter Kennedy hielt eine Riege verhältnismäßig junger Technokraten Einzug in die Exekutive, ›Macher‹ aus Universitätsmilieu und Wirtschaft: dynamisch, erfolgsgewohnt, belastbar. Robert McNamara, der drahtige Karrierist aus der Chefetage der Ford Motor Company, ist typischer Vertreter dieser neuen Manager der Macht. Darüber hinaus war »JFK« der erste Präsident, der die immense Massenwirksamkeit des Fernsehens erkannte und nutzte*: Er hielt zahlreiche Pressekonferenzen sowie Live-Ansprachen und setzte gezielt First Lady und Familie zur Image-Pflege ein. Unter der populären »Jacky« wurde das Weiße Haus (wie 20 Jahre später auch von den Reagans angestrebt) mondäner Mittelpunkt des gesellschaftlichen Lebens.
Eines der Hauptthemen des wortgewaltigen Wahlkämpfers Kennedy

---

* Viele zeitgenössische Beobachter führen Kennedys Wahlsieg nicht zuletzt darauf zurück, daß der Senator bei seinen drei TV-Debatten mit Nixon (den ersten in der Wahlkampf-Geschichte) eindeutig die bessere Figur auf der Mattscheibe abgab.

war der vermeintliche Raketen-Rückstand der USA gegenüber der UdSSR (missile gap) gewesen, eine geschickte Mobilisierung der nachwirkenden Ängste aus der McCarthy-Zeit, der Ungarn-Krise (1956) und vor allem des Sputnik-Schocks und der U-2-Affäre von 1960 (Abschuß eines amerikanischen Spionage-Flugzeuges über der Sowjetunion). Unmittelbar nach seinem Amtsantritt im Februar 1961 ging der Präsident nun tatsächlich daran, seine einschlägigen Versprechungen in die Tat umzusetzen. Geheimdienstliche Informationen, wonach die Russen in Wahrheit weiterhin militärisch unterlegen seien, konnten kein Überdenken der Wahlkampf-Position bewirken. Kennedy hatte sich festgelegt; Umkehr und Einsicht waren für ihn Zeichen der Schwäche.

So begann unter dem »Liberalen« aus Neuengland eine Phase nuklearer wie auch konventioneller Aufrüstung. Erst wenn die USA (wieder) eine Position eindeutiger Überlegenheit erlangt haben würden, so die offizielle Lesart, sei an Verhandlungen mit Moskau über eine Beendigung des Kalten Krieges zu denken (bargaining from strength). Fest entschlossen, der Sowjetunion an allen Fronten Paroli zu bieten, genehmigte und förderte Kennedy neben anderen Projekten die Invasion CIA-trainierter Exilkubaner an der Küste ihrer Heimat. Die ebenso miserabel vorbereitete wie nachlässig geheimgehaltene Aktion in der Schweinebucht (April 1961) geriet nicht nur zu einem totalen militärischen Fehlschlag, sondern trieb Fidel Castro endgültig in das kommunistische Lager.

Nach dem Schweinebucht-Fiasko und dem Unvermögen der Vereinigten Staaten, den Mauerbau in Berlin (August 1961) zu verhindern, brauchte der Präsident dringend einen größeren politischen Erfolg, und zwar tunlichst auf außenpolitischem Parkett, denn daheim machten es ihm die mehrheitlich konservativ eingestellten Abgeordneten schwer, Pluspunkte zu verbuchen. Die Gelegenheit, staatsmännische Entschlossenheit zu demonstrieren und gleichzeitig dem Erzfeind Chruschtschow einen Denkzettel zu verpassen, bot sich im Oktober 1962. Die Luftaufklärung meldete, daß die Sowjets auf Kuba Raketen stationiert hätten, über deren Reichweite und Zerstörungspotential sich die Fachleute jedoch nicht einig waren. Die Karibik gilt im US-amerikanischen Weltbild traditionell praktisch als Binnenmeer. Die Stationierung feindlicher Offensivwaffen direkt vor der eigenen Haustür wurde von Washington (im Sinne der Monroe-Doktrin) als Eingriff einer fremden Macht in erklärte amerikanische Interessensphäre gewertet, als dreiste Provokation, die man auf gar keinen Fall hinnehmen durfte.* Anstatt aber zunächst über diplomatische Kanäle einen Abzug der russischen Raketen zu verlangen, ging Kennedy von vornherein mit markigen

---

* Die Tatsache, daß die in Italien und der Türkei stationierten amerikanischen Jupiter-Raketen für die Sowjetunion ebenfalls eine Bedrohung vor der Haustür darstellten, wurde von Kennedys Militärberatern ignoriert.

Worten an die Öffentlichkeit, was zu einer beträchtlichen Verschärfung der Spannungen führte und wohl auch mit den unmittelbar bevorstehenden Kongreßwahlen in Zusammenhang gebracht werden darf. Als Chruschtschow dann unter massivem Druck nachgegeben hatte, ließ John F. Kennedy sich dafür feiern, daß es ihm gelungen war, den drohenden Atomkrieg abzuwenden. Tatsächlich aber ist es wohl vor allem auf den beschwichtigenden Einfluß des Präsidenten-Bruders Robert Kennedy zurückzuführen, daß sich die Pentagon-Falken im Krisenstab, die gern ein Exempel statuiert hätten (koste es, was es wolle), nicht durchsetzen konnten. Ob sich Krisen zu Katastrophen ausweiten (und das ist Chance und Schrecken zugleich), bleibt offenbar nicht zuletzt eine Frage der Mentalität und des Charakters der beteiligten Entscheidungsträger.

Nach dem Punktsieg in der Kuba-Krise, einem wahrlich erschlagenden Beweis von ›Standfestigkeit und Willensstärke‹ (»test of will«), konnte es sich der Präsident leisten, eine moderatere Rußland-Politik zu betreiben. Der bedeutendste Akt dieser bei der Bevölkerung überraschend populären Linie war die Unterzeichnung des Vertrages über die Einstellung nichtunterirdischer Kernwaffenversuche mit der Sowjetunion im Juli 1963. Jener hoffnungsvolle erste Schritt auf dem Pfad der Vernunft ist jedoch weniger als pazifistische Geste einzuordnen, sondern entsprang vielmehr der Einsicht, daß die vielen atmosphärischen Atomtests auf die Dauer zu einer nachhaltigen radioaktiven Verseuchung der Umwelt führen würden (fallout) und damit eine zunehmende Gefährdung der Bevölkerung darstellten. Mit dem als großen diplomatischen Erfolg bejubelten *Test Ban Treaty* konnte die USA ihre nukleare Überlegenheit auf Jahre hinaus festschreiben, denn auf dem Gebiet der nach wie vor erlaubten (und von den Amerikanern auch praktizierten) *unterirdischen* Versuche besaßen die Vereinigten Staaten einen erheblichen technologischen Vorsprung.

Kennedy hatte einen grundlegenden Wandel propagiert. In der Tat machten sich die USA unter seiner Führung auf einen neuen Weg, den zu beschreiten sich der republikanische Vorgänger Eisenhower standhaft widersetzt hatte: Der Rüstungswettlauf mit der UdSSR begann. So stand denn die kurze Amtszeit des dynamischen Demokraten (auch vor und nach der Kuba-Krise) unter dem Eindruck der Atombombe. Während in den Wüsten des Südwestens nukleare Tests veranstaltet wurden (unter deren Spätfolgen die ortsansässigen Indianer noch heute leiden), hob eine große öffentliche Diskussion über das Für und Wider eines nationalen Programms zum Bau von Atomschutzräumen (fallout shelter) an. Man begann auch damit, erste Keller auszubauen und auf den Straßen entsprechende Hinweistafeln anzubringen. Schulkinder wurden darauf gedrillt, sich bei dem jederzeit möglichen nuklearen Angriff unter ihren Bänken in Sicherheit zu bringen. So hatten viele Millionen Amerikaner zu Beginn der Sechziger ein ungutes Gefühl in der Magengegend. »Seit vielen Jahren waren die Leute nicht mehr so voller Angst gewesen«, resümiert William O'Neill, Autor des bislang besten Buches über die *sixties* (O'Neill, S. 50). Und doch betrachtete man schon bald eben diese Zeiten nostalgisch als Beginn eines goldenen Jahrzehnts.

Am 22.11.1963 fiel John F. Kennedy in Dallas, Texas, einem Attentat zum Opfer. Der gewaltsame Tod ihres Präsidenten war für die US-Bürger – Freunde und Gegner gleichermaßen – ein immenser Schock. Mord-Szene und Trauerfeierlichkeiten wurden, so makaber dies klingen mag, *das* Medienereignis der sechziger Jahre. Historiker O'Neill erinnert sich:

»Millionen verfolgten die Ereignisse vom Anfang bis zum Ende am TV-Schirm. Dank des Fernsehens hinterließ die Ermordung des Präsidenten und ihr Nachspiel im amerikanischen Volk eine nachhaltigere Wirkung als jede frühere Tragödie... Einen Tag nach dem anderen vor dem Fernseher sitzend waren die Amerikaner Bild-Eindrücken ausgesetzt, wie sie noch kein Volk je gesehen hatte. Die Chronik der düsteren Ereignisse wurde von Filmeinspielungen aus dem Leben des Präsidenten unterbrochen. Immer wieder sah man die schrecklichen Momente [des Attentats], genauso aber die großartigen und – was besonders bewegend war – die einfach glücklichen. Man sah Aufnahmen von seiner schönen Frau Jacqueline, einmal strahlend bei irgendeinem Empfang, dann wieder mit schmerzverzerrtem Gesicht und blutbefleckten Kleidern. In der einen Filmsequenz war John F. Kennedy noch vital am Leben, in der nächsten lag er schon aufgebahrt. Trommeln dröhnten, Glocken läuteten – und ständig war seine wohlbekannte Stimme und Erscheinung präsent... In dieser kurzen Zeit wechselte Präsident Kennedy aus der Geschichte in die Legende« (O'Neill, S. 90/91).

Trotz seiner allenfalls mittelmäßigen innenpolitischen Bilanz*, der allgemeinen atomaren Verunsicherung und gewichtiger außenpolitischer Fehler, deren Auswirkungen die USA noch schwer erschüttern würden, hatte John F. Kennedy es verstanden, in der amerikanischen Bevölkerung und vor allem bei der Jugend eine vage Stimmung der Hoffnung zu wecken. Er hatte den optimistischen Glauben entfacht, Amerika werde die anstehenden großen Probleme schon in den Griff bekommen. Die Schüsse von Dallas ließen diesen Traum jäh zerplatzen.

---

* Zu den wenigen noch zu Lebzeiten des Präsidenten in die Tat umgesetzten konstruktiven Initiativen gehörte das bereits im März 1963 gegründete *Peace Corps,* ein Programm, in dessen Rahmen idealistische (meist junge) Freiwillige als Entwicklungshelfer in die Dritte Welt entsandt wurden.

4 Der Motzer mit der spitzen Zunge

Dylans frontale Attacken

Ende Mai 1963. Vierzehn ereignisreiche Monate nach seinem Debut-Album – nach einem kurzen Italien-Trip, Filmaufnahmen in London, dem ersten großen Auftritt in der New Yorker *Town Hall* (12.4.63) und dem Zerwürfnis zwischen Manager Grossman und CBS-Produzent Hammond – erscheint die zweite Platte des Sängers: THE FREE-WHEELIN' BOB DYLAN (frei übersetzt: »Der ungebundene fahrende Sänger B. D.«). Mit dieser LP, die ausschließlich Eigenkompositionen enthält, kann sich Dylan* als Songautor etablieren; seine Anhänger-schaft im Folk-Milieu beginnt zu wachsen. Das zweite Album hat für damalige Verhältnisse auch kommerziell auf Anhieb Erfolg, wenngleich man die Verkaufsziffern nicht mit dem Umsatz späterer Rock-Platten vergleichen darf.

The Freewheelin' Bob Dylan enthält insgesamt dreizehn Lieder. Neun davon beschäftigen sich überwiegend mit Erlebnissen und Eindrücken privater Natur: Da wird das alte Folksong-Motiv von der ›Walz auf der Landstraße‹ aufgegriffen (*Down the Highway*, z.T. auch *Bob Dylan's Blues*) oder auch einmal mehr oder weniger hintersinnig geblödelt (z. B. in *I Shall Be Free, Talkin' World War III Blues*). Wesentlich bemerkens-werter sind jene Stücke, in denen es um den Themenkreis Liebe/Partnerschaft geht. *Girl from the North Country* wäre da zu nennen sowie *Corrina, Corrina* und vor allem *Don't Think Twice, It's Alright*, das zum Folk-Klassiker avancierte. Das Spektrum seiner in Verse gefaßten Gedanken über ihm nahestehende Frauen läßt sich an folgen-den zwei Textausschnitten deutlich machen: wehmutsvolle Erinnerung hier, desillusionierter Abschied da.

Wenn du mal hoch in den Norden fährst,
an die Grenze, wo die Stürme toben,
dann grüß' mir eine, die dort lebt,
sie war mal eine große Liebe von mir.

Und falls du zur Zeit der Schneestürme kommst,
wenn der Sommer vorbei und die Flüsse vereist,
dann sieh bitte nach, ob sie auch einen dicken Mantel trägt,
der sie warmhält im heulenden Wind.
(Girl from the North Country)

Ich ziehe diese lange einsame Straße entlang,
keine Ahnung, wo ich lande.
»Auf Wiedersehen« ist ein zu schönes Wort, Mädchen,
drum sag ich bloß »Leb' wohl«.

---

* Im August 1962 hat er die Namensänderung von Zimmerman zu Dylan bei einem New Yorker Gericht offiziell registrieren lassen. Daß bei dem Pseudonym der walisische Dichter Dylan Thomas Pate gestanden hat, wie immer wieder zu lesen ist, muß stark bezweifelt werden (vgl. McGregor, S. 112 sowie Scaduto, S. 43/44 und 49).

Ich sage nicht, daß du nicht nett zu mir warst,
du hättest mehr draus machen können, aber was soll's?
Nur meine kostbare Zeit hast du verschwendet,
aber mach' dir keine Gedanken, ist schon gut.
(Don't Think Twice, It's Alright)

Vier Nummern der 1963er LP haben einen deutlich gesellschaftsbezogenen Charakter. *Blowin' in the Wind, Oxford Town, Masters of War* und *A Hard Rain's A-Gonna Fall* sind Lieder mit einer im weiteren Sinne politischen Botschaft.

Das wichtigste der genannten Stücke und überhaupt die griffigste Aufnahme dieser Platte ist ohne Zweifel *Blowin' in the Wind,* jedenfalls soweit man dem großen Bekanntheitsgrad Rechnung trägt, den dieser Song innerhalb kürzester Zeit erreichen sollte. In seinem international wohl populärsten Lied erzählt Dylan weder eine zusammenhängende Geschichte, noch gibt er direkte Statements ab. Er stellt lediglich in drei Strophen neun Fragen in den Raum – und das weder sonderlich eindrucksvoll noch originell. Zwischen den einzelnen Frage-Zweizeilern besteht nur ein loser thematischer Zusammenhang. Zur Demonstration die dritte Strophe:

Wie viele Jahre vergehn, bis ein Berg
mit der Zeit in den Fluten versinkt?
Ja, und wie viele Jahre muß so manches Volk durchstehn,
bis man ihm die Freiheit gewährt?
Ja, und wie oft wendet sich manch einer ab
und tut so, als ob er nichts hört?
Die Antwort, mein Freund, die weiß allein der Wind,
die Antwort weiß ganz allein der Wind.

Blowin' in the Wind kann textlich zunächst wenig überzeugen; der Rockbuch-Autor Nik Cohn nennt das Lied sogar abschätzig »vielleicht der schlechteste Song, den er je geschrieben hat« (Cohn, S. 150). Dennoch sollte *Blowin' in the Wind* ein überwältigender Erfolg werden. Bereits kurze Zeit nach seinem Entstehen landet der Song auf der Titelseite des Protestsong-Blattes *Broadside* (No. 6, Mai 1962), was durchaus eine gewisse Auszeichnung darstellt. Überhaupt ist die Bedeutung dieser Fachzeitschrift für die Start-Monate in Dylans Karriere und ganz allgemein für den zeitgenössischen Protestsong noch von keiner Seite hinreichend gewürdigt worden. *Broadside* wurde auf eine Anregung Pete Seegers ins Leben gerufen, der ein eigenes Organ für Lieder mit gesellschaftlichem Bezug für wünschenswert hielt, um so die Folksänger zum Verfassen aktueller Stücke zu motivieren. Zum Jahreswechsel 1961/62 können der Journalist Gordon Friesen und seine Frau, die Gewerkschafterin und Sängerin Sis Cunningham, als Herausgeber gewonnen werden; im Februar 1962 erscheint die Erstausgabe. Damit gibt es für engagierte Sänger ein Sprachrohr. *Broadside* ist Mitteilungsblatt und Diskussionsplattform in einem: Hier können zeitkritische Texter ihre Verse vorstellen (meist einschließlich Noten), hier finden sie Hintergrund-Artikel, Plattenbesprechungen, Festivalberichte und nicht zuletzt Leserbriefe. So kommt der bescheiden aufgezogenen (in Heimarbeit hektographierten), aber mit viel Enthusiasmus gemachten Protestsong-Postille eine wichtige Katalysator-Funktion zu. Die bis 1978 erscheinenden 140 Ausgaben (dann geht den Herausgebern Kraft und Geld aus) sind eine überaus wertvolle Chronik des *topical song* der 60er und 70er Jahre.

Blowin' in the Wind ist nicht Dylans einziges Lied, das in *Broadside* abgedruckt wird. Schon in der Gründungsnummer war der Sänger mit einem Song vertreten *(Talkin' John Birch Society Blues)*. In den ersten 25 Ausgaben (Feb. 62–April 63) erscheinen immerhin mehr als ein Dutzend (z. T. wenig bekannte) Stücke des jungen Sängers. Die zahlreichen Song-Veröffentlichungen dürften für den Anfänger nicht nur Ermunterung und Bestätigung gewesen sein, sondern auch dazu beigetragen haben, ihn in Protestsänger-Kreisen bekannt zu machen.

Blowin' in the Wind vermag selbst die alten Hasen unter den Folk-Insidern spontan zu begeistern. Im Sommer 1963 bringen dann Peter, Paul & Mary, die (wie erwähnt) denselben Manager haben wie Dylan, eine Single-Version des Stückes auf den Markt und finden damit eine außerordentlich große Resonanz. Bereits in den ersten zwei Wochen werden über 300 000 Exemplare abgesetzt, insgesamt mehr als zwei Millionen Stück. Der vielgespielte Hit bringt dem professionellen *Revival*-Trio *Grammy*-Auszeichnungen (»beste Vokalgruppe« und »beste Folk-Aufnahme«) ein. Dutzende von Interpreten nehmen im Laufe der Zeit mehr als 60 Versionen der Komposition auf; sie wird in zahlreiche Sprachen übersetzt (deutsche Aufnahmen u. a. von Christopher und Michael sowie Marlene Dietrich). Mehr noch: *Blowin' in the Wind,* dessen Peter, Paul & Mary-Fassung auch schwarze Rhythm-and-Blues-Sender auflegen, entwickelt sich neben dem Folk-Klassiker *We Shall Overcome* zur inoffiziellen Hymne der amerikanischen Bürgerrechtsbewegung. Der Soziologe Denisoff: »Von den vielen hundert Liedern, die zum Thema Bürgerrechte geschrieben wurden, ist dieses Stück der einzige Song, der je im Süden Fuß fassen konnte.«

Kurzum: Peter, Paul & Marys Hit-Single des Dylan-Liedes ist in der Karriere des Songschreibers ein Meilenstein, dessen Bedeutung gar nicht hoch genug angesetzt werden kann. »Mit dem ersten Durchbruch mußte er warten, bis Peter, Paul & Mary *Blowin' in the Wind* aufnahmen«, drückt Dylan-Biograph Shelton es aus. John Hammond (CBS) und Gordon Friesen *(Broadside)* teilen diese Einschätzung und sind davon überzeugt, daß das populäre Pop-Folk-Trio auf seine Weise mehr dazu beitrug, den Namen Bob Dylan bekannt zu machen, als Manager und Platten-Promoter zusammen.

Der durchschlagende Erfolg von *Blowin' in the Wind* ist vor dem

Hintergrund des geistigen Klimas in der zeitgenössischen College-Generation zu verstehen; der Stimmung in jener Bevölkerungsgruppe also, aus der Bob Dylan in der Folk-Phase den überwiegenden Teil seines Publikums rekrutiert. Mit diesem Text greift der Songschreiber in den Augen seiner Hörer auf nahezu geniale Weise ihrer aller Sorgen, Forderungen und Ängste auf. In *Blowin' in the Wind* können die Oberschüler und Studenten (formelhaft verkürzt und auf achtzehn Textzeilen komprimiert) viele ihrer eigenen Gedanken wiederfinden: Die Sehnsucht nach Frieden, symbolisiert in der weißen Taube; die Ablehnung des fortgesetzten Aufrüstens, festgemacht an der Kanonenkugel; die allgegenwärtigen Problemkomplexe Unterdrückung und Gleichgültigkeit und so fort. *Blowin' in the Wind* ist mithin eine zum Teil wörtlich zu nehmende, zum Teil in mehr oder weniger glückliche Bilder verpackte Auflistung wesentlicher Anliegen der aufgeschlossenen zeitgenössischen Jugend. Gerade in der relativen Unverbindlichkeit dieser »starräugigen Verallgemeinerungen« (Cohn, S. 150) liegt der hohe Gebrauchswert des Songs. Jeder Hörer kann das in Dylans Verse hineinlesen, was ihm besonders am Herzen liegt. Ein Protestsong mit Universalcharakter – viele Fragen, keine Antwort.

Die internationale Verbreitung des Liedes wird durch die eingängige Melodie und den klaren Aufbau in Strophen und Refrain erheblich gefördert. Jeder nicht ganz unmusikalische Mensch kann diesen Song nach kurzem Einhören wenigstens mitsummen; bei der Gitarren-Begleitung kommt man mit vier simplen Grundakkorden aus. So gehört das Stück denn auch schon nach kurzer Zeit zum Anfangsrepertoire all jener abertausend jungen Leute der westlichen Welt, die sich in den sechziger Jahren eine Klampfe zulegen. *Blowin' in the Wind* – ein Lied für jedermann.

Ist Dylan in dem gerade besprochenen Song noch denkbar unverbindlich-allgemeingültig gewesen, so wird er in den Stücken *Oxford Town*, *Masters of War* und *A Hard Rain's A-Gonna Fall* bereits erheblich konkreter. Zwar kann keine dieser drei Aufnahmen die Wirkung von *Blowin' in the Wind* erreichen, doch namentlich *Hard Rain* und *Oxford Town*, »zwei seiner eindrucksvollsten Songs« (Scaduto, S. 204), sollen Dylans Ansehen als bissiger Protestler weiter steigen lassen.

Die bittere Anklage *Oxford Town*, »ein Lamento der Rassendiskriminierung« (Wolfgang Sandner, *FAZ*, 30.6.78), entsteht vor dem Hintergrund der Krawalle um die Immatrikulation des Schwarzen James Meredith an der University of Mississippi im Herbst 1962, eines mutigen Versuchs, die überall im Süden bestehenden Rassenschranken zu durchbrechen (vgl. S. 34). Bob Dylan verarbeitet diesen Zwischenfall zu einem kurzen Lied mit eigentümlich dynamischem Kontrast zwischen der beschwingten, melodiös geschlagenen Gitarre und den (in flottem Tempo vorgetragenen) inhaltlich ganz und gar nicht erbaulichen Versen. Der Text beginnt mit einem Stimmungsbild:

Oxford Town, Oxford Town,
jeder hält den Kopf gesenkt,
die Sonne bescheint hier die Erde nicht mehr,
bleib lieber weg von Oxford Town.

Es bliebe noch nachzuweisen, ob in dem konservativen Südstaaten-
Milieu Oxfords nach dem dramatischen Zwischenfall tatsächlich betre-
ten-schamvoll gesenkte Häupter zu sehen gewesen sind. Doch zweifelsohne geben dieses Bild und die Aussage, es scheine keine Sonne (mehr),
dem Lied einen thematisch passenden düsteren Auftakt. Die Finsternis
des Rassenwahns hat den Himmel über der Stadt verdunkelt und läßt
die Strahlen der Aufklärung nicht durchdringen.
In den folgenden zwei Strophen stilisiert Dylan den Spießrutenlauf des
schwarzen Studierwilligen:

Als er ankam in Oxford Town,
verfolgten ihn Gewehre und Knüppel,
und alles nur, weil er ein dunkles Gesicht hatte,
hau lieber ab aus Oxford Town.
...
Er kam bis zur Tür und konnte nicht rein
und alles nur wegen seiner Hautfarbe.

In knappen Sätzen bringt Dylan die ganze Absurdität der amerikanischen Rassenfrage zum Ausdruck. Seine Worte sind voller Bitterkeit
und Empörung über das intolerante und häufig sogar militante Verhalten seiner weißen Landsleute. Dylans Frage am Ende der dritten
Strophe hätte sich im Grunde erübrigt: »Was meinst du dazu, mein
Freund?« Er kann sich mit diesem Lied von vornherein der ungeteilten
Zustimmung all jener sicher sein, die sich Anfang der sechziger Jahre
vehement für die Gleichberechtigung ihrer schwarzen Mitbürger einsetzen und bei ihren Sit-Ins, *Freedom Rides* und anderen Aktionen Verhaf-
tungen und tätliche Auseinandersetzungen mit weißen Rassisten und
Ordnungskräften in Kauf nehmen müssen.
Die oft sehr brutalen Konflikte in der Chronik der Bürgerrechtsbewegung werden in der vierten Strophe aufgegriffen:

Ich, mein Mädchen und deren Sohn,
wir wurden mit Tränengas bombardiert.

Wiederum ist es unerheblich, ob der Inhalt dieser Zeilen ganz den
Tatsachen entspricht, ob Dylan tatsächlich mit Freundin und deren Kind
in Oxford gewesen ist. Was zählt, ist die Wirklichkeit der Tränengas-
bomben, die von der örtlichen Polizei eingesetzt wurden, wenn sie sich
von den engagierten Demonstranten in die Enge getrieben sah.
Der Song *Oxford Town* endet mit einer vierzeiligen Bilanz des Mere-
dith-Zwischenfalls:

Oxford Town am Nachmittag,
alle singen Klagelieder,
zwei Menschen starben unterm Mississippi-Mond,
der Sache sollte bald einer nachgehn!

In der Tat haben nach diesem Ereignis beide Parteien gleichermaßen Grund, ein trauriges Lied anzustimmen: Die Aktivisten des *Civil Rights Movement*, weil die ohnehin schon lange Liste der blutigen Zusammenstöße um einen Städtenamen erweitert werden muß; die Gleichberechtigungsgegner, weil nun unter dem Druck der Bundeshauptstadt tatsächlich ein schwarzer Student die geheiligten Hallen ihrer *Ole Miss* Universität ›entweihen‹ wird. Zwei Menschen mußten sterben, weil ein dritter nicht die rechte Hautfarbe hatte.

Auch <u>*Masters of War*</u> ist eine persönliche Polit-Stellungnahme, direkt, ohne Umschweife und noch erheblich bitterer als *Oxford Town* (dafür aber musikalisch viel langweiliger). Gleich in den ersten Zeilen des achtstrophigen Liedes erfährt man, wen Dylan unter der Sammelbezeichnung »Meister des Krieges« im Visier hat:

... ihr, die ihr all die Gewehre herstellt,
ihr, die ihr die todbringenden Flugzeuge baut,
ihr, die ihr die schweren Bomben baut,
...
ihr, die ihr euch hinter Schreibtischen versteckt

Getreu der weitverbreiteten Einschätzung, daß moderne Kriege nicht allein von Politikern und Militärs angezettelt werden, sondern mitverantwortliche Drahtzieher in den Chefetagen der Rüstungskonzerne zu suchen sind, rechnet Dylan diesmal also mit den Entscheidungsträgern der Rüstungswirtschaft ab. Seine Anklageschrift umfaßt eine ganze Reihe schwerster Vorwürfe:

Ihr, die ihr nie etwas anderes getan habt,
als Vernichtungsgerät herzustellen,
ihr spielt mit meiner Welt,
als sei sie euer kleines Spielzeug.
...
Ihr spannt den Abzugshahn
und laßt andere feuern,
dann lehnt ihr euch zurück um zuzuschaun.

Der Songschreiber sieht die Welt einer Clique skrupelloser Konzernherren ausgeliefert, die um ihrer Profite willen über Leichen gehen. In Anbetracht der Tatsache, daß der US-amerikanischen Rüstungsindustrie gesamtwirtschaftlich eine wesentlich größere Rolle zukommt als etwa in der Bundesrepublik*, ist Dylans »einfältige Hetzrede« (Ellen Willis, in McGregor, S. 224) doch zumindest nachvollziehbar. Das leidenschaftliche Plädoyer des zornigen jungen Mannes gipfelt schließlich in dem Vorwurf, daß man angesichts solcher Machenschaften heutzutage nachgerade Angst haben müsse, überhaupt noch Kinder in diese Welt zu setzen.

Soweit Dylan als Staatsanwalt. Vielleicht wäre der Song überzeugender, würde er an dieser Stelle enden. Doch der Songschreiber tauscht nun die Rolle und erhebt sich zum Richter. Auch Jesus Christus werde den Herren Kriegstreibern niemals verzeihen, singt er, Vergebung lasse sich nun einmal nicht kaufen. Solch Statement läßt bereits vermuten, daß kein mildes Urteil erwartet werden darf. Dennoch ist der Spruch schokkierend:

Ich hoffe, daß ihr draufgeht
und euer Tod recht bald kommt.
Ich werde eurem Sarg folgen
durch fahles Nachmittagslicht.
Und ich werde zusehen,
wie man euch in eure Gruft hinabläßt
und so lange über eurem Grab stehen bleiben,
bis ich sicher bin, daß ihr tot seid.

In keinem anderen Song ist Dylan so haßerfüllt, und es stellt sich die Frage, wie der Songautor sich in eine derartige Rage hineinsteigern konnte. Der Kritiker Nat Hentoff sieht den emotionalen Ausbruch in der Schlußstrophe von *Masters of War* als Zeichen verzweifelter Ohnmacht: »Diese Raserei (genauso Qual wie Zorn) ist ein Mittel der Katharsis, ein Versuch, sich vorübergehend Erleichterung zu verschaffen von jenem wahnsinnigen Gefühl der Machtlosigkeit, das viele von uns beschleicht, die wir nicht begreifen können, daß eine Zivilisation mit den Instrumenten zu ihrer eigenen Auslöschung herumjongliert und eine solche Vorführung auch noch als Akt der Friedenssicherung verkauft.« (Hentoff, Plattencover LP *Freewheelin'*).

Seelenreinigung oder unbeherrscht-primitiver Wutausbruch – an diesem Lied wird eine Grundtendenz des frühen Bob Dylan sichtbar: der Hang zum Polarisieren, zum Schwarzweißmalen. Zweifellos gibt sich Dylan mit der plumpen Polemik in *Masters of War* eine Blöße, doch kann ihm dies zur Erscheinungszeit des Liedes kaum schaden. Der Autor schreibt hier nicht für die kritische Nachwelt, sondern für die Anhängerschaft der amerikanischen Friedensbewegung (peace movement) – und diese Jugendlichen teilen in ihrem engagierten Pazifismus seine Meinung. So

---

* In seiner Abschiedsrede vom 18. 1. 61, in der der scheidende Präsident Eisenhower seine Landsleute vor der bedrohlich wachsenden Macht der Wehrwirtschaft (military industrial complex) warnte, sprach der Ex-General von dreieinhalb Millionen (!) direkt im »Verteidigungsestablishment« beschäftigten Männern und Frauen.

kann Dylan das reiche Repertoire an Friedenssongs* um ein neues Kampflied erweitern. Die Reaktion in College- und Folk-Kreisen ist entsprechend: Rodnitzky berichtet, *Masters of War* »wurde das Standard-Stück der Pazifisten« (Rodnitzky, S. 114). Als eine in der Szene zunehmend respektierte Figur darf sich Dylan auch einmal eine Entgleisung leisten. Hinzu kommt, daß er bei öffentlichen Auftritten textliche Schwächen und ein übereiltes Urteil durch seinen rebellischen Bühnen-Gesamteindruck offenbar hinreichend wettmachen kann. In diese Richtung weist auch Jon Landau: »Sein Gesangsstil, seine dröhnende Gitarre, sein charismatisches Auftreten hoben diesen Song auf ein sehr hohes Kitsch-Niveau. Das Lied hat etwas ›Rührendes‹ an sich, ihm liegt eine fixe Idee zu Grunde, was dem Stück große Kraft verleiht – fast so etwas wie die Macht der Demagogie« (Landau, in McGregor, S. 250).

Der mit Abstand bemerkenswerteste Song der zweiten LP ist *A Hard Rain's A-Gonna Fall.* Das Lied entsteht Ende 1962, also unter dem Eindruck der Kuba-Krise. Es soll laut Dylan-Biograph Scaduto die Folk-Professionals nicht weniger beeindruckt haben als *Blowin' in the Wind,* so daß viele von ihnen es in ihr Repertoire aufnahmen. *Hard Rain* ist ebenso fesselnd wie uncharakteristisch: Der Text ist wesentlich komplexer als die übrigen zwölf Aufnahmen der Platte und in mancher Hinsicht mit späteren Rocksong-Texten vergleichbar. Zu Recht hält Anthony Scaduto das Lied für zukunftsweisend: »*Hard Rain* ist der erstaunliche Beweis für die Reifung eines jungen Künstlers, und es zeigt die Richtung an, die er von nun an... einschlagen sollte« (Scaduto, S. 204).

Der Text ist als Wechselrede aufgebaut und beginnt mit der Frage, »Oh, wo bist du gewesen, mein blauäugiger Sohn?« Offenbar ist der Befragte soeben von einer Reise (wohin auch immer, real oder geträumt) zurückgekehrt und soll nun daheim berichten. »Was hast du gesehen...?«, »Was hast du gehört...?«, »Wen hast du getroffen...?«, heißt es zum Auftakt der nachfolgenden Strophen. Nach jedem solchen Frage-Impuls gibt der Sohn eine detaillierte Schilderung seiner Erlebnisse und Erfahrungen. Dies veranschaulicht zum Beispiel die zweite Strophe:

Ich sah ein neugebor'nes Kind, von Wölfen umzingelt,
sah eine Straße aus Diamanten, auf der niemand fuhr,
sah einen schwarzen Ast, von dem Blut herabtropfte,
sah einen Raum voller Männer mit blutigen Hämmern,
sah eine weiße Leiter, die ganz unter Wasser stand,
sah zehntausend Redner mit gespaltenen Zungen,
sah Gewehre und scharfe Schwerter in den Händen kleiner Kinder.

---

* Unter den vielen Dutzend *topical songs,* die im Protestsong-Magazin *Broadside* abgedruckt werden, stehen in den ersten beiden Jahrgängen die Lieder gegen Krieg und Rüstung an erster Stelle. Das zweite große Protest-Thema jener Tage ist die Bürgerrechtsbewegung.

Am Ende einer jeden Strophe heißt es warnend-prophetisch: »Und es wird ein schwerer... schwerer Regen niedergehn.« Zweifellos ist dies einer der gelungensten und bekanntesten Refrains Dylans. Nach der langen, an Vortragsspannung armen Strophe (ständige Wiederholung der gleichen musikalischen Phrase) wird nun die Melodie durch geschickte Akkordwahl hochgeschraubt (»it's a hard, and it's a hard!, it's a hard!! and it's a hard!!!«), bis sich die Spannung schließlich auf dem langgezogenen »raiiiin« wieder auflöst. Ohne diesen Refrain wäre der sechseinhalb Minuten lange Song musikalisch nicht halb so wirksam.

Das Lied besitzt eine eindrucksvolle Dynamik. In rascher Folge (akzentuiert durch das schnelle Tempo des Songs) läßt Dylan eine lange Reihe höchst unterschiedlicher Eindrücke aufblitzen und gibt so eine Stichwortübersicht seiner sonderbaren Reise. Damit ähnelt *Hard Rain* einer unter Zeitdruck vorgeführten Serie von Schnappschuß-Dias. Bemerkenswert daran ist nicht zuletzt der Blickwinkel des Berichterstatters. Der Song hat eine Art ›Marsmenschen-Perspektive‹: Da werden Szenen auf dem Planeten Erde aus der Sicht eines fassungslosen Kulturfremden dargestellt. Am Ende des Horror-Protokolls bleibt dem Gegenüber (vermutlich Vater oder Mutter) des Heimgekehrten nur die ratlose Frage, »Oh, was wirst du nun tun, mein blauäugiger Sohn?« Die resignierende Antwort lautet: »Ich werd' abhau'n, bevor der Regen fällt...«

Man könnte versucht sein, sich systematisch Vers für Vers des langen Liedes vorzunehmen und würde dabei ohne Zweifel eine Fülle verschiedener Deutungsmöglichkeiten finden. So sagt zum Beispiel der Folksinger Pete Seeger über dieses Stück: »Ich habe es noch nie gesungen, ohne daß mir neue Interpretationen einfielen; es wirkt auf mich nie abgedroschen.« Bei dem außerordentlichen Bilderreichtum des Songs birgt eine Detailanalyse also die Gefahr, sich im Dickicht der Einzelheiten zu verfransen. Es ist daher ratsam, die einzelnen Strophen oder besser noch das vollständige Lied als Ganzes auf sich wirken zu lassen.

Worin besteht dann die Gesamtausgabe dieses Stückes? *Hard Rain* ist ein Stimmungsbild, ein düster-trostloses, blutig-brutales, stellenweise abstoßend absurdes Porträt dieses Planeten, oder – enger gefaßt – der westlichen Zivilisation, wie der junge Bob Dylan sie in den USA erlebt. Aus dem Lied spricht profunder Pessimismus, eine bedrückende Weltuntergangsstimmung, die noch zusätzliche Aussagekraft erhält, wenn man sie in den zeitgenössischen Bezugsrahmen der Kuba-Krise und der latenten radioaktiven Ängste setzt.

Die meisten Hörer sehen *Hard Rain* denn auch als Warnung vor dem atomaren Untergang. So schreibt z.B. die Kritikerin Ellen Willis, das Lied sei »eine anschauliche Beschwörung der nuklearen Apokalypse« (Willis in McGregor, S. 224). Dieser Einschätzung steht ein längeres Dylan-Zitat in Scadutos Biographie gegenüber, in dem der Songschreiber zwar die Anregung durch die Kuba-Krise bestätigt, ansonsten aber betont, er habe mit diesem Lied keineswegs vor Atomkrieg und Strahlenschäden warnen wollen.

Dylans persönliche Aussage ist zwar aufschlußreich, doch werden damit die Atom-Interpretationen von Kritikern wie Willis nicht automatisch abwegig. Texte haben durchaus ein Eigenleben; nicht allein die (tatsächliche oder vorgegebene) Absicht ihres Verfassers ist von Bedeutung, sondern auch die Wirkung auf die Hörer, deren Reaktionen und Assoziationen. Wie weit verbreitet die Einstufung des Liedes *Hard Rain* als mahnende Anspielung auf eine drohende radioaktive Katastrophe beim zeitgenössischen Publikum ist, zeigt der von Jerome Rodnitzky vermerkte Umstand, der Song habe »als Hymne der Atombomben-Gegner gedient« (Rodnitzky, S. 114). Ähnlich wie *Blowin' in the Wind* ist der Text von *A Hard Rain's A-Gonna Fall* in verschiedene Richtungen auszulegen. Scaduto schreibt treffend, der Hörer werde »gezwungen, die Bilder des Terrors aus seinen eigenen Gefühlen heraus mit Bedeutung zu füllen« (Scaduto, S. 204/205). Im Gegensatz zum eingängig kurzen, leicht erlernbaren *Blowin' in the Wind* bleibt *Hard Rain* allerdings in der Praxis ein Song, bei dem die Strophen in der Regel solo vorgetragen und nur die Refrainverse gemeinsam gesungen werden. Für Gruppengesang ist dieser Text entschieden zu lang und zu schwierig. »Wenn du auf das bleckende Gebiß der politischen Wirklichkeit Amerikas zumarschierst, ist es wenig sinnvoll, eine Hymne zu haben, die mehr als ein Dutzend Zeilen hat und endlos viele Interpretationsansätze bietet« (Sarlin, S. 45).

Trotz ihres unterschiedlichen »Einsatzwertes« bei politischen Aktionen ist es vor allem auf diese beiden Lieder zurückzuführen, daß der Songschreiber mit seiner zweiten LP, *The Freewheelin' Bob Dylan,* zu einer von den Profis voll akzeptierten und in Insider-Kreisen auch überregional bekannten Figur wird. Populäre Musiker wie Joan Baez, Pete Seeger und natürlich Peter, Paul & Mary, die im ganzen Land Konzerte geben, haben Songs von Dylan im Programm und nennen auf der Bühne seinen Namen. Peter, Paul & Marys Standard-Ansage jener Tage hat laut Scaduto folgenden Wortlaut: »Wir singen jetzt einen Song, den der bedeutendste junge Folk-Künstler Amerikas geschrieben hat – Bob Dylan« (Scaduto, S. 217).

Die kostenlose Promotion durch die berühmten Kollegen ist unbestritten äußerst wertvoll. Doch der Grund dafür, daß nun die Schar der Dylan-Anhänger ständig wächst, liegt vorrangig in der Wirkungskraft seiner Lieder. Zweifellos hat der Songautor – bewußt oder unbewußt – Ton und Themen gut getroffen; offensichtlich bieten seine Stücke vielen jungen Leuten die Möglichkeit zur Identifikation. Der Kritiker Ralph Gleason kommentiert: »Was er [Dylan] sagt, stößt auf eine unglaublich intensive Reaktion bei jener Generation, die nach anderen Antworten sucht, als sie in den College-Lehrbüchern zu finden sind« (Gleason in McGregor, S. 174). Dylans *message songs* entsprechen somit der Grundstimmung vieler zeitgenössischer Studenten, die sich in zunehmendem Maße der gesellschaftlichen Wirklichkeit bewußt werden und anfangen, sich trotzig dagegen aufzulehnen.

Gegen Ende des ersten Drittels der sechziger Jahre werden an den amerikanischen *Highschools, Colleges* und Universitäten die Scheuklappen abgeworfen, Oberschüler und Studenten beginnen ein politisches Bewußtsein zu entwickeln. So sieht denn auch der Soziologe Denisoff die Zeit, in der Bob Dylan seine Karriere beginnt, als den »Startpunkt dessen, was wir heute mit ›studentische Protestbewegung der *sixties*‹ bezeichnen«. Carl Oglesby, ehemaliger Präsident des amerikanischen Studentenverbandes SDS (Students for a Democratic Society) führt aus: »Dylans frühe Songs kamen in so passendem Moment, daß sie absolut zeitgerecht wirkten... Da gab es keine Zeitverschiebung. Er war kein Schreiber, der in eine bereits existierende politische Atmosphäre einstieg; er schien dazuzugehören. Seine Songs schienen ebenso auf die [Studenten-]Bewegung einzuwirken, wie die Bewegung ihrerseits auf den Songschreiber einwirkte. Er personifizierte die Gefühle der Bewegung.« (nach Harloff, S. 19) Dylan sagt, was viele fühlen, singt es glaubhaft. »Er schien ernsthaft verärgert zu sein über das, was er um sich herum sah«, schreibt Harloff (S. 19). Bitterkeit, Empörung, Zorn – dies ist die Grundstimmung der Platte *The Freewheelin' Bob Dylan* wie auch der ersten Phase schlechthin.

Rückblickend kann man 1963, das Erscheinungsjahr der *Freewheelin'*-LP, als den Höhepunkt des *Folk Revivals* bezeichnen. Wie erklärt sich eigentlich die Begeisterung für diese Musikrichtung?

In vieler Hinsicht hat der Folksong-Enthusiasmus vergleichbare Ursachen wie einige Jahre zuvor die Rock 'n' Roll-Welle: »Der hervorstechende Trend in der amerikanischen Popularmusik der 50er und frühen 60er Jahre war die Ablehnung alles hübsch Gemachten, der super ausgefeilten, geschliffenen, lehrbuchhaft arrangierten... Schlaffheit« (H. F. Mooney in Denisoff/Peterson, S. 196). Ähnlich wie der Rock 'n' Roll vor seiner Verflachung gibt der Folk den Eindruck unverfälscht-schlichter Natürlichkeit. Einige der Songs (z. B. Woody Guthries *Dust Bowl Ballads* oder wiederbelebte Arbeiter- und Gewerkschaftslieder) haben darüber hinaus ein mehr oder weniger ausgeprägtes gesellschaftskritisches Potential, eine Aussage also, die sich für manches der gelangweilten Mittelklasse-Kinder erfreulich abhebt von den gängigen seichten Hitparaden-Klängen. »Die Folkmusik hat es nicht nötig, künstlich herausgeputzt zu werden; der Bezug zur Realität verleiht ihr Leben« (Belz, S. 163). Dieses Genre unterscheidet sich von Schlagern und Schnulzen durch seinen »Geist des Mitgefühls und der Authentizität« (Sarlin, S. 23). Es vermag einer von vermeintlicher Verantwortungslosigkeit, Profitgier und Konformismus geprägten Umwelt ein Image der »Offenheit, Ehrlichkeit und Integrität« (Rodnitzky, S. XV) entgegenzusetzen, einen Eindruck von »Unschuld und Idealismus« (Sarlin, S. 15).

So ist das *Folk Revival* ein erster, wenn auch noch zurückhaltender Ausdruck des Protestes in den sechziger Jahren. Treffend urteilt der Historiker O'Neill: »Der Folkmusik-Boom war ein Frühstadium in der Politisierung der Jugend, ein Vorläufer der Gegenkultur« (O'Neill, S. 235). Stephen Harloff meint: »Das *Folk Revival* der frühen 60er Jahre, vor allem auf New York konzentriert, ist für uns ein aussagekräftiges Merkmal des kollektiven Überdrusses, der sich in den 50er Jahren unter den Intellektuellen angestaut hatte und damit das wichtigste prophetische Vorzeichen des turbulenten Gewitters, das sich über den späten Sechzigern zusammenbrauen sollte« (Harloff, S. 5). Die Aussage des prominenten Folksängers Pete Seeger zielt in dieselbe Richtung: »Nun, vielen Amerikanern – nicht nur einer Minderheit – wurde endlich bewußt, daß etwas scheinheilig war an diesem Amerika, wo man von Demokratie und Freiheit redete und gleichzeitig Diskriminierung praktizierte – und das nicht bloß im Süden, sondern auch in zahlreichen nördlichen Bundesstaaten; wo man von Frieden sprach und gleichzeitig Milliarden für den Krieg ausgab. Vielen Amerikanern, die bislang still gewesen waren, wurde diese Heuchelei endgültig zuviel – na, und ein Teil ihres Protestes schlug sich eben in Liedern nieder.«

Solange sich die Folksänger darauf beschränkten, traditionelle Balladen oder Guthrie-Nummern der 30er und 40er Jahre zu reproduzieren, konnte (bei allem Protest-Potential dieser Stücke) von einem Gegenwartsbezug kaum die Rede sein. Zu Recht schreibt Pichaske: »Die Folkszene des Jahres 1960 wurde von der Vergangenheit beherrscht« (Pichaske, S. 56). In Anbetracht des aufgeschlossen-progressiven geistigen Klimas in Greenwich Village (wie auch in ähnlichen Vierteln anderer Städte) bietet es sich für den gesellschaftspolitisch interessierten Folksänger der frühen Sechziger also nachgerade an, nun auch aktuelle Themen aufzugreifen und »folkig« zu verarbeiten. Denisoff bringt dies auf die kurze Formel: »Der Zeitgeist stimmte«, und Ralph Rinzler sieht es rückblickend so: »Wenn jemand auf Pete [Seeger] und Woody [Guthrie] stand, und ihm deren Art gefiel und er Sänger werden wollte, ... dann mußte er, wenn er es packen wollte, politische Lieder singen und schreiben. Ich glaube, das war für Bob [Dylan] eine ganz selbstverständliche Sache.«

Mit den vier zeitkritischen Songs seiner *Freewheelin'*-LP und den vielen anderen garstigen Stücken, die er bei seinen Auftritten singt, trägt Bob Dylan wesentlich dazu bei, den »Protestsong« (topical song) als *die* Form des Folksong zu etablieren. Damit ist das *Folk Revival* um eine aktuelle Dimension erweitert. Die schon etwas abgestanden-muffige Luft der Volkslied-Renaissance (stets die gleichen altbekannten, ja abgedroschenen Stücke) wird von Dylan und anderen, die es ihm gleichtun, durch den frischen Wind teilweise äußerst widerborstiger Verse vertrieben. Diese Frischzellen-Therapie verleiht dem *Revival* neuen Elan, verjüngt und vitalisiert – und macht den Folk damit noch attraktiver für die jungen Leute in *Highschool* und College.* So trägt das *Revival* erheblich dazu bei – und hier liegt aus soziologischer Sicht seine große Bedeutung –, die bislang heterogene Jugendbewegung zu einen, den unterschiedlichen Strömungen und Ansätzen etwas Verbindendes zu geben. In den Protestsängern, allen voran Bob Dylan, findet eine die gesellschaftlichen Zustände und Wertvorstellungen zunehmend hinterfragende Studenten-Generation Leitfiguren, denen es zuzuhören lohnt. »Der College-Generation, die nach etwas Verehrungswürdigem suchte, erschienen diese städtischen Gitarristen als lebendige Verkörperung der Folk-Tradition« (Rodnitzky, S. XVI). Daher denken in jenen Tagen viele wie Chad Mitchell: »Der Protestsong ist wahrhaftig die Folkmusik der Gegenwart« (nach DeTurk/Poulin, S. 159).

Bob Dylans dritte LP, THE TIMES THEY ARE A-CHANGIN' (Januar 1964), enthält zunächst einmal drei sehr persönliche Lieder. Hinter dem Titel *One Too Many Mornings* verbirgt sich ein fast schwermütiger Rückblick auf eine in die Brüche gegangene Beziehung. *Restless Farewell* ist ein getragener musikalischer Rückblick und Abschied mit autobiographischem Charakter und (vor allem in der letzten Strophe) einigen aufschlußreichen Einblicken in Dylans Denken und Fühlen.

Oh, eine hinterhältige Uhr versucht mir die Zeit zu stehlen,
mich bloßzustellen, abzulenken, zu beunruhigen,
und schmutziger Klatsch bläst mir ins Gesicht,
und eine Staubwolke von Gerüchten hüllt mich ein.
Doch wenn der Pfeil gerichtet ist
und die Spitze scharf,
durchdringt er selbst den dicksten Staub.
So halt' ich meine Stellung
und bleibe wie ich bin
und sag Lebwohl – und pfeife drauf.

Diese Schlußstrophe von *Restless Farewell,* in der Dylan unmißverständlich zu verstehen gibt, daß er unbeirrbar an seinen Vorstellungen festzuhalten gedenkt, gibt einen Vorgeschmack auf die wichtigste Aussage der nächsten LP, *Another Side of Bob Dylan.* Doch dazu mehr im sechsten Kapitel.
Boots of Spanish Leather, das dritte der persönlichen Stücke dieser Platte, gehört zu den schönsten Liebesliedern der Anfangsphase. Der melodiöse, vergleichsweise weich gesungene Song mit dem ansprechenden Fingerpicking ist Dylans Freundin Suze Rotolo gewidmet, die sich zu Bobs großem Kummer gerade auf einer Europareise befindet. Das

---

* Das Newport Folk Festival des Jahres 1963, bei dem (auf Seegers Anregung) auch Dylan auftritt und beeindruckt, zieht immerhin 37000 Zuhörer nach Rhode Island.

Mädchen möge da jenseits des großen Ozeans gut auf sich aufpassen und unversehrt zu ihm zurückkehren, heißt es in dem Lied. Er wolle auch gar nichts von ihr mitgebracht haben – oder vielleicht doch: Stiefel aus spanischem Leder. In *Boots of Spanish Leather* begegnet man einem sehnsuchtsvollen, zärtlichen Robert Zimmerman.

Aber nicht die insgesamt recht gelungenen privaten Stücke geben der Platte *The Times They Are A-Changin'* ihre Bedeutung, sondern der hohe Anteil sozialkritischer Nummern. Sieben der insgesamt zehn Aufnahmen fallen in diese Kategorie und lassen mehr oder weniger deutlich den erhobenen Zeigefinger erkennen. *The Times* ist unbestritten *das* Protestsong-Album der sechziger Jahre.

Der folgende Überblick sei mit dem Lied <u>*The Lonesome Death of Hattie Carroll*</u> begonnen. Dem Song liegt eine tagespolitische Begebenheit zugrunde. Pflanzersohn William Zanzinger tötet in Baltimore aus einer Laune heraus die schwarze Hotelangestellte Carroll. Zanzinger wird verhaftet, kurze Zeit später gegen Kaution freigelassen und schließlich zu sechs Monaten Gefängnis verurteilt. Bob Dylan verarbeitet den Zwischenfall zu einem vierstrophigen Lied. Zunächst berichtet er über die Umstände der Tat:

William Zanzinger erschlug die arme Hattie Carroll
mit einem Stock, den er um seinen diamantengeschmückten Finger wirbeln ließ
bei einer Abendgesellschaft in einem Hotel in Baltimore

Man erfährt weiter, daß Zanzinger unter dem Verdacht vorsätzlichen Mordes abgeführt wird. Die zweite Strophe beschäftigt sich mit Person und sozialem Hintergrund des Mörders.

William Zanzinger – dem mit vierundzwanzig Jahren
eine Tabakplantage von 600 Morgen gehört
mit reichen Eltern, die für ihn sorgen und ihn protegieren,
und Verwandten, die in Maryland hohe politische Ämter bekleiden –
er reagierte auf seine Tat mit einem Achselzucken
und Flüchen und Feixen.

Nicht ungeschickt stellt der Songschreiber alsdann in der dritten Strophe dem Bild des arroganten Täters eine Beschreibung seines Opfers entgegen:

Hattie Carroll...
die 51 Jahre alt war und zehn Kinder hatte,
die servierte und den Müll wegtrug
und nicht *ein*mal am Kopfende des Tisches gesessen hatte
...
sie wurde durch einen Schlag getötet, durch einen Stock ausgelöscht.

Nach Vorstellung der beiden Hauptpersonen und der Schilderung des Tathergangs wendet sich der Songchronist in der letzten Strophe dem Gerichtsverfahren zu:

Im ehrwürdigen Gerichtssaal klopfte der Richter mit seinem Hämmerchen,
um deutlich zu machen, daß alle gleich sind und die Rechtsprechung ausgewogen ist,
und daß an den Gesetzesbüchern nichts gedeutelt werden kann,
und daß selbst die feinen Leute zur Rechenschaft gezogen werden,
wenn die Polizei sie erst mal verfolgt und erwischt hat.
...
Und er sprach in seiner Robe ganz tief und distinguiert
und verhängte gewichtig zur Buße und Reue
dem William Zanzinger sechs Monate Strafe.

Spätestens die Schlußverse geben dem Lied eine bitter-sarkastische Note. Die ironische Überzeichnung der Szene verrät tiefes Mißtrauen des Autors gegenüber seinem Staat und dessen Rechtsprechung, ein Unbehagen, das sich angesichts der überraschenden Milde des Urteils nachvollziehen läßt. Möglicherweise kommt es doch darauf an, auf welcher Sprosse der sozialen Leiter sich der Angeklagte befindet und vielleicht auch darauf, welche Hautfarbe er hat. Hier liegt die offenkundige Moral des Liedes: es ist nicht allein der bedauernswerte Tod der Hattie Carroll zu beweinen:

Oh, ihr, die ihr von Schande faselt
und alle Ängste kritisch abtut,
preßt einen Lumpen fest ins Gesicht,
denn jetzt ist die Zeit gekommen für eure Tränen.

Durch Auswahl und Kombination bestimmter Einzelheiten – vom diamantengeschmückten Finger des Angeklagten bis zu Hatties zehn Kindern – gibt Dylan ständig indirekte Wertungen ab und beeinflußt so das Urteil des Hörers. Der Song ist mithin alles andere als ein objektiver journalistischer Bericht und hat dies sicher auch nicht werden sollen. Immerhin aber ist *The Lonesome Death of Hattie Carroll** bereits eine ausgewogenere, subtilere Arbeit, als man dies nach den Erfahrungen mit dem zornerfüllten Amoklauf *Masters of War* erwartet hätte. Es scheint (und dies wäre ein künstlerischer Gewinn), als habe Dylan im

* Sis Cunningham, zusammen mit Gordon Friesen Herausgeberin des *Broadside-Magazins,* macht zu diesem Lied folgende Anmerkung: »Gordon hat ihn [Dylan] dazu veranlaßt, *Hattie Carroll* zu schreiben. Phil Ochs meint, dies wäre einer seiner besten Songs, und ich stimme Phil zu... Gordon gab ihm [Dylan] einen dicken Umschlag mit Zeitungsausschnitten, die wir zu der Hattie-Carroll-Geschichte gesammelt hatten. Die gaben wir ihm also, und etwa eine Woche später kommt er mit diesem Song an, seinem Hattie-Carroll-Song.«

Sarkasmus eine neue schärfere Waffe entdeckt und seinen blinden Haß (und sei es auch auf Kriegstreiber) als stumpf, unangemessen naiv und im Grunde wirkungslos erkannt.

Ebenfalls um einen Mord geht es in dem Song *Only a Pawn in Their Game;* genauer um den Tod des schwarzen Bürgerrechtlers Medgar Evers, der aus dem Hinterhalt erschossen wird. Ähnlich dem vorangegangenen Lied beginnt Dylans Aufarbeitung des Ereignisses mit der Tatszene:

Eine Kugel aus einem Gebüsch nahm Medgar Evers das Leben.
Ein Finger drückte den Abzug durch,
ein Kolben im Dunkel verborgen,
eine Hand, die auslöste,
zwei Augen, die das Ziel anvisierten
dahinter eines Menschen Gehirn.

Im Gegensatz zum Fall Zanzinger:Carroll beschäftigt sich Dylan im weiteren Verlauf des Textes diesmal nicht ausführlich mit der Person des Mörders bzw. des Opfers. Es wird weder dargelegt, wer der umgekommene Medgar Evers war und welche Ziele er verfolgte, noch werden Angaben zu Person und Absicht des Mordschützen gemacht. Zwar darf man annehmen, daß zur Entstehungszeit des Liedes die näheren Umstände der Tat durch die Medien-Berichterstattung der Öffentlichkeit hinreichend bekannt sind, doch gilt dies ebenso für die Ermordung Hattie Carrolls und kann folglich nicht der ausschlaggebende Grund für die Zurückhaltung des Songschreibers gewesen sein. Dylan verfolgt hier eine andere Absicht: Das Persönlichkeitsprofil des hinter dem Busch Lauernden ist für ihn deshalb unwichtig, weil er den Attentäter nicht als den eigentlichen Schuldigen ansieht. Er ist lediglich eine Schachfigur, ein Bauer im Spiel der wahren Drahtzieher (»a pawn in their game«).
Wessen Spiel Dylan meint, machen die folgenden drei Strophen klar: Die weiße Unterschicht der Südstaaten werde von ihren Politikern permanent gegen die Schwarzen aufgehetzt, indem man ihnen bereits von klein auf suggeriere, sie (die Weißen) seien besser als ihre farbigen Mitbürger. Im Lied klingt das so:

Ein Südstaaten-Politiker predigt dem armen Weißen
»Du hast mehr als die Schwarzen. Was beschwerst du dich?
Du bist besser als die, du wurdest mit einer weißen Haut geboren.

Etwas weiter heißt es:

In der Schule lernt er
gleich von Anfang an,
daß das Gesetz auf seiner Seite ist,
um seine weiße Haut zu schützen.

Dylans Gedankengang entbehrt nicht der Logik. Die Unzufriedenheit der ökonomisch benachteiligten »poor Southern white« ist ohne Zweifel politisch brisant. Das Unruhepotential in diesen Kreisen kann jedoch dadurch entschärft werden, daß man die geballte Sprengkraft ihrer Frustrationen umleitet und gegen eine sozial noch tiefer stehende Gruppe (eben die Schwarzen) richtet. Die armen Weißen bzw. weißen Armen kommen somit in den Genuß vermeintlicher Macht und Überlegenheit; die Schwarzen müssen Blitzableiter spielen. Beide Bevölkerungsgruppen sind aber letztlich nur Spielfiguren im Kalkül des Establishments. Insgesamt läßt sich somit festhalten, daß Dylan in diesem Lied bereits differenzierter argumentiert und mehr auf die Hintergründe der Tat eingeht als in den meisten anderen vorausgegangenen Songs. *Only a Pawn in Their Game* kann daher als im großen und ganzen erfolgreicher Versuch gewertet werden, ein tagespolitisches Ereignis in seinen gesellschaftlichen Zusammenhang zu rücken.

Bob Dylans *With God on Our Side* – eines der bekanntesten Stücke dieses Albums – hat keinen unmittelbar aktuellen Bezugspunkt, weist aber in anderer Hinsicht Gemeinsamkeiten mit den bereits dargestellten Liedern der Platte *The Times They Are A-Changin'* auf. Der Song bekräftigt eine Tendenz, die sich (vor allem in *Hattie Carroll*) bereits abgezeichnet hatte: Dylans zu der Zeit wirkungsvollstes Stilmittel, seine schärfste Waffe der Protest-Periode ist der Sarkasmus. In *With God on Our Side* klingt der Songschreiber bissiger als je zuvor. Nicht zuletzt deshalb ist dieses Lied sicherlich eine der eindrucksvollsten Aufnahmen aus der Anfangsphase.
Der Song präsentiert sich vordergründig zunächst als eine Art chronologisch aufgebaute Kriegs- und Militärgeschichte der USA. Dabei dient die Eingangsstrophe dem Chronisten dazu, sich zunächst einmal selbst ›vorzustellen‹:

Oh, mein Name ist unwichtig,
mein Alter erst recht,
das Land, aus dem ich stamme,
wird Mittlerer Westen genannt.
Dort bin ich aufgewachsen, und man hat mich gelehrt,
das Gesetz zu befolgen
und: das Land, in dem ich lebe
habe Gott auf seiner Seite.

Der Informationswert dieses Abschnittes scheint auf den ersten Blick gering zu sein. Doch bei näherer Betrachtung (und vor allem im Zusammenhang mit den nachfolgenden Textpassagen) muß dem Anfang nicht unerhebliche Bedeutung beigemessen werden. Nicht um die Person des Chronisten geht es hier, sondern um das typische Weltbild und Geschichtsverständnis einer ganzen Großregion. Der Begriff ›Mittlerer Westen‹ (das eigentliche Kernland der USA) signalisiert ganz bestimmte Wertvorstellungen, einen Kodex, der sich pauschal als ›konservativ-patriotischer Materialismus‹ charakterisieren läßt.

In den folgenden drei Strophen greift der Songschreiber vier für die US-Geschichte bedeutsame, unterschiedlich verlustreiche kriegerische Auseinandersetzungen heraus: Die sogenannten Indianer-Kriege (Indian Wars), den Spanisch-Amerikanischen Krieg (1898), den blutigen Bürgerkrieg (1861–65) sowie den Ersten Weltkrieg. Das Fazit dieser Strophen ist dabei weitgehend deckungsgleich. Was auch immer an Unrecht bei diesen Kämpfen geschah, Gott stand uns (den USA) ja bei.

Ab der fünften Strophe wechselt der Bezug, verbreitert sich der Empfängerkreis vermeintlich göttlichen Segens. Nach dem Zweiten Weltkrieg, so erfährt man, vergab Amerika den Deutschen und schloß sogar Freundschaft mit diesem Land.

Obwohl sie sechs Millionen umbrachten
und in Öfen verheizten,
haben jetzt auch die Deutschen
Gott auf ihrer Seite.

Damit ist Dylan mit seinem historischen Überblick in der Gegenwart angelangt und wendet sich im folgenden der Zukunft zu. Ein neuer Krieg, so stellt er fest, werde sich wohl gegen die Russen richten, die zu hassen er ja sein Leben lang hinreichend angehalten worden sei. Ein möglicher dritter Weltkrieg (und hier hören wir wieder Bekanntes) berge allergrößte Gefahren:

Doch jetzt haben wir Waffen
mit chemischem Staub.
Zwingt man uns dazu,
müssen wir sie auch abfeuern.
Ein Druck auf den Knopf
und ein weltweiter Knall.
Aber man stellt keine Fragen,
wenn man Gott auf seiner Seite hat.

Auch in der Schlußstrophe wird das Motiv ›Dritter Weltkrieg‹ noch einmal in eindringlichen, sehr persönlich-emotionalen Worten aufgegriffen:

Ich komm' nun zum Ende,
bin fix und fertig.
Die Verwirrung, die ich empfinde,
ist nicht zu beschreiben.
Worte schwirren mir im Kopf herum
und fallen zu Boden.
Wenn Gott [wirklich] auf unsrer Seite ist,
verhindert er den nächsten Krieg.

Geht es Dylan also wieder einmal lediglich um eines seiner ›Lieblings-themen‹, die Beschwörung der nuklearen Apokalypse? Nicht nur. *With God on Our Side* ist sicherlich mehr als eine Warnung vor dem atomaren Untergang. Der Song besteht inhaltlich aus zwei Teilen: der »Abrech-nung mit der amerikanischen Geschichtsklitterung« (Wolfgang Sandner, FAZ, 30.6.78) in den ersten Strophen und der Angst vor einem neuen Krieg im zweiten Part.

Dylans erklärtes Angriffsziel in der ersten Hälfte des Liedes ist die überzogene Selbstgerechtigkeit vieler US-Bürger, das puritanische Aus-erwähltheitsdenken (Manifest Destiny). Dieser Auffassung zufolge sind die Amerikaner von Gott dazu auserkoren, auf Erden eine Modellge-sellschaft zu errichten, und es versteht sich von selbst, daß ein gottbe-gnadetes Volk keine Fehler begehen kann. Eine Gesellschaft, die Reich-tum, Erfolg und Expansion als gute Zeichen göttlichen Wohlwollens ansieht, kann natürlich leicht eine selbstgefällige Überheblichkeit ent-wickeln. Ebendiese Schwäche will Dylan lächerlich machen, und es gelingt ihm auch vortrefflich.

Bis hierhin ist das Lied eine durchaus gutgemachte Attacke gegen die amerikanische Egozentrik, gegen den »US-Chauvinismus« (Lieder-schmitt, Bd. I, S. 47) und damit ein thematisch vergleichsweise unge-wöhnlicher *message song*. Fast ist es schade, wenn Dylan in den späteren Strophen den roten Faden des göttlichen Schutzes so weit ausspinnt, daß er nun auch noch mit dem Atomtod-Motiv in Verbindung gebracht werden kann. Michael Gray spricht in diesem Zusammenhang nicht ohne Ironie von einer »Gardinenpredigt über Weltkriege und Atom-bomben« (Gray, S. 23).

Dylans zeitgeschichtlich zu begreifende Weltkriegsangst ist inzwischen hinlänglich bekannt. Mehr Aufmerksamkeit verdient eine andere mit dem Lied aufgeworfene Frage: das Verhältnis des Songschreibers zu Gott. Soll hier etwa Gott lächerlich gemacht werden? Ist der Jude Dylan gläubig, Zweifler oder Atheist? Bei aller sarkastischen Skepsis des Texters enthält die letzte Strophe doch ein Element gläubiger Hoffnung. Wenn Gott uns wirklich beisteht, heißt es da, wird er uns vor dem Untergang bewahren. Man kann Craig McGregor beipflichten, wenn er in diesem Zusammenhang folgendes anmerkt: »Dylan ringt mit dem alten Problem des Bösen und ist nicht bereit, Gott aufzugeben. Die meisten Kritiker scheinen diesen Song für ein atheistisches Statement zu halten, aber ich habe das nie so empfunden... Dieser Schlußvers ist zu flehend. Das klingt mehr wie jemand, der durchaus noch an Gott glauben möchte, dem aber nicht gefällt, was er über ihn erfährt« (McGregor, S. 2).

Die Songs *North Country Blues* und *Ballad of Hollis Brown* unterschei-den sich deutlich von den bislang besprochenen Texten. In beiden Fällen wird weder ein spektakuläres zeitgenössisches Ereignis noch eines der großen Traumata der sechziger Jahre aufgearbeitet. Genau das Gegenteil gilt: Sowohl der *North Country Blues* als auch *Hollis Brown* widmen sich wenig beachteten sozialen Problemen, beschäftigen sich mit Einzelschicksalen, die kaum eine Chance haben, nennenswertes Interesse der Medien zu finden.

Der *North Country Blues* (dessen auf die Dauer etwas monoton wirkender Singsang durch die eindringliche nasale Gesangsstimme wieder einigermaßen wettgemacht wird) ist eines jener von der Kritik vernachlässigten Lieder der Anfangsphase. Der Song spielt (wie bereits sein Titel andeutet) im Norden der USA, in der Bergbau-Region nahe der kanadischen Grenze, dem »Iron Range« Minnesotas. In dieser Gegend liegt auch Bob Dylans Heimatstadt Hibbing, so daß Hetmann (obwohl im Text weder Jahreszahlen noch der Ortsname genannt werden) möglicherweise nicht ganz falsch liegt, wenn er behauptet, der Song »rekapituliert ein Stück Sozialgeschichte aus Dylans Heimatstadt« (Hetmann, S. 88).

In der Ballade läßt der Songschreiber eine Bergarbeiterfrau von ihrem und ihrer Familie Schicksal berichten: Nach schwerer Jugend – die Mutter ist krank, Bruder und Vater sind umgekommen oder davongelaufen (»failed to come home«) – verläßt die ›Heldin‹ als junges Mädchen vorzeitig die Schule, um einen Bergmann zu heiraten. Zunächst geht alles gut, und sie haben ihr Auskommen, doch kaum sind drei Kinder geboren, beginnen ernste Probleme. Die Bergbau-Direktion verhängt Kurzarbeit und verkündet wenig später die völlige Stillegung der Zeche. Zur Begründung der Entscheidung heißt es:

Die im Osten beschweren sich,
sie müßten zu viel zahlen,
sie sagen, daß euer Erz sich nicht zu fördern lohnt,
daß es wesentlich billiger sei
da unten in Südamerika,
wo die Bergleute praktisch umsonst arbeiten.

Die vom Ostküsten-Management beschlossenen Rationalisierungsmaßnahmen haben rasche soziale Auswirkungen. Der nun arbeitslose Ehemann der Erzählerin beginnt zu trinken und ist eines Morgens verschwunden, den übermächtigen Problemen davongelaufen. Er hinterläßt seine Frau und drei Kinder ohne Einkommen, ohne Hoffnung.

Der Sommer ist vorüber,
und der Boden wird kalt,
die Läden machen einer nach dem anderen dicht.
Meine Kinder werden fortziehen,
sobald sie groß sind,
hier gibt's ja auch nichts, was sie halten könnte.

Der *North Country Blues* ist ein tieftrauriges Lied und vermittelt eine Atmosphäre lähmender Hoffnungslosigkeit. Eine ähnliche Grundstimmung durchzieht die *Ballad of Hollis Brown*. Der freudlose Singsang dieser elfstrophigen Szenenfolge und die immer am selben Akkord klebende Gitarre entsprechen dem tristen Dasein, das hier geschildert werden soll. Auch in *Hollis Brown* geht es um das tragisch-unausweichliche Schicksal einer Familie, diesmal um einen Kleinbauern oder Tagelöhner im Präriestaat South Dakota.

Hollis Brown lebt mit Frau und fünf Kindern in einer baufälligen Hütte außerhalb einer nicht genannten Stadt. Er kann weit und breit keine Arbeit finden, seine Kinder sind hungrig und haben vor lauter Elend das Lachen verlernt. Die glasigen Augen seines Babys verfolgen den Erzähler bis in den Schlaf. Was soll er tun? Die Ratten haben alles Mehl gefressen, sein Pferd ist verendet. Auch Beten hat noch keine Wirkung gezeigt. Das Weinen der Kinder wird lauter, doch die Zukunft ist schwarz. Alles Gras ist verdorrt, der Brunnen versiegt und der letzte Dollar ausgegeben – für sieben Gewehrkugeln. Die Situation wird von Tag zu Tag bedrückender, die Stimmung in der Brownschen Hütte unerträglich. Immer öfter gleitet Browns Blick nun über die Flinte an der Wand. Dann fallen sieben Schüsse.

Siebenmal erbebt die alte Hütte nun,
siebenmal erbebt die alte Hütte nun,
sieben Schüsse hallen
wie das donnernde Rollen des Meeres.

Hollis Brown, schreibt Kenneth Roy Parker, sei »eines von Dylans deprimierendsten Liedern... voller Frustration und Verzweiflung« (S. 17), und er hat recht. Der Song besitzt eine immense, sich von Strophe zu Strophe steigernde Dynamik, die – neben den wiederholten Hinweisen auf das Gewehr an der Wand – noch zusätzlich dadurch erhöht wird, daß Dylan Hollis Brown gelegentlich direkt anspricht: »Die Schreie deiner Frau wirken wie Messerstiche« oder »Das Blut rauscht dir im Kopf und deine Beine werden schwach«. So plastisch schildert der Songschreiber das Elend der Familie Brown, daß der Hörer regelrecht mitleidet; so bedrückend ist die Ausweglosigkeit, daß der Griff nach dem Gewehr und die sieben Schüsse fast erlösend wirken. Die Uhr der Browns ist damit abgelaufen. Doch wer wird um diese Menschen trauern? Während hier sieben Menschen sterben, heißt es in der Schlußstrophe, werden irgendwo nicht weit entfernt sieben andere geboren, auf die, so möchte man ergänzen, möglicherweise ein ähnliches Schicksal wartet. Das traurige Los dieser Familie, die deprimierende Perspektivlosigkeit ihres Lebens, ist kein Einzelfall.

Gleiches gilt für die Bergarbeiter-Tragödie aus der Erz-Region Minnesotas. Auch hier geht es Dylan nicht in erster Linie um sein Fallbeispiel. Das geschilderte Elend soll vielmehr exemplarisch die Existenzkrise des ganzen Ortes veranschaulichen. Der *North Country Blues,* so schreibt Michael Gray, »handelt ganz gewollt vom Leiden einer Arbeiter-Gemeinde und deren Vernichtung, wenn dies auch an der Unglücksgeschichte einer einzelnen Familie dargestellt wird« (Gray, S. 19). Nicht nur die Angehörigen der Erzählerin sind Opfer, die gesamte Bevölkerung ist betroffen, der Untergang der Gruben-Gemeinde gewiß:

... zugenagelte Fenster
und die alten Männer auf den Bänken
zeigen dir, daß die ganze Stadt leer ist.

Ein Ort ist zum Sterben verurteilt, weil ihm mit einem einzigen betriebswirtschaftlichen Federstrich die Existenzgrundlage genommen wird. An dieser Stelle könnte man bitter-anklagende Worte erwarten. Doch der Songschreiber widersteht der Versuchung, gegen das Bergwerksmanagement zu polemisieren. Er bringt sogar die Argumente dieser Seite: Das heimische Erz sei gegenüber den billigen Importen nicht mehr konkurrenzfähig, womit die Zechenstillegung zu einer ökonomischen Notwendigkeit werde. Für die menschliche Tragödie in der Bergarbeiterstadt macht Dylan also ebensowenig einen unmittelbar Schuldigen namhaft wie für die ausweglose Lage des Hollis Brown. Beide Familien sind Opfer unglücklich verketteter, in der Summe ihrer Auswirkungen erbarmungslos-ruinöser Umstände.
Ballad of Hollis Brown und *North Country Blues* sind beeindruckende Milieustudien, komprimierte Sozialporträts. Ihnen fehlt der erhobene Zeigefinger anderer früher Dylan-Songs. Beide Lieder leben nicht zuletzt von der eigentümlichen Vortragsweise. Diese wurde einmal mit dem Jaulen eines Präriehundes verglichen, der sich im Stacheldraht verfangen hat – ein gar nicht so weit hergeholtes Bild. Die ungeschliffen-spröde Stimme wirkt streckenweise in der Tat sehr gequält, fast klagend und ist von einer Unmittelbarkeit, der man sich schwer entziehen kann. Angenehm im Sinne von kunstvoll schön klingt dieser Vortrag (oft mehr Sprechgesang als melodiöses Singen) ganz und gar nicht, dafür aber um so echter. Solch authentischer Ton verstärkt noch einmal die Aussagekraft realistisch-nüchterner Texte wie *Hollis Brown* und *North Country Blues,* und das macht diese Stücke glaubhaft.

Bleibt zum Abschluß noch der Titelsong der Platte, *The Times They Are A-Changin'.* Die von einer durchgängig rhythmisch geschlagenen Gitarre begleitete Nummer ist im Vergleich zu den melodisch eher eigenwilligen Stücken *Hattie Carroll* und *Pawn,* dem monotonen *Hollis Brown* und dem überlangen *God on Our Side* wieder einmal ein Lied, das zum Mitmachen und Nachsingen einlädt: klare Melodieführung, überschaubare Gliederung, akzeptable Länge (etwas über drei Minuten), einprägsame Refrainzeile.

The Times They Are A-Changin' ist eines der bekanntesten Lieder aus Dylans Anfangsphase; ein mahnender Aufruf, eine sozialpolitische Warnung. Der Text beginnt mit einer in der Anrede unverbindlich gehaltenen Strophe, aus der sich noch nicht ersehen läßt, an wen sich das Stück eigentlich wendet.

Kommt her, all ihr Leute,
wo immer ihr seid,
und gebt zu, daß die Flut um euch immer höher steigt,
und erkennt, ihr seid bald
bis auf die Knochen durchweicht.
Wenn euch euer Leben was wert ist,
dann fangt besser an zu schwimmen,
sonst versinkt ihr wie Stein
– denn die Zeiten sind dabei, sich zu ändern.

In der zweiten Strophe spricht der Songschreiber dann bereits einen bestimmten Adressatenkreis an: »Kommt, ihr Schriftsteller und Kritiker, ihr Feder-Propheten...« Den Medienleuten, die Dylan laut Scaduto als »Komplizen einer repressiven Gesellschaft« einstuft (Scaduto, S. 370), wird geraten, den von ihm angesprochenen Veränderungsprozeß sehr genau zu verfolgen, aber ja nicht vorschnell darüber zu urteilen.
Als nächstes richtet sich der Text an das Polit-Establishment; die Warnung klingt zunehmend drohender. Die engstirnigen Abgeordneten sollten gefälligst die Zeichen der Zeit erkennen und nicht versuchen, den überfälligen Wandel (z. B. die auf Eis liegenden Reformgesetze von Kennedy/Johnson?) abzublocken. Eile tut not, irgendwann könnte es zu spät sein.

da draußen ist ein Kampf
in vollem Gange.
Bald wird er eure Fenster scheppern
und eure Wände erzittern lassen
– denn die Zeiten sind dabei, sich zu ändern.

Auch in der folgenden Strophe klingt Dylans Ton kaum freundlicher:

Ihr Mütter und Väter im ganzen Land
kritisiert nicht,
was ihr gar nicht begreifen könnt.
Eure Söhne und Töchter
sind euch entwachsen,
euer alter Weg bringt heute nichts mehr.
Blockiert nun wenigstens nicht den neuen,
wenn ihr schon nicht helfen könnt –
denn die Zeiten sind dabei, sich zu ändern.

Die Schlußstrophe zieht schließlich eine Art Fazit: Ihr alle oben Angesprochenen, merkt euch wohl: Die Schwachen von heute kommen morgen groß raus; was heute viel gilt, ist morgen passé, und die ersten werden die letzten sein – denn die Zeiten sind dabei, sich zu ändern!

Kerninhalt des Liedes ist eine gesellschaftliche Auseinandersetzung, der Anfang der sechziger Jahre immer offener zutage tretende Generationskonflikt. Die Adjektive »alt« und »neu« (in der Strophe an die Eltern) stehen dabei nicht allein für zwei auseinanderliegende Altersgruppen, sondern beziehen sich erheblich weiter gefaßt auf zwei konträre Weltanschauungen. Das übermächtige, verkrustete »Establishment« und eine unflexible bis verkalkte Eltern-Generation stemmen sich in den Augen Dylans gegen die Ideale der Jugend: gegen Selbstverwirklichung, Gleichberechtigung, Frieden.

Die Auffassung, daß in den Vereinigten Staaten vieles im argen liege und dringend geändert werden müsse, die Einsicht, daß man nicht ewig stur im alten Nachkriegstrott weitermarschieren könne, ist zu Beginn der sechziger Jahre unter den US-Amerikanern weit verbreitet. Präsident John F. Kennedy erkennt diese Stimmung. Mit seinem Talent für Public Relations übernimmt er den Reformwunsch in sein politisches Programm (New Frontier) und trägt so wesentlich dazu bei, die Bevölkerung – vor allem die Jugend des Landes – in ihrer Aufbruchsunruhe zu bestärken.

»Die Zeiten sind dabei, sich zu ändern« – Es überrascht nicht, daß dieser noch zu Lebzeiten Kennedys verfaßte Song überaus populär wird, zu einer Art Hymne der Jugendrebellion. Allan Gray bezeichnet das Stück als »so etwas wie ein Titelsong im Entwicklungsprozeß des Generationskonfliktes« (Gray in Denisoff/Peterson, S. 156), und Robert Shelton spricht von einem »Credo für die unzufriedenen protestierenden College-Studenten« (Shelton in McGregor, S. 78). Ob Dylan dabei seinen jungen Hörern unabsichtlich aus der Seele spricht oder – wie Michael Gray unterstellt (Gray, S. 170) – seinem Publikum bewußt nach dem Munde redet, ist allerdings schwer nachprüfbar und muß dahingestellt bleiben.

Im Zusammenhang mit diesem Lied läßt sich das gleiche Phänomen beobachten wie schon bei *Blowin' in the Wind* und *A Hard Rain's A-Gonna Fall:* je unverbindlicher der Textinhalt, desto positiver die Publikumsreaktion. »Die Sprache des Songs ist schwach«, urteilt Michael Gray, »unpräzise ausgerichtet und zu allgemein angelegt« (Gray, S. 170). Was für ein Wandel steht da denn unmittelbar bevor? Wann werden die Fluten der Veränderung Überkommenes hinwegschwemmen? Wessen Aktionen werden das Land erschüttern? All jene Fragen läßt der Song offen, und das vermutlich mit voller Absicht. Auch in *The Times They Are A-Changin'* kommt es Dylan auf die Atmosphäre an, auf den Tenor des Liedes. Die dem Stück zugrunde liegende Forderung, es müsse sich dringend etwas ändern im Lande, werden in der besonderen Situation der frühen sechziger Jahre wohl die meisten seiner Hörer teilen. Ganz konkrete Zielvorstellungen und Alternativen zu benennen, Vorschläge zu machen, wäre angesichts der vielen konkurrierenden politischen Ideen und Formationen unklug gewesen und hätte möglicherweise eine Aufsplitterung der Solidarisierungs- und Plattenkäufer-Front zur Folge gehabt. Dylans Unverbindlichkeit hat also Sinn; wieder geht es ihm um den Gebrauchswert. Er will einen Text mit dem kleinsten gemeinsamen Nenner für die größtmögliche Hörerschaft vorlegen, Verse, die ein jeder entsprechend seinen persönlichen Idealen subjektiv mit Inhalten füllen kann. Das ist clever – und kommt an.

Die Grundstimmung dieser dritten LP läßt sich zusammenfassend mit Zorn und Enttäuschung charakterisieren; Tod und Zerstörung sind immer wiederkehrende Motive. Dylans Gesellschaftskritik klingt beißend, oft vernichtend – ein scharfzüngiger Motzer macht Front gegen alles, was ihm an seinem Land mißfällt. Das hat es in der amerikanischen Popularmusik in dieser Form noch nicht gegeben. So hat Bob Dylans Ruhm nach dieser Platte (und am Ende seiner ersten Entwicklungsphase) einen vorläufigen Höhepunkt erreicht: Der streitbare Struwwelpeter aus Minnesota gilt nun als *der* Sprecher der unzufriedenen Jugend.

Eines jedoch scheint den meisten Kritikern entgangen zu sein: Die Texte dieser LP haben einen feinen, leicht zu überhörenden hoffenden Unterton. Trotz der Verzweiflungstat von Hollis Brown, des Bergarbeiter-Elends in Minnesota; trotz des Attentats auf Medgar Evers und des Mordes an der unschuldigen Hattie Carroll; trotz eines als ungerecht empfundenen Rechtssystems und der als verständnislos abgeschriebenen Eltern-Generation; trotz praktizierten Rassenwahns, vergeudeter Hochrüstungsmillionen und der ihm möglich erscheinenden nuklearen Katastrophe hat Bob Dylan noch nicht völlig resigniert. Wenn der Songschreiber feststellt, »Die Zeiten sind dabei, sich zu ändern«, oder in *When the Ship Comes In* (auf der gleichen LP) prophezeit, irgendwann werde schon ein neuer Morgen anbrechen, spürt man hinter drohender Gebärde verhaltene Hoffnung auf Veränderung, auf Erlösung. Bob Dylan ist trotz aller Bitterkeit in seiner Anfangsphase noch kein totaler Pessimist, sondern vertritt – hinter Sarkasmus, Zorn und Empörung – versteckt eine im Kern optimistische Haltung: »Die Ideologie vom harten Kampf des gutherzigen Menschen zur Überwindung allen Übels« (Gray, S. 25).

5 Alte Muster, neue Masche

Der Protestsong in der Lied-Tradition

Dylan mit Folksänger Pete Seeger

Die Vereinigten Staaten von Amerika sind ein Einwandererland par excellence, und dieser Tatbestand hat sozio-kulturelle Folgen. Die im Laufe der Jahrzehnte überwiegend aus Europa nach Nordamerika einströmenden Immigranten brachten ihr heimatliches Gedanken- und Kulturgut mit in die Neue Welt. Die meisten Auswanderer waren »einfache Leute«, Angehörige jener Schichten also, in denen vor allem mündlich überlieferte Literaturformen lebendig blieben. So kamen im geistigen Handgepäck europäischer Einwanderer neben Märchen, Sagen usw. auch und gerade unzählige Volkslieder verschiedenster Nationalität nach Nordamerika. Als musikalisches Andenken an die geliebte, häufig nur auf Grund von Sachzwängen (Hunger, Unterdrückung) verlassene Heimat, wurde das vertraute Liedgut (nicht zuletzt in Ermangelung anderen Unterhaltungsstoffes) in der Fremde oft ganz bewußt gepflegt. Je größer dabei die räumliche Abgeschiedenheit der amerikanischen Siedlungen und je krasser die kulturelle Isolation der Kolonisten-Gemeinden, desto länger blieben die aus der Alten Welt mitgebrachten Volkslieder in der neuen Heimat lebendig. Der Reichtum an europäischen Liedern in den abgelegenen Appalachen ist ein Beispiel für solche Langzeit-Konservierung.

Im Laufe der Jahrhunderte fanden darüber hinaus zahlreiche gedruckte Exemplare englischer und irischer *Straßenballaden* ihren Weg nach Nordamerika und wurden dort teilweise sogar neu aufgelegt.

Diese *Street Ballads* oder *Broadside Ballads* sind eine eigene, ursprünglich englische Liedgattung, die sich nach der Erfindung des Buchdrucks entwickelte. Dabei handelte es sich um (auf Volkslied-Melodien zu singende) Texte, die von profitorientierten Liedschreibern verfaßt, auf lose Blätter gedruckt und von Straßenhändlern vertrieben wurden. Die ersten *Broadsides* entstanden Ende des 16. Jahrhunderts. Für die kommenden 300 Jahre bis zur Einführung billiger Zeitungen sollten die Straßenballaden fester Bestandteil der Popularkultur sein.

Das Gros der Straßenballaden widmete sich den typischen Themenbereichen der heutigen Regenbogen-Presse: aufgebauschte Sensationsmeldungen, Skandale, Liebesaffären, Abnormitäten und dergleichen mehr. Neben solchen Texten mit Unterhaltungsfunktion wurden aber auch eine Reihe sozialkritischer *Street Ballads* abgefaßt. Ihr inhaltlicher Bogen war weit gespannt: Verärgerung über die aufwendige Lebensführung bei Hofe, bittere Klage über die ökonomische Ausbeutung und die dadurch bedingten Existenznöte des Kleinen Mannes, Empörung über die politische Rechtlosigkeit und die hohe Besteuerung der Bürger usw. Marktgerecht aufgemachte kritische Straßenballaden besaßen einen nicht zu unterschätzenden Einfluß auf die öffentliche Meinung; sie waren Spiegelbild und Verstärker der Ansichten breiter Volksschichten und damit die populäre Protest-Literatur ihrer Zeit. Kein Wunder also, daß die Herrschenden mehrfach versuchten, die Sprengkraft der *Broadsides* durch Zensur und Verbote zu entschärfen.

Solche mit profanen oder politischen Versen bedruckte Textblätter kamen also mit den britischen Einwanderern zuhauf in die Neue Welt. In Weiterführung dieser aus Europa übernommenen Liedform verfaßten amerikanische Autoren später zahlreiche eigene Straßenballaden. Bei aller Bedeutung der fortgesetzten mündlichen Überlieferung europäischen Liedgutes in der westlichen Hemisphäre darf daher auch der Einfluß der *Broadsides* auf die Entwicklung des amerikanischen Folksongs nicht außer acht gelassen werden. Der Song-Forscher Malcolm Laws hat die Ausstrahlung importierter Balladenblätter untersucht und festgestellt, daß sich praktisch in jeder amerikanischen Liedsammlung Stücke finden lassen, die ihren Ursprung in anglo-irischen *Street Ballads* haben.

Das reiche und vielfältige europäische Erbe führte denn auch zu der lange vorherrschenden Einschätzung, Nordamerika habe keine eigenständigen Volkslieder hervorgebracht und sei damit nie über das Stadium des bloßen Nachsingens europäischer Stücke hinausgekommen. John Lomax und dessen Sohn Alan gelang es jedoch, diese These zu widerlegen. Im Laufe jahrzehntelanger Feldforschung sammelten die Lomaxes Hunderte in den USA gesungener Folksongs, die sie in mehreren Bänden veröffentlichten und zum Teil für das *Archive of American Folksong* der *Library of Congress* konservierten. Bei dieser verdienstvollen Arbeit kamen John und Alan Lomax zu der Überzeugung, daß die Vereinigten Staaten an Folksongs reicher seien als jedes andere Land der Welt. Dabei erkennen und würdigen die beiden Folkloristen durchaus den ausländischen Ursprung vieler dieser Lieder und stellen namentlich den britischen und westafrikanischen Einfluß heraus. Nach Auffassung der Lomaxes blieben aber die Amerikaner keineswegs bei der ständigen Reproduktion importierter Lieder stehen. Der immense Folksong-Fundus, die große Vielfalt traditionsbewährter thematischer und musikalischer Motive unterschiedlicher geographischer Herkunft sei vielmehr in den vielzitierten amerikanischen Schmelztiegel (melting pot) eingegangen und dort gründlich vermengt worden. Die US-Bürger hätten dann, aus diesem Tiegel schöpfend, immer neue, ihren veränderten Lebensgewohnheiten entsprechende Lieder geschaffen.

Die Entstehungsgeschichte der meisten Folksongs erklärt sich aus der historischen Entwicklung des Landes. Die schrittweise Besiedlung und Europäisierung Nordamerikas im Gebiet der heutigen USA ist das Werk mehrerer Pionier-Generationen. Deren entbehrungsreiches und an Abwechslung armes Leben in der Weite und Einsamkeit der Neuen Welt bot ideale Voraussetzungen für die Entstehung ›mündlicher Literatur‹, wobei der Darbietungsform des Singens besondere Bedeutung beizumessen ist. Der amerikanische Folksong entstand in den Camps der Holzfäller und Flößer, in den Hütten der Bergleute und den Zelten der Eisenbahnbauer, am abendlichen Feuer der Cowboys und Siedler. Die später zwar romantisierten, im Grunde aber als robuste Rohlinge abgetanen Pioniere unterschiedlichster Couleur haben die amerikanische Kultur und Folklore mithin in erheblichem Maße bereichert.

Neben den verschiedenen Abschnitten der landwirtschaftlichen und (später) industriellen ›Front‹ (frontier) sind als zweites musikalisch besonders ertragreiches Stammgebiet die Sklaven haltenden Südstaaten anzuführen.

Damit ist ein wesentliches Entstehungsmerkmal des Folksong angesprochen: sein Ursprung im Erfahrungsbereich unterschiedlicher Berufsgruppen. Hier unterscheidet sich die Entstehungsgeschichte der amerikanischen Songs von der europäischer Balladen. In Nordamerika wuchsen und reiften die Volkslieder nicht mehr, von Generation zu Generation vererbt und verfeinert, in einem ebenso traditionsreichen wie überschaubaren bäuerlichen Milieu. Die liederschöpfenden gesellschaftlichen Gruppen in der Aufbauphase der Vereinigten Staaten waren vielmehr zufällig zusammengewürfelte Schicksalsgemeinschaften.

Wenn auch in manchen amerikanischen Folksongs die eigene Existenz etwas beschönigend dargestellt und in anderen der eigene Berufsstand durch das Besingen grandioser Übermenschen (z.B. Tunnelbauer John Henry, Holzfäller Paul Bunyan) mystifiziert wird, zeichnen sich doch viele dieser Berufsgruppenlieder durch Nüchternheit und Realismus aus. Der Folksong bot die Chance, offen und ohne nachteilige Folgen befürchten zu müssen, persönliche Gefühle und Stimmungen auszudrücken, und von dieser Möglichkeit wurde gern Gebrauch gemacht. Neben die Funktion, das menschliche Bedürfnis nach Zerstreuung und Unterhaltung zu befriedigen, tritt damit die Aufgabe der Lieder, als Überdruckventil für aufgestaute Emotionen zu dienen. Mit Recht unterscheidet daher John Greenway, Autor des Standardwerkes *American Folksongs of Protest* (1953), in »beunruhigende« und »gefällige« Folksongs, in »solche, die eine Botschaft haben... und solche, die nur als Zeitvertreib gedacht sind« (Greenway, S. 4).

In Anbetracht des beschriebenen harten Alltagslebens ist es nur zu verständlich, daß in zahlreichen Liedern Unzufriedenheit mit dem eigenen Los zum Ausdruck kommt. So enthält der US-Folksong-Fundus eine große Anzahl engagierter Stücke, die einen politischen, ökonomischen oder sozialen Mißstand aufgreifen und anprangern. Hier wird das Volkslied zum Protestsong. Der Liedersammler Alan Lomax hält fest: »So zieht sich also ein Ton sozialen Protestes durch die einheimischen amerikanischen Volkslieder, und das Leben und die Probleme der einfachen Leute wurde ihr hauptsächliches Anliegen« (Lomax, 1975, S. XVI).

Das gesellschaftskritische Lied hat in Nordamerika also eine lange Tradition. Wenngleich ein Großteil der Folksongs inzwischen in Vergessenheit geraten ist, bieten die immerhin über 2000 erhaltenen Stücke eine solide Grundlage für allgemeine Aussagen zum amerikanischen Folksong. Greenways Pionierarbeit und David M. Rosens Sammlung *Protest Songs in America* (1972) haben gezeigt, daß die Zahl der Themen und Ereignisse, die musikalischen Widerspruch herausforderten, groß war. Einige prägende Probleme ließen allerdings die Wogen besonders hoch schlagen.

Der erste Anlaß, der im weißen Amerika eine nennenswerte Anzahl musikalischer Unmutsäußerungen provozierte, war die in der zweiten Hälfte des 18. Jahrhunderts wachsende Unzufriedenheit der Kolonisten mit ihrer königlich-britischen Verwaltung. Diese Frustration hatte vor allem ökonomische Ursachen; sie war eine allgemeine Empörung über die ausbeuterische Steuergesetzgebung. Es wollte den Siedlern nicht einleuchten, daß sie auch in der Neuen Welt unter den hohen Abgaben an die Krone zu leiden haben sollten und im Gegenzug nicht einmal eigene Vertreter ins Londoner Parlament entsenden durften. (Slogan: »No taxation without representation.«) Der Zorn der Amerikaner führte schließlich zum Unabhängigkeitskrieg (1775–83) und zur Gründung der Vereinigten Staaten (1776). Die in jenen Jahren entstandenen anti-britischen (Revolutions-)Lieder reichten vom patriotisch-emotionalen Solidaritätsappell über die sarkastische Darstellung des anglo-amerikanischen Verhältnisses als eines angespannten Mutter-Tochter-Konflikts bis hin zu bissigen Kampfliedern, in denen die britische Oberherrschaft als brutale Tyrannei gebrandmarkt wird.

Die ganze Welt soll wissen,
daß die Amerikaner freie Menschen sind,
weder Sklaven noch Feiglinge
– das wird Britannien schon seh'n.
Pennsylvania Song, 1775 (Rosen, S. 27)

Das zweite gesellschaftspolitisch hochbrisante Thema in der Geschichte der inzwischen selbständigen Kolonien war das Aufbegehren gegen die Sklavenhaltung in den Südstaaten. Diese Proteststimmung erreichte im zweiten Drittel des 19. Jahrhunderts ihren Höhepunkt und trug wesentlich zum Ausbruch des Sezessionskrieges (Civil War) bei. Es lassen sich zwei Typen von Liedern gegen die Sklaverei unterscheiden: a) die Stücke der unmittelbar betroffenen Schwarzen (Spirituals und andere) und b) die Agitationssongs der weißen Sklaverei-Gegner (Abolitionisten).

Sucht man unter den gut eintausend überlieferten Spirituals nach gegen die Sklaverei gerichteten Texten, lassen sich nur wenige auf den ersten Blick als erkennbare Protestlieder einordnen. Dieser Umstand wird häufig mit der vermeintlichen Duldsamkeit der schwarzen Zwangsarbeiter begründet. Doch schon allein in Hinblick auf die zahlreichen (wenn auch erfolglosen und wenig bekannten) Sklavenaufstände muß die Duldsamkeit-These verworfen werden. Wenn man also von einer unter den Sklaven weit verbreiteten Unruhe und Frustration ausgehen kann, müßte sich diese Einstellung auch in Spirituals und anderen Liedern niederschlagen – wenn nicht offen, dann versteckt. In der Tat gehen heute die meisten Folkloristen davon aus, daß die Songs der Schwarzen eine

Vielzahl bewußt eingebauter Doppeldeutigkeiten enthalten, deren Protestcharakter für alle Sklaven klar erkennbar gewesen ist.

Die Methode, tief verwurzelte Unzufriedenheit hinter scheinbar belanglosen (im Falle der Spirituals überwiegend religiösen) Texten zu verstekken, war eine Notwendigkeit, wenn nicht gar eine Überlebensfrage. Die Sklavenhalter hatten die potentielle Sprengkraft musikalischen Protestes durchaus erkannt und konsequenterweise das Singen systemkritischer Lieder unter hohe Strafen gestellt. Obwohl man sich davor hüten sollte, die Spirituals überzuinterpretieren, erhalten doch viele scheinbar harmlose, rein geistliche Lieder der Schwarzen vor diesem Hintergrund eine zusätzliche Dimension. Das bekannte *Go Down, Moses,* in dem das Los der zur Zwangsarbeit nach Nordamerika verschleppten Afrikaner durch das Bild »Versklavung der Israeliten in Ägypten« ersetzt wird, ist sicher nicht falsch verstanden, wenn man ihm Protestgehalt zuschreibt. Ein weiteres Beispiel für derartige unverdächtige Songs ist das in den Südstaaten verbreitete Lied *Follow the Drinking Gourd.* Mit »Drinking Gourd« war die Deichsel des Großen Wagens gemeint, deren Verlängerung, der Nordstern, auf nächtlicher Flucht zuverlässig den Weg in die Freiheit wies. Die vielen Spirituals mit dem Motiv »Reise zu Gott« (z. B. *Steal Away to Jesus, Walk in Jerusalem*) sind ebenfalls ermunternde Aufrufe zur Flucht.

In den Jahrzehnten vor Ausbruch des Sezessionskrieges wuchs – vor allem in den wirtschaftlich nicht auf die Sklavenhaltung festgelegten nördlichen US-Bundesstaaten – die Zahl jener Weißen, in deren Augen das System der Zwangsarbeit ethisch verwerflich und eine nationale Schande war. Sinnvollerweise bedienten sich die sog. Abolitionisten (to abolish = abschaffen) nicht nur der Literatur und Presse, sondern auch der populären Musik, um ihre Ziele zu propagieren. Auf diese Weise entstanden zahlreiche Protestsongs, in denen die unmoralische Institution Sklaverei heftig und oft voller Emotionen angegriffen und die Emanzipation der Südstaaten-Schwarzen gefordert wurde.

Die mit Abstand meisten Protestsongs sind von der amerikanischen Arbeiterschaft – allen voran Bergleuten und Textilarbeitern – hervorgebracht worden. Der große Fundus engagierter Arbeiter- und Gewerkschaftslieder läßt sich grob in zwei, teilweise ineinander übergehende Gruppen unterteilen: a) der eher individuell geprägte Arbeiterprotest in den Jahrzehnten der industriellen Revolution und b) die radikal-klassenkämpferische (Gewerkschafts-)Agitation in den Anfangsjahrzehnten des 20. Jahrhunderts.

In den fünf Jahrzehnten zwischen dem Ende des *Civil War* (1865) und dem Ausbruch des Ersten Weltkrieges entwickelten sich die USA in beeindruckendem Tempo von einem vorwiegend agrarwirtschaftlich orientierten nachkolonialen Staat zur mächtigen Industrienation mit wachsendem internationalen Einfluß. Dieser Aufstieg wäre unmöglich gewesen, wenn den expandierenden Wirtschaftszweigen in den Millionen ins Land strömenden Einwanderern nicht stets genug, immer wieder neue, unverbrauchte Arbeitskräfte zur Verfügung gestanden hätten. Bei aller Würdigung unternehmerischen Gründer-Geistes ist das ökonomische und damit das geopolitische Erstarken der USA in erster Linie das Verdienst einer opferbereiten und überaus geschundenen Arbeiterschaft. Der Schriftsteller Upton Sinclair faßte diesen Tatbestand in folgende Worte: »Wenn wir heute die großartigste Nation sind, die je von der Sonne beschienen wurde, dann, so scheint mir, vor allem deshalb, weil es uns gelungen ist, unsere Arbeitnehmer zu einem solchen irrwitzigen Akkord anzutreiben« (Sinclair, S. 198).

Die katastrophalen, menschenverachtenden Zustände in den amerikanischen Industrien des 19. und frühen 20. Jahrhunderts *mußten* ihren Niederschlag in Protestliedern finden, sonst hätte die hier vertretene Einschätzung, der Folksong fungiere nicht zuletzt als »Überdruckventil«, keine Berechtigung. Eine der frühesten Unmutsäußerungen aus der Welt der Arbeit ist der Song *Lowell Factory Girl,* in der eine Arbeiterin über die streng reglementierte Plackerei in einer Baumwollspinnerei klagt. Aus dem gleichen Umfeld stammt auch das Lied *Cotton Mill Colic,* eine plastische und zeitweise sarkastische Schilderung miserabler Lebensbedingungen.

Zwölf Dollar pro Woche ist alles, was ich bekomme;
wie zum Teufel soll ich davon leben?
Ich hab' 'ne Frau und vierzehn Kinder.
(Lomax, 1975, S. 287)

Neben den Textilarbeitern kommt vor allem den Bergleuten große Bedeutung als Protestsänger zu. Keine Berufsgruppe hat eine größere Zahl kritischer Lieder hervorgebracht. Neben Songs, in denen das gefährliche Schuften in bedrückender Düsterkeit der Stollen verwünscht wird (z. B. *Dark as a Dungeon* = Finster wie im Verlies), gibt es zahlreiche Stücke, in denen die durch perfekte Ausbeutung gekennzeichnete Lebensrealität der gesamten Bergarbeiter-Gemeinden dargestellt wird.

Hier schießt man auf hungernde Kumpel
und steckt sie in den Knast;
sie betrügen dich im Firmen-Shop
und auch noch an der [Kohlen-]Waage.

Und die Bosse verjubeln Millionen
für Juwelen und für Seide,
während unsere Kinder dahinsiechen,
weil sie keine Milch zu trinken bekommen.
Miner's Flux (Rosen, S. 62)

In einer sozialen Wirklichkeit, die von Niedrigstlöhnen und Schwerstarbeit bei gleichzeitig steigenden Preisen gekennzeichnet war, konnte es nur eine Frage der Zeit bleiben, bis sich die Arbeiter solidarisierten und für eine Verbesserung ihrer Lebensbedingungen eintraten. Von spontanen lokalen Ausständen, Aktionen und Zweckbündnissen bis zur Gründung erster landesweit operierender Gewerkschaften im letzten Viertel des 19. Jahrhunderts war es jedoch noch ein weiter Weg. Die Auseinandersetzung zwischen Gewerkschaften und Arbeitgebern wurde ein höchst ungleicher Kampf, da die politische Führung sich im Zweifelsfall nicht scheute, mit aller Härte gegen die Arbeiter vorzugehen. Nicht selten wurden Arbeitskämpfe wie etwa der große (auch besungene) Pullman-Streik (1894) durch den Einsatz von Truppen zerschlagen. Dennoch gelang es den Bergleuten 1897 den Acht-Stunden-Tag durchzusetzen, eine entscheidende Schlacht, an welche z.B. das Lied *8-Hour-Day* erinnert.

Eine besondere Rolle unter den amerikanischen Arbeitnehmer-Organisationen spielten die *Industrial Workers of the World* (I.W.W.), kurz »Wobblies« genannt. Trotz ihrer relativ kurzen Geschichte kommt der 1908 gegründeten Gewerkschaft eine nicht zu unterschätzende soziokulturelle Bedeutung zu. Neben den für damalige Verhältnisse radikalen Forderungen der I.W.W. ist besonders interessant, auf welche Weise die »Wobblies« agitierten. Die kämpferische Gewerkschaft erkannte die Massenwirksamkeit des populären Liedes und setzte ganz gezielt Songs ein, um öffentliche Aufmerksamkeit zu erringen, ihre Ziele zu propagieren und Mitglieder zu werben. Zu diesem Zwecke wurden zunächst in bewährter *Broadside*-Manier auf Flugblätter gedruckte Kampflieder herausgegeben und verkauft. 1909 entstand dann das *Little Red Songbook,* die erste große Sammlung von Arbeiterliedern.

Unumstritten wichtigster I.W.W.-Song und das wahrscheinlich bekannteste amerikanische Gewerkschaftslied ist *Solidarity Forever*. Das Stück entstand während eines Bergarbeiter-Streiks in West Virginia und wird auf die Melodie von *John Brown's Body* gesungen. Eine Textprobe:

Die ganze Welt, heute noch im Besitz von trägen Drohnen,
gehört uns, und uns allein.
WIR haben die Fundamente gelegt
und Stein für Stein darauf gesetzt.
Sie gehört uns – und wir sollen uns hier nicht schinden,
sondern herrschen, besitzen
– die Gewerkschaft macht uns stark.
(Greenway, S. 181)

Bei aller Verschiedenheit der jeweiligen Absicht und der aktuellen Aufhänger haben die meisten I.W.W.-Lieder eines gemein: blanken Haß auf die ›bösen Bosse‹, eine geballte Emotionalität, die von Rosen als »fast paranoides Gefühl eines Klassen-Verfolgungswahnes« bezeichnet wird (Rosen, S. 69).

Wir wollen ein Lied singen von der raffgierigen Herrenklasse,
Straßendiebe in feinen Kleidern sind sie, wirklich!
Sie leben vom Ausrauben der sich abrackernden Massen,
sie vergießen Blut um ihrer Habgier willen.
(Kornbluh, S. 137)

Die ideologischen Protestsongs der »Wobblies« sind jedoch keineswegs die einzigen musikalischen Zeugnisse aus den Anfangsjahrzehnten des 20. Jahrhunderts. Es existieren eine Reihe von Liedern, die nicht unmittelbar mit zeitgenössischen I.W.W.-Aktivitäten in Verbindung gebracht werden können oder erst nach dem Niedergang dieser Gewerkschaft entstanden. Die bewegte Sozialgeschichte jener Tage bot hinreichend Anlässe und Stoff für Protestsongs. So schildert z.B. Woody Guthrie in seinem Lied *1913 Massacre* den blutigen Höhepunkt eines mehrmonatigen Streiks in den Kupferminen von Calmut, Michigan, wo bei der provozierten Panik während einer Weihnachtsfeier 72 Menschen, überwiegend Kinder, zu Tode kamen. In dem Stück *Ludlow Massacre* behandelt Guthrie eine nicht minder tragische Episode aus den Annalen der Gewerkschaftsbewegung: Im April 1914 beschossen Nationalgardisten die Zeltstadt der aus ihren firmeneigenen Häusern ausgesperrten Streikenden in Ludlow, Colorado, und setzten das Lager in Brand. Bilanz des Zwischenfalls: 24 Tote.

Ein Streichholz genügte – und das Inferno begann,
und dann ließt ihr eure Schießeisen sprechen.
Ich stürzte zu den Kindern, doch die Feuerwand stoppte mich
– dreizehn Kinder starben durch eure Kugeln.
(Greenway, S. 152)

Auf ähnliche Weise Eingang in die musikalische Chronik der amerikanischen Sozialgeschichte fanden der Textilarbeiter-Streik in Marion, North Carolina, des Jahres 1929 *(The Marion Strike, The Marion Massacre)* sowie die Streikwelle desselben Jahres in den Loray-Textilwerken von Gastonia, North Carolina *(Up in Old Loray)*. Zu Songs inspirierten ebenfalls die Bergarbeiter-Ausstände in Harlan County, Kentucky, 1931–32 *(Which Side Are You On?)* und das blutige Gemetzel unter protestierenden Chicagoer Stahlarbeitern im März 1937 *(Ballad of Chicago Steel Massacre)*. Die Reihe solcher Beispiele ließe sich fortsetzen.
Daß auch in den Jahren der Weltwirtschaftskrise (Great Depression) zahlreiche musikalische Unmutsäußerungen entstanden, versteht sich fast von selbst. Besonders die schicksalhafte Völkerwanderung ruinierter Farmer aus den zentralen Ebenen der USA (Dust Bowl) hat zu

sozialkritischen Songs geführt (z.B. Guthrie, *Do Re Mi*). Auch nach dem Zweiten Weltkrieg wurden von unzufriedenen Arbeitern Lieder verfaßt. So wandte sich z.B. Joe Glazer in seinem *Too Old to Work* (1950) gegen die unzulängliche Alterssicherung der Automobilarbeiter. Mit seinem Song *Automation* protestierte Glazer gegen die Freisetzung von Arbeitskräften im Zuge von Rationalisierungsmaßnahmen – ein Problem, das im Laufe der Zeit immer dringlicher geworden ist.

Am Ende dieses Überblicks zur US-amerikanischen Protestsong-Geschichte bleibt noch ein letztes wichtiges Themenfeld zu nennen: die Lieder gegen den Krieg.
Neben zahlreichen patriotisch-enthusiastischen Songs haben alle Kriege, in die die Vereinigten Staaten verwickelt waren, musikalische Protestreaktionen ausgelöst. Der erste amerikanische Waffengang, der eine nennenswerte Anzahl von Anti-Kriegs-Liedern entstehen ließ, war der *Civil War* (1861–65), jener verlustreiche Konflikt zwischen Nord- und Südstaaten, der zu mehr Liedern stimuliert hat als alle anderen Ereignisse der US-Geschichte. So besingt in *Drafted into the Army* eine Witwe und Mutter ihren Kummer über die Einberufung ihres Sohnes:

Ich sagte, »Mein Gott, er ist ja noch ein Kind!«
Doch in der Musterungsbaracke meinten sie, er wäre tauglich,
man würde ihn zu einem guten Infanteristen machen
– und sie steckten ihn in die Armee.
(Rosen, S. 43)

Im April 1917 erklärten die USA Deutschland den Krieg. Wie in der Alten Welt überwogen auch in den Vereinigten Staaten anfänglich begeistert-patriotische Gefühle. Aber auch Protestsongs entstanden im Ersten Weltkrieg. Eines der bekanntesten Stücke ist das gefühlsbetonte *I Didn't Raise My Boy to Be a Soldier*. Dessen Refrain lautet:

Ich habe meinen Jungen nicht großgezogen, damit er Soldat wird,
ich zog ihn auf, zu meinem Stolz und meiner Freude.
Wer erdreistet sich, ihm ein Gewehr zu geben,
um damit einer anderen Mutter Sohn zu töten?
(Rosen, S. 102)

Auch der Korea-Krieg (1950–53) brachte zahlreiche pazifistische Protestsongs hervor; zu den populärsten gehört *Last Night I Had the Strangest Dream*.

Ich träumte von einem großen Saal,
der voller Menschen war,
und auf dem Papier, das sie unterzeichneten, stand,
daß sie nie mehr kämpfen würden.
(Rosen, S. 105)

Im zur gleichen Zeit entstandenen Song *I'm Just a Rover* – ein Frontbericht frustrierter Soldaten – ist dagegen für Idealismus kein Platz mehr, so wie überhaupt die Verse aus den Reihen der kämpfenden Truppe in allen hier genannten Kriegen jedweder Romantik entbehrten: »Korea, Korea, and diarrhea/To make all the rice grow more« (Rosen, S. 106).

Die vorausgegangene exemplarische Übersicht* hat gezeigt, daß das sozialkritische Lied in den USA eine lange, ungebrochene Tradition aufweist. Musikalische Reaktionen auf als unerträglich empfundene ökonomische, soziale und politische Zustände haben in der Popularmusik der Vereinigten Staaten seit der kolonialen Epoche eine wesentliche Rolle gespielt. Bei einer inhaltlichen Analyse dieser Lieder werden deutlich zwei Hauptthemen erkennbar: ›Freiheit‹ und ›Überleben‹. Sei es das Streben nach Unabhängigkeit von den Briten, das Engagement für die Emanzipation der Sklaven, der erbitterte Kampf der Massen um menschenwürdigere Arbeitsbedingungen und faire Löhne oder die Empörung über den Vernichtungswahnwitz des Krieges – in allen amerikanischen Protestsongs drückt sich das Bedürfnis des Menschen aus, frei zu sein und trotz widriger Umstände zu überleben.

Das Protestsong-Crescendo der »Singing Sixties« unseres Jahrhunderts ist mithin kein isoliertes kulturelles Phänomen. Die wichtige Rolle des Liedes im Kampf um die Bürgerrechte der Schwarzen, die musikalische Aufarbeitung des Strebens nach Selbstverwirklichung und Entfaltung in einer Gesellschaft der Regeln und Konventionen und einer übertechnisierten Umwelt sowie nicht zuletzt das Herausschreien ohnmächtigen Zornes über die Aufrüstung und das militärische Engagement der USA in Indochina – all dies steht in einer mehr als 200jährigen Tradition. Rosen faßt zusammen: »Diese Songs bilden einen zusammenhängenden roten Faden musikalischen Protestes in Amerika, der in den Folk- und Rock-Protestsongs der 1960er Jahre einen Höhepunkt erlebte, personifiziert durch Leute wie Bob Dylan« (Rosen, S. 22).

Der Protestsong der sechziger Jahre – aktualisierte Tradition? Nach alten Mustern neu gestrickt? In der Tat. Die frühen Lieder Bob Dylans (und seiner Kollegen, alle zusammen als »Woody's children« bezeichnet) sind nicht nur musikalisch an der Vergangenheit orientiert. In den Texten dieser engagierten Sänger lassen sich eine Fülle von Anknüpfungspunkten zu kritischen Songs aus der Geschichte des englischen Sprachraumes feststellen.

---

* Wer sich näher für die Protestsong-Geschichte und die Parallelen bzw. Fortentwicklungen in den Liedern Bob Dylans interessiert, sei auf die literaturwissenschaftliche Dissertation des Verfassers verwiesen: Schmidt, *Bob Dylans »message songs« der Sechziger Jahre und die anglo-amerikanische Tradition des sozialkritischen Liedes*, 1982. In den Hauptkapiteln dieser Studie finden sich zahlreiche Vers-Beispiele und bibliographische Hinweise.

Da sind zunächst einmal die formalen Gemeinsamkeiten der Lied-Konzeption: die Verwendung von Rhythmus und Reim, der häufige Einsatz von Refrains, die typisch balladenhafte Beschränkung auf das Wesentliche zugunsten eines übersichtlichen Handlungsablaufes und nicht zuletzt der auffällige Rückgriff auf Klischees und Stereotypen sowie der damit verbundene Hang zu vereinfachenden Schwarz-Weiß-Bildern. Auch in bezug auf die sprachliche Gestaltung geht Dylan teilweise ähnlich vor wie frühere Liedautoren: Mehrfach verwendet er alte traditionsbewährte Liedanfänge* und benutzt (wie spätestens seit den Arbeiterliedern üblich) zahlreiche Worte und Wendungen der Umgangssprache, in diesem Fall des Jargons der zeitgenössischen Jugend.

Auch auf thematischer Ebene bestehen eine Reihe von Parallelen zwischen Stücken aus Dylans Anfangszeit und engagierten Liedern früherer Epochen. Wie der vorausgegangene komprimierte Überblick zur Protestsong-Geschichte deutlich gemacht hat, gibt es in der Chronik des sozialkritischen Liedes einige zentrale Anliegen, die mit besonderer innerer Anteilnahme aufgegriffen worden sind. Ein solches Standard-thema ist die ökonomische Ausbeutung des Kleinen Mannes (Common Man) oder – noch weiter gefaßt – der tägliche Existenzkampf des Individuums in einer ihm feindlich gesinnten Umwelt. Ob in britischen Straßenballaden die erdrückend hohe Besteuerung und die blutsaugerische Ausbeutung der ländlichen Textilarbeiter am Pranger stehen oder im US-Protestsong die menschenverachtenden Arbeitsbedingungen und Niedrigstlöhne der industriellen Aufbauphase, in all diesen Fällen wird eine gesellschaftliche Realität besungen, in der profitgierige Angehörige der Oberschicht dem Kleinen Mann das Leben schwermachen. Auch Bob Dylans Songs *Ballad of Hollis Brown* und *North Country Blues* greifen das traditionelle Motiv des von widrigen Umständen verfolgten (und hier sogar vernichteten) unschuldigen ›Durchschnittsmenschen‹ auf. Sowohl der Farmer Hollis Brown als auch die Elendsfamilie im *North Country Blues* werden Opfer sozialer Bedingungen, die den Angehörigen der Unterschicht ein Auskommen unmöglich machen. Dabei heben sich diese beiden Lieder Dylans allerdings insofern vom Gros thematisch ähnlich gelagerter Protestsongs ab, als sich der Songschreiber mit einer Schilderung der Umstände begnügt und auf eine direkte Anklage verzichtet.

Es ist verständlich, daß Menschen, die in einem System leben, das von Rechtlosigkeit und Ausbeutung gekennzeichnet ist, über die Verursacher solchen Übels eine denkbar schlechte Meinung haben. So lassen sich in alten britischen *Street Ballads* und amerikanischen Protestsongs etliche Textbeispiele finden, in denen Mißtrauen, Verachtung, ja blanker Haß gegenüber den Unterdrückern zum Ausdruck kommen. Die Dylansche Gesellschaftskritik seiner Folk-Phase (und auch der sich

* z.B. »Come gather round...«, »As I was...«, »Oh, ...«, »My name...«

76

anschließenden Rock-Periode) liegt im Tenor auf der gleichen Linie. Ziel der Attacken des Songschreibers sind allerdings nicht in erster Linie die raffgierige Oberschicht oder die rücksichtslosen Arbeitgeber. Dylan geht vielmehr einen Schritt weiter und wendet sich gegen die Autoritätspersonen und Vertreter des gesellschaftlichen Systems, welche die ökonomische und politische Unterdrückung der Bevölkerungsmehrheit letztlich zu verantworten haben: Politiker und Richter sowie (als deren Stütze und Helfer) Medienleute und Eltern.

Besondere Schuld laden die an den Schalthebeln der Macht Sitzenden nach Einschätzung Dylans durch ihre kriegstreiberischen Aktivitäten auf sich. Sei es als haßerfüllte Anklageschrift gegen die Rüstungsindustrie *(Masters of War)* oder in Form apokalyptischer Visionen *(A Hard Rain's A-Gonna Fall)*, die Kriegsfurcht und Verachtung der Gewalt ist ein häufig wiederkehrendes Thema auf Dylans frühen Platten. Damit wird erneut eine Verbindung zur US-Protestsong-Tradition deutlich: <u>die Absage an den Krieg</u> und damit verbunden <u>das Plädoyer für Frieden</u> haben in der amerikanischen Geschichte des sozialkritischen Liedes einen festen Platz.

Den politischen, gesellschaftlichen und wirtschaftlichen Entscheidungsträgern begegnet Dylan mit Zorn und Zynismus, sieht der Songschreiber doch im Establishment die Wurzeln aller zeitgenössischen Nöte. »Für Dylan ist die Welt um ihn herum... eine Welt, die von einem roboterhaften Apparat beherrscht wird, von lauter Menschen ohne Herz«, urteilt der angesehene Kritiker Ralph Gleason (nach McGregor, S. 177/78). Wenn man diese zusammenfassende (aus dem Jahr 1966 stammende) Einschätzung akzeptiert, läßt sich feststellen, daß Dylans Weltbild mit jenem zahlreicher *Broadsides* und US-Protestsongs tendenziell deckungsgleich ist. Sowohl in den sozialkritischen Liedern der anglo-amerikanischen Geschichte als auch in den Songs des Robert Zimmerman aus Minnesota geht es immer wieder um eine Gegenwartswirklichkeit, die schlicht als unerträglich, als Zumutung, empfunden wird.

Doch dient der (verbale) Widerstand gegen die Bedrohung durch eine feindliche Umwelt nicht nur dem Ziel des nackten Überlebens. Hinter all diesen Texten steckt der Wunsch, das Ideal ›Freiheit‹ Wirklichkeit werden zu lassen. Die leidenschaftliche Auflehnung gegen ›die da oben‹ – gleichgültig ob Adel, Krone, Bosse oder Volksvertreter – entspringt der menschlichen Sehnsucht nach einem materiell wie geistig unabhängigen Dasein. So stehen die beiden großen Protestsong-Ideale »Überleben« und »Freiheit« (freedom and survival) in einem engen inhaltlichen Zusammenhang. Dabei hat *das Eintreten für Freiheit* (entweder in eigener Sache oder für andere) im sozialkritischen Lied der Vereinigten Staaten einen ganz besonderen Stellenwert (man denke an die anti-britischen Lieder und die Songs gegen die Sklaverei). Auch hier zeigt sich eine Parallele zu Bob Dylans frühen Stücken. So hat sich der Songschreiber z.B. in Titeln wie *Oxford Town, Hattie Carroll* und *Only a Pawn in Their Game* unmißverständlich-direkt gegen die Unterdrükkung der schwarzen Mitbürger und damit für die gesetzliche Fixierung der lange überfälligen Gleichberechtigung *(Civil Rights)* ausgesprochen.

Halten wir fest: Das sozialkritische Lied, der Protestsong, greift Themen auf, welche für eine Bevölkerungsmehrheit im Alltagsleben von Bedeutung sind. Dabei stammen der oder die Urheber solcher Lieder in der Regel aus den Kreisen ihrer Zielgruppe, aus der Bevölkerungsschicht der ›einfachen Leute‹. »Der Kleine Mann... ist alles im amerikanischen Folksong«, resümiert Alan Lomax in seiner Sammlung *The Folk Songs of North America* (S. XVI), und an anderer Stelle schreibt er zusammen mit seinem Vater John Lomax: »Der amerikanische Sänger hat sich immer solcher Themen angenommen, die mit seiner täglichen Erfahrungswelt zu tun hatten, mit den Gefühlen ganz normaler Männer und Frauen, die für ihre Freiheit und um ihren Lebensunterhalt in einer rauhen neuen Welt kämpfen mußten. [Solche Songs]... fungierten als Enzyme und halfen, Mühsal, Einsamkeit und Gewalt zu verdauen« (nach Bluestein, S. 107).

Diese von Lomax beschriebene Folksinger-Tradition lebt in den frühen Stücken Bob Dylans weiter; zwischen seinen *message songs* und den sozialkritischen Liedern der anglo-amerikanischen Tradition bestehen (trotz mancher Unterschiede im Detail) einige bemerkenswerte inhaltliche Übereinstimmungen. Die gemeinsame thematische Basis all dieser gegenwartsbezogenen Songs läßt sich in folgender Formel zusammenfassen: das Streben des Kleinen Mannes nach gesellschaftlichem Wandel.

Die tiefe Verwurzelung des jungen Dylan in der Song-Geschichte ist also eindeutig nachweisbar. Dabei ist unerheblich, inwieweit der Liedautor im Einzelfall ganz bewußt Traditionelles übernommen und kopiert hat. Es geht nicht darum, Dylan des Plagiats zu überführen, wenngleich sich zahlreiche frappante Übereinstimmungen auflisten ließen. Wenn ein aufstrebender Sänger sich zu Beginn seiner Karriere intensiv um ein breites Folksong-Repertoire bemüht und engen Kontakt zu Folksinger-Kreisen pflegt, ist es wohl kaum vermeidbar, daß sich dies in seinen Eigenkompositionen niederschlägt. Für diese Einschätzung spricht auch die Tatsache, daß Gemeinsamkeiten und Entsprechungen auf den ersten Platten besonders auffällig sind, sich aber im Laufe der Jahre (mit wachsender Distanz zur Folkszene und zunehmender Eigenständigkeit) vermindern.

Die in diesem Kapitel aufgezeigten engen verwandtschaftlichen Bande zwischen britischer Ballade, US-Folksong und Dylans Versen lassen sich (zumindest in den nicht übersetzten Texten) auf einen Blick erkennbar am Beispiel des jahrhundertealten englischen Volksliedes *Lord Randal* illustrieren.

1. Das traditionelle Original
»O where ha you been, Lord Randall, my son?
And where ha you been, my handsome young man?«
»I ha been at the greenwood, mother, mak my bed soon,
For I'm wearied wi hunting, and fain wad lie down.«
(Child, Nr. 12 A, S. 101)

2. In den USA gesungene Versionen
Zunächst eine weitgehend originaltreue Fassung, die in West Virginia,
North Carolina, Georgia und anderen Südstaaten nachgewiesen wurde.
»Oh, where have you been, Lord Randall, my son?
Oh, where have you been, my handsome young man?«
—I 've been to the greenwood, Mother, make my bed soon,
For I'm wearied wi' hunting and fain would lie down.«
(Ames, S. 23)

Hier eine Variante mit dem Titel *Billy Boy:*
Where have you been, Billy Boy, Billy Boy?
Where have you been, charming Billy?
I have been to seek a wife,...
(Ames, S. 23)

Eine zweite amerikanische Umarbeitung macht die Hauptfigur zum
vagabundierenden Spieler:

Where have you been, Willy Ransome, Willy Ransome,
Where have you been, my own darlin' one?
Been a-ramblin' and a-gamblin', mother, make my bed soon,
For I'm sick at the heart and I'd fancy lie down.
(Alan Lomax, Penguin, S. 32)

3. Verarbeitung der Vorlage durch Bob Dylan
Oh, where have you been, my blue-eyed son?
Oh, where have you been, my darling young one?
I've stumbled on the side of twelve misty mountains,
I've walked and I 've crawled on six crooked highways...
(A Hard Rain's A-Gonna Fall)

In Bob Dylans dichtestem Text der Frühphase finden sich demnach
Elemente einer traditionsreichen britischen Ballade wieder, die der
Songautor in einer amerikanischen Version kennengelernt haben dürfte.
Wiederum ist unerheblich (und ohnehin nachträglich nicht zu klären),
ob es sich hierbei um eine wissentliche Anleihe oder unterbewußtes
Einfließen handelt. Der für das jahrhundertealte Lied charakteristische
Frage-Antwort-Aufbau bleibt als struktureller Rahmen erhalten, wird
nun aber mit zeitbezogenem Inhalt gefüllt. Statt wilder Hatz im grünen

Wald *(Randall)*, der Suche nach der holden Maid *(Billy)* oder lasterhaften Glücksspiels *(Ransome)* bringt Dylan die Schilderung einer Odyssee durch eine Welt der ›verbrannten Erde‹. Altes Muster, neue Masche. Die gegenübergestellten Textpassagen aus drei verschiedenen Geschichtsepochen zeigen in beispielhafter Weise, daß und wie Dylan aus dem anglo-amerikanischen Songerbe schöpft und doch Neues hervorbringt.

6 Ein Sänger sucht nach neuen Ufern

Dylan zwischen Folk und Rock

Sommer 1964. Dylans vierte Langspielplatte erscheint: ANOTHER SIDE OF BOB DYLAN. Ein treffender Titel. Mit diesem Album offenbart der Songschreiber tatsächlich ein ganz anderes Gesicht. Die Mehrzahl der elf Stücke (außer einer Piano-Nummer allesamt von geschlagener Gitarre begleitet) ist eben nicht gesellschaftsbezogen, politisch ausgerichtet, wie man dies nach der vorausgegangenen Protest-LP erwartet hätte. Auf dieser Platte ist (mit wenigen Ausnahmen) nicht mehr der Kritiker vom Dienst zu hören, sondern Dylan, der Privatmann, ein Mensch in Auseinandersetzung mit seinen Emotionen. Gut zwei Drittel der neuen Lieder sind dem Verhältnis zu Frauen gewidmet und handeln von bestehenden Liebesbeziehungen oder solchen, die es einmal waren. Die Spannbreite dieser Texte ist groß, ihre Stimmung von Song zu Song verschieden.

In *Spanish Harlem Incident* besingt Dylan eine (wohl eher zufällige) Begegnung mit einer jungen Zigeunerin im spanischsprachigen Teil des New Yorker Farbigen-Viertels Harlem.

Zigeuner-Mädchen, das heiße Harlem
wird dich nicht halten können.
Dein Temperament läßt sich nicht zügeln,
deine flammenden Füße versengen das Pflaster.
Ich bin einsam, komm und zieh mich
in den Bannkreis deiner rhythmischen Trommel
und, Baby, lies das Schicksal
mir aus den ruhelosen Händen.

Spanish Harlem mit seinem erotischen Knistern, das Scaduto zu euphorischen Phantasien beflügelt (vgl. Scaduto, S. 385), ist (abgesehen von einigen Passagen in *To Ramona*) von der Stimmung her eine Ausnahme. Die meisten jener privaten Lieder sind eher »negative, bittere Songs von enttäuschter Liebe« (Scaduto, S. 288). Die Stücke entstehen zu einer Zeit, in der Dylans stürmisch-spannungsgeladenes Verhältnis zu seiner Freundin Suze endgültig in die Brüche geht – persönliche Betroffenheit als künstlerischer Antrieb. Welch tiefen Schock das Scheitern dieser Beziehung auslöst, zeigt sich am deutlichsten in dem Lied *Ballad in Plain D,* einer teils anklagenden, teils selbstkritischen Rückschau auf die leidenschaftliche Liaison. *I Don't Believe You* ist eine fassungslose Klage über das verletzende Verhalten der Verflossenen: »Sie tut so, als wären wir uns nie begegnet!« Auch in dem schnellen *Black Crow Blues* (dem ersten offiziell veröffentlichten Song, bei dem Dylan sich am Klavier versucht) geht es um den bitteren Verlust der Geliebten (»long-lost lover«).

All I Really Want to Do dürfte ebenfalls biographischen Hintergrund haben, doch ist dieses Lied bereits erheblich allgemeingültiger als die bislang genannten Songs. In dem sprachlich interessant gemachten sechsstrophigen, von kurzen Mundharmonika-Einlagen durchsetzten

All I Really Want to Do verspricht Dylan, der Freundin Toleranz und Verständnis entgegenzubringen und sichert ihr zu, sie als eigenständiges Individuum achten zu wollen. Genau das aber war ihm biographischen Zeugnissen zufolge im Verhältnis zu Suze nie gelungen; die Einsicht kommt zu spät.

Ich will mich doch gar nicht ständig mit dir messen,
dich besiegen, betrügen, verletzen,
bagatellisieren, was du sagst, dich in eine Schablone pressen,
dich verleugnen, dir die Stirn bieten oder dich fertig machen.
Baby, alles, was ich will, ist,
dir ein guter Freund sein.

Auch *It Ain't Me, Babe* (zusammen mit *All I Really...* das bekannteste Stück dieses Albums) kann trotz seines im Grunde rein privaten Charakters von vielen Hörern nachvollzogen werden und dürfte manchem Mann aus der Seele gesprochen sein. Während *All I Really Want to Do* noch eine konstruktiv-versöhnliche Note hat, gibt sich der Songschreiber in *It Ain't Me* kompromißlos-bestimmt, was vor allem in dem mit ungemeiner Intensität vorgetragenen Refrain deutlich wird: »No, no, no, nicht mit mir!« – unter diesem Motto wird mit den romantischen Klischeevorstellungen vom ritterlichen Kavalier aufgeräumt, mit dem Bild des Traummannes, der seiner Holden jederzeit dienstbereit die Sterne vom Himmel holt und zu allem Ja und Amen sagt.

Ich bin nicht der, den du dir wünschst, Babe,
ich bin nicht der, den du brauchst.
Du sagst, du suchst jemanden,
der niemals schwach, sondern immer stark ist,
der dich beschützt und verteidigt,
egal, ob du im Recht bist oder falsch liegst,
jemand, der dir aber auch jede Tür öffnet.
Doch das bin nicht ich, Baby,
nein, nein, nein, das bin nicht ich,
ich bin nicht der, den du suchst.

Schwärmerisches Begehren, offene Abfuhr, verständnisvolles Entgegenkommen, Enttäuschung, Bitterkeit, Sehnsucht, Zorn – die Gefühlsskala der Dylanschen ›Liebeslieder‹ auf *Another Side* ist breit. Bei aller Verschiedenartigkeit der Aussage und Atmosphäre haben diese privaten Verse doch eines gemeinsam: Dylan zeigt, wie man Gedanken über Frauen (Verehrte, Freundin oder Verflossene) in vernünftige, glaubhafte Worte fassen kann. Hier singt jemand über ganz persönliche Gefühle, Eindrücke und Einsichten, doch schmalzig, schnulzig klingt das nie. Songs über Partnerschaften müssen nicht zwangsläufig süßer Schmus sein wie die gängigen Hitparaden-Romanzen. Der *love song* ist rehabilitiert.

Zwei Lieder des Albums *Another Side* entziehen sich einer Zuordnung: *I Shall Be Free No 10* und *Motorpsycho Nightmare* sind weder im weitesten Sinne als ›Liebeslieder‹ noch als durchgängig »gesellschaftsbezogen« zu bezeichnen. Beide Stücke enthalten jedoch einige sarkastische Passagen, die an die bissigen Attacken der vorausgegangenen LP erinnern.

In dem mit allerlei Nonsens-Versen durchsetzten *I Shall Be Free No 10* macht sich der Songschreiber über das großangelegte Apollo-Weltraum-Programm* lustig. Im selben Lied gibt Dylan auch seiner Abneigung gegenüber dem extrem konservativen republikanischen Präsidentschafts-kandidaten Barry Goldwater Ausdruck:

Und wenn ihr glaubt, ich würde zulassen, daß Barry Goldwater nebenan einzieht und meine Tochter heiratet, müßt ihr mich für verrückt halten.

In *Motorpsycho Nightmare,* einem ausgesprochenen Nonsenslied, in dem manche Kritiker eine Parodie auf den Hitchcock-Thriller *Psycho* sehen, spielt Dylan (wie in der Apollo-Passage) auf die amerikanische Kommu-nisten-Furcht an. Als der ›Held‹ des Songs an einer Stelle ausruft, »Ich bin für Fidel Castro!« provoziert er damit bei seinem Gegenüber, einem Farmer, prompt den Fluch, »Du unpatriotische gammlige ... Kommuni-sten-Ratte!«

Das einzige Lied dieses vierten Dylan-Albums mit geballtem soziopoliti-schen Engagement ist *Chimes of Freedom,* ein Stück mit ansprechender getragener Melodie und verhalten geschlagener Gitarre. Als Rahmen->Handlung‹ der sechs Strophen dient ein starkes Gewitter, das den Erzähler und seine Begleitung überrascht. Über den Ort des Gesche-hens und die Identität der anderen Person(en) wird nichts Näheres ausgesagt; der Songschreiber will mit dem Unwetter lediglich eine wirkungsvolle Kulisse schaffen. Vor diesem düsteren Hintergrund aus Donner, Wolken und Regen – auf den scharfen Kontrast scheint es dem Autor anzukommen – heben sich die zahlreichen Gewitterblitze über-deutlich ab. Die Blitzschläge bringen für Sekundenbruchteile Licht ins Dunkel des Infernos. Auf diese Weise soll jedoch nicht etwa in der Nacht Verborgenes erhellt und sichtbar gemacht werden, die Blitze dienen vielmehr in übertragenem Sinne als Wegweiser. Das »majestäti-sche« Leuchten empfinden die vor dem Gewitter Schutzsuchenden nicht als Bedrohung, sondern als erlösende Glockenklänge, als (hier der Bezug zum Titel) »Geläut der Freiheit«.

Nach so erfolgter Einstimmung erfährt man nun im jeweils zweiten Strophenteil, welchen Adressaten der erleuchtende Klang der »Glok-ken-Blitze« (»bells of lightning«, kein geglücktes Bild) zugedacht war.

---

* Erklärtes Ziel des von J. F. Kennedy gestarteten Milliarden-Unternehmens war es, den Vorsprung der Sowjetunion einzuholen (Sputnik-Schock) und als ersten Menschen einen Amerikaner auf den Mond zu schicken.

Sie blitzten auf für die Krieger, deren Stärke es ist, nicht zu kämpfen,
blitzten auf für die unbewaffneten Vertriebenen auf der Straße der
Flucht
und für einen jeden unterlegenen Soldaten in der Nacht.

Die zweite Strophe enthält folgende Widmung:

Sie erklangen für den Rebellen, läuteten für den Herumtreiber,
erklangen für den Glücklosen, den Aufgegebenen und Verlassenen,
erklangen für den Ausgestoßenen, der ständig am Marterpfahl brennt.

Jeder Abschnitt dieser Empfänger-Auflistung endet mit der Refrainzeile
»und wir starrten [gebannt] auf das Blitzen der Freiheitsglocken«.
Chimes of Freedom erinnert vom inhaltlichen Grundtenor an die frühen
Protestsongs. Auch hier hatte Dylan ja wiederholt die Partei der Schwachen ergriffen und um Sympathie für Leidende geworben. *Chimes*
unterscheidet sich jedoch insofern von den übrigen fallbeispielbezo-
genen Songs, als sich Dylan (ähnlich wie in *Blowin'* oder *Hard Rain*)
nicht auf bestimmte Ereignisse festlegt. Es werden hier weder Namen
aus authentischen Fällen genannt (wie z.B. in *Hattie Carroll* oder
Pawn), noch typische Situationen der Ausweglosigkeit beschrieben
(wie in *Hollis Brown* oder dem *North Country Blues*). Dem Songschreiber scheint daran gelegen zu sein, diesmal tunlichst *alle* diejenigen, die Mitgefühl und Aufmunterung nötig haben, in *einem* Lied
anzusprechen. Für Hörer, denen dieser Universalcharakter des Songs
entgangen sein sollte, und um abschließend auch die in seinen
Widmungen nicht Genannten ausdrücklich einzubeziehen, macht
Dylan seine Aussage-Absicht in den Schlußversen noch einmal über-
deutlich:

[Die Glocken der Freiheit]
läuteten für die Leidenden, deren Wunden niemand pflegt,
für die unzähligen Verwirrten, Beschuldigten, Mißbrauchten
und für jeden Gepeinigten in der ganzen weiten Welt.

Trotz gewisser inhaltlicher Gemeinsamkeiten mit Liedern der Anfangsphase zeigt *Chimes of Freedom* in Anlage und Ausführung doch, daß
sein Verfasser im Begriff ist, sich weiterzuentwickeln. Der Songschreiber ist offensichtlich mehr als bisher bemüht, seine Aussage zu poeti-
sieren. Die dramaturgische Zweiteilung in Kulisse und Botschaft,
das offensichtliche Bestreben, ein möglichst grandioses Wortgemälde
zu entwerfen, vermitteln den Eindruck, als wolle sich Bob Dylan nun
ganz bewußt als der begabte Poet präsentieren, für den ihn viele
seiner Anhänger spätestens seit der vorausgegangenen LP *The Times*
halten.
Insgesamt kann man die dichterischen Anstrengungen in *Chimes* je-

doch allenfalls als zum Teil gelungen betrachten. Die von ständigen grellen Blitzen durchzuckte Unwetter-Szenerie wirkt stellenweise überzeichnet, die Solidaritäts- und Aufmunterungskampagne etwas aufgesetzt und die Wortwahl nicht selten verkrampft. Der von Robert Shelton hochgelobte Song (»Gibt es irgendwo eine andere Stellungnahme, die großartiger und mitleidvoller wäre?«) stößt denn auch bei einigen Hörern und Kritikern auf entschiedene Ablehnung. So bewertet z.B. Paul Wolfe das Stück als »unglaublichen Wirrwarr aus übereinandergestapelten undeutlich-obskuren Bildern« (*Broadside*, No. 53, Dez. 64).

Chimes of Freedom zeigt einen für viele Textpassagen dieser LP typischen Tatbestand. Dylan hat zwar neue Vorstellungen und Ideen, kann diese aber noch nicht befriedigend in die Praxis umsetzen. Mit seiner Platte *Another Side of Bob Dylan* scheint der Songautor eine schöpferische Zwischenstufe erreicht zu haben. Dieser Ansicht sind auch einige jener Kritiker, die an die neuen Texte offen und undogmatisch genug herangehen und das Album wegen seines Überhangs an ›Liebesliedern‹ nicht gleich kategorisch ablehnen. So schreibt Ellen Willis, kritisch, aber nicht vernichtend, die Platte enthalte »Übergangssongs, voller nur halb verwirklichter Ideen« (Willis in McGregor, S. 227), und ähnlich urteilt Harloff, der die Langspielplatte als »in vieler Hinsicht überleitend« einstuft (Harloff, S. 25).

Auf inhaltlicher Ebene bekräftigt kein Lied diese ›Übergangs-These‹ so eindeutig wie _My Back Pages._ Der ausgesprochen langsam und betont, oft gedehnt vorgetragene Song darf wohl als wichtigstes Stück der Platte betrachtet werden. Hier zunächst drei zentrale Strophen:

Sprang mir ein erst halb ausgemerztes Vorurteil ins Auge,
schrie ich, »Nieder mit all dem Haß!«
Lügen wie »das Leben ist schwarz oder weiß«
sprachen aus meinem Kopf.
Ich träumte romantisch von Musketieren,
das saß irgendwie tief in mir drin,
Ach, damals war ich so viel älter
– ich bin jünger geworden seither.

Aus dem Munde eines selbsternannten Professors,
für Späße zu seriös,
tönte es, Freiheit sei eine Frage
der [Chancen-]Gleichheit in der Bildung.
»Gleichheit« – ich sprach das Wort
wie einen Heiratsschwur.
Ach, damals war ich so viel älter
– ich bin jünger geworden seither.

Ja, ich war schwer auf der Hut, wenn abstrakte Gefahren
zu gewichtig, um sie zu ignorieren,
mich glauben machten,
ich hätte etwas zu verteidigen.
Gut und Böse, diese Begriffe weiß ich [heute] eigentlich
recht klar zu definieren,
doch damals war ich so viel älter
– ich bin jünger geworden seither.

In diesem Album schwingt eine Note des Abschieds mit, schreibt Parker
(S. 19), und das ist in der Tat der Fall. Bob Dylan reicht die Kündigung
ein; seine Erfolgsrolle schmeckt ihm nicht mehr. Er mag nicht länger
den Chefankläger spielen, den Staatsanwalt der Jugend, er will nicht
mehr der wackere Einzelkämpfer gegen die erdrückende Übermacht des
Übels sein. Doch geht es dem Songschreiber nicht allein um das beklemm-
end-einengende Gefühl, auf eine bestimmte Rolle festgelegt zu sein
und damit den Erwartungen seines Publikums gerecht werden zu müssen. Dylan hat auch erkannt, daß die gesellschaftliche Wirklichkeit
einfach zu vielschichtig ist, um sie pauschal in Schwarz oder Weiß
einteilen zu können.
Die zentrale Textstelle in *My Back Pages,* das Fazit der Überlegungen
des Sängers, sind die beiden mit großer Emotion gesungenen Refrain-
zeilen am Ende einer jeden Strophe: »Damals war ich so viel älter, ich
bin jünger geworden seither.« Dylan verwendet hier das Adjektiv »alt«
(welches ja durchaus auch eine positive Bedeutung im Sinne von »weise« oder »erfahren« haben könnte) eindeutig negativ in Richtung »eng-
stirnig-altklug«. Wenn er dann feststellt, er sei heute »jünger«, soll das
wohl »aufgeschlossen-offen« im Sinne von »weniger festgelegt« heißen.
»Dylan hatte sich künstlerisch in eine Ecke manövriert. ... Wie auch die
meisten anderen Protest-Folkies hatte er sich die Rolle des Weisen, des
Sehers angemaßt. ... Gesellschaftsbezogen sein zu wollen impliziert
jedoch, daß der Künstler in der Lage ist, weit über die übliche Tagesrou-
tine hinauszublicken. Genau dies aber verneint nun der Refrain von *My
Back Pages*« (Harloff, S. 27).
Ob Dylans Gegenüberstellung »old«:»young« eine wohlbedachte Wortwahl oder nicht ihrerseits schon wieder klischeehaft ist, sei dahingestellt;
auf die *Aussage* der beiden Zeilen kommt es an. Unmißverständlich erklärt der Songschreiber, daß er nicht mehr gedenke, unexakte, aber populäre Phrasen (mit hohem Gebrauchswert) zu dreschen. Ihm liege nun
an einer ausgewogeneren Argumentation, die auch die Zwischentöne ein-
bezieht, jene vielen Grauschattierungen *zwischen* Hell und Dunkel. *My
Back Pages* ist ein Abschied vom eindimensionalen, kompromißlosen
Protestsong. Mit polarisierender Polemik, wie sie in der politischen Auseinandersetzung üblich ist, will der Sänger nichts mehr zu tun haben. In
den zeitgenössischen Zusammenhang gestellt und in Anbetracht der
herausragenden Stellung, die Dylan im Lager der unzufriedenen Jugend

einnimmt, wird diese vordergründig zunächst rein private Erklärung des Songschreibers zu einem politischen Statement ersten Ranges.

Die Reaktion in der Folkszene auf die LP *Another Side* im allgemeinen und den Song *My Back Pages* im besonderen ist ausgesprochen heftig. Daß nach dem Protest-Manifest *The Times They Are A-Changin'* nun eine Platte erscheint, die überwiegend persönliche (Liebes-)Lieder enthält, empfinden viele Anhänger des motzigen Dylan als außerordentlich befremdend. Um dies nachvollziehen zu können, muß man sich die zeitgenössische Situation in der amerikanischen Folkszene vor Augen halten:

Der große Protestsong-Ausstoß des Jahres 1963 hat Kreise gezogen. Immer mehr junge Leute fühlen sich von dieser ›Folkmusik der Gegenwart‹ angezogen. Jene (quantitative) Ausweitung der Szene hat auch damit zu tun, daß nun die Kinder der geburtenstarken Nachkriegsjahrgänge in ein Alter kommen, in dem sie für soziale Belange empfänglich werden, ein, wie es etwas ketzerisch heißt, ›sozialsentimentales Verhalten‹ entwickeln. Angeregt durch den Schrittmacher Bob Dylan beginnen zahllose Folkies zeitkritische Verse abzufassen und vorzutragen.

So hätte das *Newport Folk Festival* vom Juli 1964 mit seinem Reigen ungemein engagierter Sänger und Musiker eigentlich ein einziges großes Protestsong-Happening werden müssen, eine vieltausendstimmige Proklamation in Dur und Moll, daß sich nun, verdammt noch mal, gefälligst etwas tun müsse im Lande. In seinem Festival-Bericht für *Broadside* (No. 53, Dez. 64) schreibt Paul Wolfe sehr treffend: »Es [das Festival] zeigte, daß engagierte zeitbezogene Musik [topical music], sofern gekonnt und ernsthaft dargebracht, bei einem großen und vielschichtigen Publikum wärmste Aufnahme findet.« Doch wird nun die allgemeine Begeisterung über das neue Genre empfindlich gedämpft – und das ausgerechnet durch jenen Mann, von dem man es am wenigsten erwartet hätte: von Bob Dylan, dem heiseren Helden der Aufbruch-Bewegung. Während seine Newport-Bühnenkollegen, allen voran Phil Ochs, mit Inbrunst Salz in die Wunden der Gesellschaft streuen, singt »Bobby« von zerbrochenen Verhältnissen. Nein so etwas! »Seine in Newport aufgeführten neuen Songs haben jedermann überrascht. Die Mehrheit des Publikums war verärgert, einige sogar angeekelt, und ganz allgemein kratzte sich alles betreten am Kopf.«[*]

In besonderer Weise betroffen von Dylans vermeintlicher Flucht ins Private zeigt sich Irwin Silber, Herausgeber der Folk-Zeitschrift *Sing Out!*. In einem langen offenen Brief (»An Open Letter to Bob Dylan«, *Sing Out!*, Vol. 14, No. 5, Nov. 64) gibt Silber seiner Irritation Ausdruck:

---

[*] Scaduto behauptet, die »Kids im Publikum... hingen diesem Dylan [wie immer] gebannt an den Lippen; sie identifizierten sich mit einem jungen Mann, der genauso litt wie sie« (S. 288). Doch Scadutos Biographie entstand erst Jahre nach dem Festival. Paul Wolfes Eindrücke vor Ort dürften das authentischere Bild vermitteln: Verwunderung, wenn nicht Ablehnung.

»Lieber Bob:
Es scheint so, als ob dieser Tage eine Menge Leute an Dich denken und über Dich sprechen. Ich habe in *Life* über Dich gelesen und in *Newsweek, Time,* der *Saturday Evening Post* und *Mademoiselle* und *Cavalier* und so weiter, und ich stelle fest, daß Du mit einem Mal ein Phänomen geworden bist, ein VIP [*very important person*], eine Berühmtheit. Es ist viel mit Dir geschehen in diesen zwei vergangenen Jahren, Bob – viel mehr, als die meisten von uns für möglich gehalten hätten.
Ich schreibe Dir diesen Brief, weil einiges von dem, was da geschehen ist, mir Kummer bereitet. Und nicht nur mir allein, auch vielen anderen guten Freunden von Dir.
Ich brauche Dir wohl nicht zu sagen, wie wir bei *Sing Out!* über Dich denken, über Deine Arbeit als Songschreiber und als Künstler oder... über Dich als Person. *Sing Out!* gehörte zu den ersten, die auf Deine neuen Ideen, Deine neuen Bilder und den von Dir kreierten neuen Sound eingegangen sind. Nach dem letzten Stand sind dreizehn Deiner Lieder in diesen Seiten erschienen. Vielleicht sind über die Jahre noch mehr von Guthries Liedern von uns abgedruckt worden, aber – wenn überhaupt – wäre er der einzige. Nicht daß wir Dir einen Gefallen tun wollten. Keineswegs. Wir glaubten (und wir glauben immer noch), daß diese [bisherigen] Stücke zu den besten neuen Songs gehören, die seit mehr als einem Jahrzehnt in Amerika erschienen sind. ...
Aber – und hier liegt der Grund für diesen Brief, Bob – ich glaube, die Zeiten sind dabei, sich zu ändern. ...«

Im folgenden beklagt sich Irwin Silber über die neuen »alle nach innen ausgerichteten« Lieder, die Dylan auf dem Newport Festival vorgetragen und danach auf der LP *Another Side* veröffentlicht hatte. Der Sänger schwebe in sonderbaren Sphären und habe offenbar den Kontakt zur Folk-Basis verloren. Er, Silber, mache sich große Sorgen, daß der amerikanische Show-Kommerz dieses hoffnungsvolle Talent aus dem *North Country* mit Haut und Haaren verschlingen könnte. Dylan möge auf der Hut sein und ja nicht seine Identität aufgeben. Denn, so heißt es, »jeder Songschreiber, der sich ehrlich mit der Wirklichkeit dieser Welt auseinandersetzt, muß ganz zwangsläufig ›Protestsongs‹ schreiben. Was sonst?«

Einer der wenigen zeitgenössischen Verteidiger der vierten Dylan-LP ist der Sänger Phil Ochs. Dies ist insofern erstaunlich, als Ochs zu dieser Zeit genau das Gegenteil von Dylan tut und mit seinen sehr politischen Liedern in Newport großen Erfolg hat. In einem Leserbrief für *Broadside** ironisiert Ochs die überwiegend ablehnende Einschätzung des »neuen« Dylan durch die Folk-Freunde: »Was glaubt denn dieser Dylan,

---

* »An Open Letter from Phil Ochs to Irwin Silber, Paul Wolfe and Joseph E. Levine«, *Broadside,* No. 54 (Jan. 1965)

wer er ist? Wenn ich mich einmal an den Stil eines Künstlers gewöhnt habe, hat dieser mich gefälligst nicht dadurch zu enttäuschen, daß er plötzlich das Ruder radikal herumwirft. Mein gedankliches Konzept zu ändern – dafür ist mir die Zeit zu schade.«

Diejenigen Kritiker, welche erst Jahre nach Erscheinen dieses Albums über Dylan schreiben und so mit etwas mehr Abstand argumentieren können, beurteilen Bob Dylans sich abzeichnende Kursänderung überwiegend positiv. Die große Bedeutung der Zwischenphase wird allgemein erkannt. So meint etwa David Ewen, *Another Side* »war der erste Hinweis darauf, daß er drauf und dran war, sich in eine neue Richtung aufzumachen« (Ewen, S. 647). Heute weiß man, wohin es ging, und dies macht die Einschätzung um vieles leichter als 1964.

Ein junger Sänger, für viele Fans der Protestler in Person, singt mit einem Mal fast nur noch private Lieder. Viele Anhänger sind mit diesem abrupten Wandel überfordert und fragen sich, welches denn nun der ›echte‹ Dylan sei, der Motzer von einst oder der gefühlsbetonte Mann von heute? Nicht wenige Kritiker und Neider äußern denn auch bald den Verdacht, der Sänger habe nie hinter seinen Protestsongs gestanden und diese renitenten Nummern nur produziert, weil sie eben in die Zeit paßten. Dabei können sich die Verfechter einer solchen These sogar auf eigene Äußerungen des Songwriters stützen. So wird Dylan in einem Artikel von Frances Taylor wie folgt zitiert: »Ich habe nie Protestsongs schreiben wollen... [Aber] das war meine Chance. Im Village gab es diese Zeitschrift namens *Broadside,* und mit einem Protestsong [topical song] konnte man bei denen landen. ... *Broadside* gab mir eine Startchance« (Taylor in McGregor, S. 96). Noch krasser soll sich Dylan laut Scaduto einmal gegenüber Joan Baez geäußert haben: »Ich wußte, daß man mir diesen Scheiß abkaufen würde, ja? Ernst ist es mir damit nie gewesen« (nach Scaduto, S. 194).

Bob Dylan – Motzer aus Opportunismus? So einfach sollte man es sich nicht machen, dazu ist der Songschreiber aus Hibbing eine zu vielschichtige Persönlichkeit. Überhaupt ist es von geringer Bedeutung, was der Sänger selbst nachträglich über seine Protest-Zeit gesagt hat (gesagt haben soll). Vom fragwürdigen Informationswert der Dylanschen Interviews war schon in den Vorbemerkungen zu diesem Buch die Rede. Ohnehin wäre Robert Zimmerman nicht der einzige Künstler, der von seinen früheren Werken nachträglich nichts mehr wissen will. Die Sängerin Joan Baez, mit der Bob ein enges kollegiales und privates Verhältnis hatte, bestätigt: »Er hat sich immer... von allem distanziert, was hinter ihm lag« (nach Scaduto, S. 320).

Wer zuverlässiger einschätzen möchte, inwieweit sich Dylan zur Entstehungszeit seiner frontalen Attacken auch damit identifizierte, darf nicht ihn selbst fragen, sondern sollte sich besser auf die Eindrücke und Aussagen zeitgenössischer Zeugen (sprich: guter Bekannter) jener Tage beschränken. Es ist ein Verdienst des Biographen Scaduto, ebendies getan und alte Freunde befragt zu haben. Das Ergebnis: Keiner von ihnen – sei es Hammond, Sr., Phil Ochs oder Dave van Ronk (und sie alle haben sich irgendwann über Dylan geärgert und hätten Anlaß, sich zu ›rächen‹) – hält Bob Dylan für den ausgekochten Opportunisten, als der er häufig dargestellt wird (vgl. Scaduto, S. 194f.).

Zweifelsohne ist Bob Dylan nie in dem Sinne ein hochpolitischer Mensch gewesen, als daß man ihn einer bestimmten Ideologie oder gar Partei hätte zuordnen können. Immer schon hat sich dieser Mann einer exakten Festlegung entzogen. Leute wie Phil Ochs, der auf zahllosen Demonstrationen im ersten Glied agierte, waren da berechenbarer, durchsichtiger, vielleicht auch konsequenter. Wenngleich es in Dylans näherem Bekanntenkreis einige politisch stark interessierte Leute gibt[*], ist der Sänger selbst zu keinem Zeitpunkt als leidenschaftlicher Polit-Aktivist zu bezeichnen. Ihm jedoch grundsätzlich persönliche Betroffenheit über Schlechtigkeit und Unrecht in der Welt abzusprechen, ist unzulässig.

So mag der zornige junge Mann von 1962/63 durchaus echt gewesen sein. Nur: Irgendwann wird solches Kritisieren, Schimpfen und Warnen eintönig. »Der Protest von heute wurde schnell zum Klischee von gestern. Dylan wurde es in zunehmendem Maße ungemütlich dabei, Offensichtliches poetisch zu verpacken« (Rodnitzky, S. 108). Bob Dylan ist einfach ein viel zu kreativer und innerlich unruhiger Mensch, als daß er ständig auf der gleichen Masche weiterreiten könnte. Für ein künstlerisches Talent *muß* der schlichte eindimensionale Protestsong früher oder später in eine Sackgasse führen. Die Beatles (um den zweiten. großen Namen der Nachkriegs-Popularmusik zu nennen) sind auch nicht bei *I Want to Hold Your Hand* stehengeblieben, und doch wäre in den Zeiten von *Sergeant Pepper* niemand auf die Idee gekommen, die Stücke der *Yeah-Yeah-Yeah*-Periode seien blanker Markt-Opportunismus gewesen, reine Mittel zum Zweck.

Kurzum: Aus heutiger Sicht (mit dem Vorteil des zeitlichen Abstandes) ist Dylans Entwicklungsweg vom Folk zum Rock ein ebenso nachvollziehbarer wie für ihn selber notwendiger Prozeß. *Another Side of Bob Dylan* hält, was der Titel verspricht. Die Platte offenbart ein verändertes Gesicht des Songschreibers, präsentiert einen sich in mehrfacher Hinsicht wandelnden Dylan. Der bisher überwiegend dem soziopolitischen *Makro*-Bereich verschriebene Autor beginnt das *Mikro*-Feld subtiler Persönlichkeitsanalyse zu entdecken. Dabei besteht er ausdrücklich auf der Freiheit, eigene Vorstellungen zu entwickeln und (unabhängig von

---

[*] Vor allem seine Freundin Suze Rotolo, die im »Kongreß für Rassengleichheit« (CORE) engagiert war, dürfte eine wichtige Rolle als Impulsgeber gespielt haben.
Frage an Robert Shelton: »Hat Suze Bob Ihrer Meinung nach politisch beeinflußt?« – Antwort: »Ja, ziemlich. In einem Interview mit mir hat er [Dylan] ihr profundes Wissen auch gebührend gewürdigt. Sie stammte aus einer politisch links orientierten New Yorker Familie. Er hat in dieser Hinsicht viel von ihr gelernt. Sie hat ihm halt Türen geöffnet, wie sie ihm auch den Zugang zu verschiedenen Dichtern ermöglichte.«

populären Gedankenströmungen) eigenständige Urteile zu fällen. *Another Side* jedoch als brüske und totale Absage an den gesellschaftsbezogenen Song zu werten, wie dies viele Kritiker tun, ist falsch. Hier haben die Besprechung von *Chimes of Freedom* und die Hinweise auf die Polit-Spitzen in den Nonsensstücken eindeutig das Gegenteil erwiesen. Das politische Engagement ist nun keineswegs, wie Scaduto meint, »eine tote Angelegenheit« (S. 291) oder, wie Willis behauptet, ein für allemal »widerrufen« (in McGregor, S. 225). Dylan ist, wie Saal ihm unterstellt, von nun an auf dem politischen Ohr keineswegs taub (in McGregor, S. 243). Der Songschreiber ist vielmehr bestrebt, sein Themenfeld zu erweitern und seine Wertungen zu differenzieren. Sollte ihm dies gelingen, kann das nur von Gewinn sein.

März 1965. Mit seiner fünften LP beginnt Dylan die in *My Back Pages* dargelegte Absicht in die Tat umzusetzen. BRINGING IT ALL BACK HOME, in Deutschland (nach einem der enthaltenen Songs) als SUBTERRANEAN HOMESICK BLUES im Handel, enthält verschiedene Lied-Beispiele für Bob Dylans modifiziertes, vielschichtigeres Gesellschaftsbild. Auch musikalisch setzt er mit diesem Album (genauer gesagt: den sieben Liedern der A-Seite) entscheidende neue Akzente.*

Von den elf Aufnahmen der LP ist *She Belongs to Me* noch am schnellsten abzuhaken: ein enthusiastischer, stellenweise etwas überzeichneter rhythmusbetonter Blues an eine Super-Frau (gemeint ist wahrscheinlich Sara Lowndes, die er 1965 heiratet). Auch in *Love Minus Zero/No Limit* (wieder einmal ein ziemlich eigenwilliger Titel) wird ein weibliches Wesen besungen, doch ist dieses Stück inhaltsvoller als *She Belongs to Me* und erinnert von der Machart her an die besseren persönlichen Lieder der LP *Another Side*. Um eine recht mystisch-unnahbare Lady (vermutlich wiederum die introvertierte Sara mit ihrem Hang zur fernöstlichen Philosophie) geht es hier. Wie Eis ist sie und doch wie Feuer; ihr Lächeln erinnert an eine Blume, und gleichzeitig erscheint sie wie ein Rabe mit gebrochenen Schwingen. Sie, die immer leise spricht, hat erkannt: »Es gibt keinen Erfolg wie den Mißerfolg / und Mißerfolg ist überhaupt kein Erfolg.« An anderer Stelle heißt es von ihr, »sie weiß zu viel, um zu streiten oder zu richten.« Hier wird ein ebenso rätselhafter wie widersprüchlicher Mensch gezeichnet, der im Leben zu besonderen Einsichten gelangt ist. *Love Minus Zero* – kein nunanciertes Porträt, sondern eine flüchtig hingeworfene Skizze.

Der *Outlaw Blues,* eine rhythmisch runtergedroschene Nonsens-Nummer, bedarf keiner weiteren Worte. Auch <u>On the Road Again</u> gehört inhaltlich nicht gerade zu den Glanzstücken des Songschreibers. Dylan beschreibt hier einen kurios-dubiosen Haushalt, dem er nicht (länger) angehören möchte. Der Vater läuft mit einer Napoleon-Maske herum;

---

* Auf diesen Aspekt wird nach der Inhaltsanalyse ausführlich eingegangen.

Mutter versteckt sich im Eisschrank; Oma betet zu Bildchen, die sie an die Wand gekleistert hat; Opa fuchtelt mit seinem Stock herum, als sei er ein Schwert, und in der Küche finden Faustkämpfe statt – »Dann fragst du noch, warum ich hier nicht wohne / das meinst du doch wohl nicht im Ernst?«

In den elf hektischen Strophen von *Bob Dylan's 115th Dream* (sechseinhalb Minuten) strapaziert der Songschreiber den Hörer mit der Schilderung absurd-irrealer Traum-Episoden, deren historische Anspielungen schon manchen dazu verleitet haben, das Stück als Veralberung der US-Geschichte anzusehen. Er sei da mit der »Mayflower« gesegelt, berichtet der Sänger. Das Schiff (nostalgisch verklärter Bestandteil der kolonialen Gründerzeit) hätte unter dem Kommando eines »Captain Arab« gestanden, womit wohl auf den neurotisch-unheimlichen Kapitän Ahab aus Melvilles Roman *Moby Dick* angespielt werden soll. Als Manhattan in Sicht kam, sei alles an Land gegangen – und prompt verhaftet worden. Nun folgt die Schilderung einer wahren Odyssee wirrer Erlebnisse mit Menschen und Institutionen in der Neuen Welt. Am Ende lichten die ›Entdecker‹ desillusioniert die Anker. Beim Auslaufen sei man dann drei Schiffen begegnet, erfährt der Hörer zum Abschied:

Ich fragte den Kapitän nach seinem Namen
und wie es käme, daß er keinen Laster fahre.
Er sagte, sein Name wäre Kolumbus,
da sagte ich nur »Viel Glück!«

Wenn auch keines der bislang erwähnten Lieder des Albums songgeschichtlich einen bleibenden Eindruck hinterläßt, haben diese Stücke doch eines gemeinsam: Hier spielt jemand vergnügt mit Worten, ohne dabei den Zwang zu verspüren, auch unbedingt in jeder Zeile etwas aussagen zu müssen. Genießerisch ausgetobte künstlerische Freiheit – das ist in der »Textmusik« (Faulstich) neu.

Auch die restlichen sechs Songs der Platte *Bringing It All Back Home* enthalten viele solche sprachlichen Spielereien, sind aber insgesamt beeindruckender und deshalb bekannter geworden.

Da wäre zunächst einmal das in Melodie, Stimmung und Vortragsweise beschwingt-eingängige Lied *Mr. Tambourine Man* zu nennen.

Hey, Tamburin-Mann, spiel ein Lied für mich,
ich bin nicht müde und hab kein festes Ziel.
Hey, Tamburin-Mann, spiel ein Lied für mich,
in den Kling-Klang-Morgen will ich dir nachziehn.

Der Song eines Suchenden, eines Menschen, der sich bewußt treiben lassen will, weil ihm die Gegenwart nichts mehr zu bieten vermag. »Die leere Straße ist zu tot zum Träumen«, heißt es da, »meine tauben Zehen warten nur darauf, daß sich die Absätze meiner Stiefel in Bewegung setzen«. Hier will einer fort aus der »Reichweite der verrückten Sorgen«, will jedwedes Zeitgefühl (»foggy ruins of time«) abschütteln, möchte dahin, wo die einzige Grenze der Himmel ist, der Horizont. Er oder sie will abhauen, ausbrechen, aussteigen – und der Tamburin-Mann, Symbol des Ungebundenseins, soll dabei helfen.

Der Song wird gemeinhin als drogenbezogen gewertet, und diese Einschätzung hat einiges für sich. So soll es im Greenwich Village jener Tage üblich gewesen sein, daß Drogenhändler (dealer) sich eines Tamburins bedienten, das sich schnell (mitsamt der daran befestigten Ware) umdrehen ließ, wenn Gefahr drohte. Der Gaukler mit der Schellentrommel hält Fahrkarten bereit für einen kurzen Trip in eine gefälligere Welt. *Tambourine Man* ist eine Einladung, sich gehenzulassen. Liederschmitt spricht von einem »träumerischen Sich-Hineinversenken in ein Wunschland« (Bd. I, S. 75), und dieses Resümee ist durchaus treffend. Um vorübergehende Freude geht es hier, um geborgte Zeit, um einen ›Stopover‹ in einem Phantasie-Paradies. In der vierten Strophe ist von »Rauchringen« die Rede, und diese Assoziation drängt sich tatsächlich auf. Rauchbilder steigen auf, ihr schwereloses Schweben ist schön anzusehen. »Ein unvergleichlich glückliches Lied«, schwärmt Liederschmitt, seinem »rauschartigen Zauber« könne man sich nicht entziehen (Bd. I, S. 74). Millionen zeitgenössischer Hörer empfinden wie er; nicht umsonst wird dieses Stück eine der populärsten Dylan-Kompositionen. Daß auch der schönste Rauchring sich irgendwann im Nichts auflöst, daß auch die buntschillerndste Seifenblase nach einiger Zeit zerplatzt, daß dem Rausch ein Kater, böses Erwachen folgt –, das scheint für die Freunde dieses Liedes nicht zu zählen.

Mr. Tambourine Man – Drogen-Eskapismus in vier Versen? Dylans Biograph Scaduto mag von solcher Bewertung nichts wissen; er möchte das Stück viel weiter fassen: »Mit *Tambourine Man* versuchte Dylan erstmals im Song nach etwas zu greifen, was jenseits des unmittelbaren Augenblicks lag, nach etwas, das ihm helfen sollte, dem elenden Käfig zu entkommen, in dem wir leben« (Scaduto, S. 299). Drogen oder nicht – *Tambourine Man* ist eine Art Hymne der Weltflucht, wenngleich sich das Stück (und das ist typisch für den neuen Dylan) einer endgültigen Festlegung entzieht. Die vielen Bilder des vierstrophigen Hits sind stellenweise nicht zu entschlüsseln, dennoch aber vermögen sie bei den Hörern angenehme Assoziationen zu wecken. Offensichtlich regen diese Verse an, beschwingen. So bleibt zwar manche Zeile unverständlich, doch was soll's – die Aufnahme als solche, die ansprechende Einheit aus Musik, Text und Präsentation, hinterläßt einen starken Eindruck. Bob Dylan als Rattenfänger – und die dem Lustprinzip verpflichteten Kinder der Sechziger (hierzu mehr in Kapitel 9) folgen ihm nur zu gern.

Vielleicht liegt die Welt, von der all jene träumen, die willig dem Tamburin-Mann folgen, hinter den Toren des Garten Eden. *Gates of*

Eden ist Bob Dylans *Utopia*. Da wird ein Reich beschrieben, das ganz und gar nicht von dieser Welt ist: Keine Könige gibt es dort, keine Sünde, keine Prozesse. Die Menschen haben die vollständige Freiheit, das zu tun, was sie tun möchten. Doch macht das Entwerfen dieses utopischen Ideals den Songschreiber keineswegs blind für die Schattenseiten der Wirklichkeit; vor der ›Erlösung‹ steht noch ein langer, harter Kampf. In der realen Gegenwart vor den Mauern des Garten Eden gibt es keine Wahrheit. Allein die Besitzverhältnisse (»relationships of ownership«) zählen. Hier ist das Licht der Kerzen schwarz, die Kompaßnadel eingerostet.

Gates of Eden erinnert in seinem visionär-unwirklichen Charakter, der Vieldeutigkeit seiner Verse und der (überwiegend) düsteren Atmosphäre an *A Hard Rain's A-Gonna Fall* (LP *Freewheelin'*). Die Handlungen der vielen Akteure des Liedes (samt und sonders Helden, die keine sind) ergeben keinerlei Sinn. *Gates of Eden,* ein schwer zu enträtselnder Song, lebt vom Kontrast, von der Überzeichnung. Absurdes Theater hier, ideale Zustände da. Der Mensch steckt irgendwo dazwischen. Während er dazu verurteilt ist, in dem Bühnenstück des Lebens eine Rolle zu übernehmen, träumt er von einer Idealwelt. *Gates of Eden* – ein Trauerspiel mit Hoffnungsschimmer.

Eines der interessantesten und populärsten Lieder dieser fünften LP ist der *Subterranean Homesick Blues* (zu deutsch etwa »Heimweh-Blues aus dem Verborgenen«), eine rasend schnell heruntergehetzte Nummer. In den ersten zwei Dritteln ist der Text eine Collage obskurer Halbwelt-Skizzen, mit denen der Unbeteiligte wenig anzufangen weiß. So ist von einem Medizin (Drogen?) mixenden Johnny die Rede und von einem Pelzmützen-Mann (Dealer?), der für irgendeine schräge Transaktion mehr Geld fordert, als dem Käufer zur Verfügung steht. Weiter erfährt man, daß das Telefon dieser *Underground*-Clique abgehört wird und der Bezirksstaatsanwalt (D.A. = District Attorney) eine Aktion plant. Dylan rät den Keller-Freaks, die sich offenbar nicht ganz gesetzestreu verhalten, auf den Zehenspitzen zu gehen und sich vor der Kripo in acht zu nehmen. Und dann (am Ende der zweiten Strophe) das vieldeutige, jedem Fan geläufige Bonmot: »You don't need a weather man / to know which way the wind blows« – Man braucht keinen Wetterfrosch, um zu wissen, woher der Wind weht.

Im zweiten Teil des Liedes (und hier ist ein klarer Bruch) überläßt der Songschreiber seine Bekannten ihrem Schicksal, bleibt aber zunächst noch im gleichen Milieu. Er spricht von »Ausnutzern, Betrügern, sechsfachen Verlierern« und von einem Mädchen, das am Springbrunnen auf Dumme (Kunden?) wartet. Die Strophe endet – und hier beginnt es interessant zu werden – ganz unvermittelt mit einem hintersinnigen Gag: »Don't follow leaders / watch the parkin' meters« – Laß alle Führer Führer sein, wirf lieber stets dein Parkgeld ein.

In der letzten, aussagemäßig wichtigsten Strophe des Liedes schlägt

Dylan den Bogen von seinen ausgeflippten Figuren zum Lebensbereich des Durchschnittsbürgers:

Werd geboren, halt dich warm,
kurze Hosen, 'ne Romanze, auf zum Tanze.
Putz dich raus, laß dich segnen,
bemüh dich um Erfolg.
Gefalle ihr, gefalle ihm, mach Geschenke.
Du sollst nicht stehlen, laß nichts mitgehn.
Zwanzig Jahre Ausbildung
und sie setzen dich auf Schichtdienst.
Mensch, paß auf,
dir wird viel vorenthalten.

Bei der Interpretation dieses Liedes sowie vieler zukünftiger Stücke sollte man sich mehr denn je davor hüten, in jeder Zeile einen Sinn und zwischen den einzelnen Strophen unbedingt einen logischen Zusammenhang aufspüren zu wollen. Auch Biograph Scaduto warnt davor, jedes Wort Dylans auf die Goldwaage zu legen und zitiert in diesem Zusammenhang Picasso:
»Alle wollen Bilder verstehen. Weshalb macht niemand den Versuch, den Gesang der Vögel zu verstehen? Warum liebt man eine Nacht, eine Blume, alles, was einen Menschen umgibt, ohne daß man auf den Gedanken kommt, all das verstehen zu wollen?« (Picasso nach Scaduto, S. 290).
Doch selbst wenn man ganze Passagen dieses Songs als inhaltlich weniger wichtig oder gar als Nonsens einstuft und ignoriert, bleibt noch ein gehaltvoller Verskorpus zurück, der näherer Betrachtung bedarf.
Am Anfang der ersten Strophe findet sich die Bemerkung, »ich... denke über die Regierung nach«. Damit ist die Absicht des Liedes umrissen. Im *Subterranean Homesick Blues* macht Dylan sich Gedanken, allerdings nicht eigentlich über die Regierung im engeren Sinne, sondern – um ein Schlagwort der Sechziger zu gebrauchen – über »das System«, die (amerikanische) Gesellschaft ganz allgemein. Im ersten Teil der oben zitierten vierten Strophe skizziert der Songautor den aus seiner Sicht typischen Lebenslauf eines Normalverbrauchers. Die komprimierte Auflistung enthält viele jener Stationen und Wertvorstellungen, die nicht nur den (zeitgenössischen) *American Way of Life,* sondern das Leben in der modernen westlichen Gesellschaft schlechthin ausmachen: behütete Kindheit, Tanzstunde, »Kleider machen Leute«, Anpassung, Wohlverhalten unter dem Motto, »Bloß nicht auffallen!«, es sei denn durch »Erfolg«. Treffsicher nimmt Dylan hier jene kleinkarierte Null-acht-fünfzehn-Welt aufs Korn, von der sich eine ständig wachsende Zahl seiner Altersgenossen abzuwenden beginnt – die von materialistischem Konformismus geprägte sterbenslangweilige Spießbürger-Idylle der nach Wohlstand und Sicherheit strebenden Nachkriegs-Eltern.

Sich an den traditionellen Verhaltens- und Wertmustern zu orientieren – und das ist eine Kernaussage des Liedes – sei heutzutage keine Zukunftsgarantie, ein langjähriges Studium (prestigeträchtiger Bestandteil erfolgsorientierten Strebens) absolut keine Lebensversicherung mehr. (»Twenty years of schoolin' / and they put you on the day shift.«) Hier übt Dylan beißende Kritik an einer Gesellschaft, die zwar einerseits mit Stolz und Wohlgefallen fördert, daß sich ihre Söhne und Töchter in steigenden Zahlen an Hochschulen einschreiben, andererseits aber häufig außerstande ist, den mit schmückenden Graden dekorierten Absolventen auch ein angemessenes berufliches Tätigkeitsfeld zu eröffnen. »Er widerspricht der geheiligten Idee, daß man mit [einer guten] Bildung alles erreichen kann« (Myrus, S. 7). Der Hochschulabsolvent als akademischer Proletarier (»day shift«) – damit ist eine Problematik angesprochen, die seit dem Erscheinen dieser Platte (sowohl in den USA als auch in der Bundesrepublik) noch immens an Dringlichkeit hinzugewonnen hat. Der *Subterranean Homesick Blues* ist ein Aufruf an die (jugendlichen) Hörer, vorsichtig und kritisch zu sein. Nonsens, Spott und Sticheleien; Ernstes, Quatsch und Kalauer – so lautet das neue Rezept eigenwilliger Vers-Kompositionen.

Begnügt sich der Songschreiber in diesem Stück bei seinen gesellschaftsbezogenen Reflexionen noch mit einigen wenigen, über den gesamten Song verstreuten Verhaltenstips, ist *It's Alright, Ma (I'm Only Bleeding)* ein von der ersten bis zur letzten Zeile durchgängiger *message song*. Das Lied ist mit seinen siebeneinhalb Minuten ungewöhnlich lang (aber dank des deutlich zu spürenden inneren Engagements nie langweilig) und soll daher keiner von Vers zu Vers vorgehenden Detail-Analyse unterzogen werden. Es empfiehlt sich vielmehr, einige der wichtigsten Aussagen des Stückes schwerpunktmäßig-komprimiert zusammenzufassen.
Eine zentrale Aussage von *It's Alright, Ma* war (wenn auch zunächst nur schlagwortartig) bereits im *Subterranean Homesick Blues* angeklungen: Folgt keinen Führern! Hier scheint sich ein wesentliches Anliegen des nach neuen Formen und Inhalten suchenden Songschreibers herauszukristallisieren. Dylan stellt fest, daß die in der Öffentlichkeit für ihre Ziele und Ideale Werbenden dabei häufig egoistische Hintergedanken haben:

Manch einer, der den Sieg beschwört oder auch den Untergang
hat private Motive im Auge,
seien sie groß oder klein.

Wie ein roter Faden zieht sich die Warnung durch das Lied: Hütet euch vor falschen Propheten und Autoritäten (»false gods«)! Da ist viel mehr Schein als Sein. Macht Menschen nicht zu Götzenbildern. Vorsicht ist geboten, denn:

Es ist leicht und ohne große Weitsicht zu erkennen,
daß es nicht viel gibt,
was wirklich heilig ist.

An anderer Stelle wird die gleiche Aussageabsicht noch einmal drastischer, ironischer ausgedrückt: Auch der Mächtigste ist in bestimmten Situationen schwach und klein:

Selbst der Präsident der Vereinigten Staaten
steht manchmal nackt da.

Eine zweite, nicht minder harte Attacke dieses Liedes richtet sich gegen die Werbung. Von den Possen und Posen der Polit-Propheten bis zu den gleißenden Glücksverheißungen der Reklame-Strategen ist es ja auch nur ein kleiner Schritt.

Werbeslogans gaukeln dir vor,
du seist derjenige,
der erreichen kann, was noch nie erreicht worden ist,
der gewinnen kann, was noch niemand gewann.
Unterdessen geht das Leben draußen
um dich herum weiter.

In dieser bissigen Passage wendet sich Dylan gegen die verbreitete Praxis der Werbe-Macher, bestimmte Äußerlichkeiten und Verhaltensweisen (z.B. jugendliches Aussehen, männliche Härte) zu erstrebenswerten Idealen zu stilisieren, die sich über den Konsum einer bestimmten Ware oder Dienstleistung erreichen lassen. Die vermeintlichen frohen Botschaften seien jedoch bloße Trugbilder, sie gingen an den wirklichen Bedürfnissen des Menschen vorbei und der Gutgläubige fände sich am Ende betrogen im Abseits.
Dylans abschätzige Meinung von der Gesellschaft, in der er lebt, wird von Strophe zu Strophe deutlicher. Im letzten Drittel des Songs berichtet er von frustrierten Menschen, die sich immer nur unterordnen müssen und ihre Jobs verfluchen; spricht er von der dogmatischen Intoleranz der Parteien und Vereine und von verklemmten alten Damen, die über Liebespaare lästern.
Nach jeweils drei Strophen werden die gesellschaftsbezogenen Reflexionen des Songschreibers von Refrainversen unterbrochen, in denen Dylan eine Art Fazit zieht, eine Zwischenbilanz. Die Aussage der einzelnen Refrains wechselt, ihre Stimmung ist teils entschlossen, teils resignierend. Allen Refrains gemein ist deren außerordentlich bittersarkastische Note und daß die jeweils letzte Zeile (bis auf eine Ausnahme) mit den Worten »Is' schon gut, Ma...« beginnt. Ob das Wort »Ma« hier in engerem Sinne tatsächlich die »Mutter« meint oder eher Staat

und Gesellschaft als abstrakte Mutterfigur angesprochen werden, bleibt jedem Hörer zur Interpretation offen.

In der Anfangsstrophe dieses Liedes macht Dylan die Bemerkung: »Du stehst allein und niemand ist bei dir.« Offenbar erwartet der Songschreiber in seinem harten Lebenskampf von keiner Seite Unterstützung. So lautet der erste Refrain:

Also erschrick nicht,
wenn ein merkwürdiger Laut an dein Ohr dringt,
is' schon gut, Ma, das ist nur mein Seufzen.

Im dritten Refrain wird diese Stimmung der Ernüchterung und Resignation noch verstärkt:

Wohl stellen die Herren Regeln auf
für Weise wie auch für Idioten,
doch ich find nichts, Ma, nach dem ich mein Leben ausrichten könnte.

Doch Dylans Gefühle schwanken. Eine Atmosphäre lähmender Leere, Perspektivlosigkeit und Desillusionierung (»Ich hab' die Nase voll!«) kann schon wenige Textzeilen weiter einem Ausdruck trotziger Entschlossenheit weichen. Als Beispiel läßt sich der zweite Refrain anführen. Die Gesetze der Straße seien zwar festgelegt, heißt es da, doch man könne sich den unerquicklichen Spielen der anderen ja entziehen. Is' schon gut, Ma – ich werd's schon packen!«

It's Alright, Ma (I'm Only Bleeding) ist ein »bitterer Angriff auf den *American Dream*«, urteilt der Kritiker Ralph Gleason (in McGregor, S. 190), und Pichaske sieht das 113 Zeilen lange Stück als »eine Marathon-Auflistung sozialer Übel« (Pichaske, S. 64). Bei aller persönlichen Wertung widersteht Dylan jedoch der Gefahr, sich in allzu primitive, leicht durchschaubare Polemik zu verlieren. Das macht den Song glaubhaft. Der Autor Jon Landau hält das Lied für ebenso ehrlich wie brillant und attestiert Dylan, dieser habe ein gutes Gespür dafür, wo er selbst und sein Land gerade stehen (Landau in McGregor, S. 255).

Doch beschränkt sich der Songschreiber keineswegs darauf, für ihn offenkundige Mißstände darzulegen, sondern er gibt auch einen ganz konkreten Ratschlag. Dylan appelliert an seine Hörer, den von ihm geschilderten Versuchungen nicht zu erliegen, die etablierten Normen zu überprüfen und stets eigene Wege zu gehen, eigene Urteile zu fällen. »Merkt euch eins«, heißt es in dem Song, »ihr gehört nicht ihm oder ihr oder denen da!« (»It's not he or she or them or it / that you belong to«) *It's Alright, Ma* ist ein Aufruf, die Individualität zu wahren, in allen Stürmen tapfer die eigene Fahne hochzuhalten. Damit erhebt Dylan den in *My Back Pages* (LP *Another Side*) gefaßten persönlichen Vorsatz, jenen von der Umwelt gehegten Rollenerwartungen eben *nicht* zu entsprechen, zu einer allgemeinen, an alle Hörer gerichteten Empfehlung*.

Auch das Stück <u>*Maggie's Farm*</u> gehört zu den herausragenden Nummern dieses Albums. In dem fünfstrophigen Lied (das inhaltlich ein wenig an den Song *On the Road Again* dieser LP erinnert) stellt Dylan mit Entschlossenheit und kaum unterdrückter Wut fest, nein, er wolle fortan nicht länger für Maggie und ihre Leute arbeiten. Dabei ist unschwer zu erkennen, daß der landwirtschaftliche Betrieb und die Familie, die hier das Kommando führt, als Metapher für die Gesellschaft ganz allgemein stehen. Hat der Songschreiber in den Songs *Subterranean* und *It's Alright* fragwürdige Wertvorstellungen aufgezeigt und sein Mißfallen an zweifelhaften Vorbildern zum Ausdruck gebracht, geht es ihm in *Maggie's Farm* darum, den seiner Meinung nach repressiven Charakter des Landes herauszustellen.

Es ist schon ein Hundeleben unter der Knute von Maggie und deren Sippschaft: Der unterdrückte Held ist zum Fußbodenschrubben degradiert und bekommt für seine Plackerei von Maggies unverschämt grinsendem Bruder lediglich einen Groschen ausgehändigt. Bei jeder Kleinigkeit (und sei es nur das Schlagen einer Tür) drohen schlimme Strafen. Der ärgste Schinder aber ist Maggies Vater, der seinen Opfern in sadistischer Manier die brennende Zigarette ins Gesicht drückt. Hier entwirft Dylan das Zerrbild des arrogant-rücksichtslosen Unternehmers, der übrigens bereits zu ahnen scheint, daß er einiges zu befürchten hat, falls einmal andere Zeiten kommen. Sein Schlafzimmerfenster ist zugemauert, und vor dem Haus hat »Pa« die Nationalgarde, Symbol für Recht und Ordnung, aufmarschieren lassen. Besonders gefährlich (und, wie Dylan vermutet, möglicherweise die Seele dieser Sklavenhalter-Familie) ist Maggies Mutter, eine Achtundsechzigjährige, die sich für vierundzwanzig ausgibt und alle Untergebenen mit Predigten zu den Themen »Gott« und »Ordnung« nervt.

In den bislang untersuchten Stücken dieser Platte hatte Dylan sich mit sarkastischen Spitzen, resignierenden Stoßseufzern oder aus detaillierter Kritik abgeleiteten alternativen Ratschlägen begnügt. In *Maggie's Farm* geht der Songschreiber nun noch einen Schritt weiter: Er legt unumwunden dar, daß er mit der Gesellschaft, wie er sie uns geschildert hat, nichts mehr zu tun haben möchte; daß er sich dem Anpassungsdruck entziehen und fortan sein eigenes Leben leben will. Der Song ist Ausdruck offener Renitenz, schroffer Verweigerung, eine explizite Absage an ›die da oben‹. In diesem Sinne lautet die Schlußstrophe:

---

* 1978 erscheint die bei Konzerten in Japan aufgenommene Doppel-LP *At Budokan*. Die Platte enthält überwiegend neu arrangierte Aufnahmen alter Lieder, u. a. auch *It's Alright, Ma*. Der Song hat, immerhin 13 Jahre nach seiner ersten Veröffentlichung, nichts von seiner Intensität verloren.

Ich werd' nicht länger auf Maggies Farm arbeiten,
nein, ich werd' nicht länger auf Maggies Farm arbeiten.
Ich tu, was ich kann,
um so zu sein, wie ich bin,
doch jeder verlangt von dir,
daß du genauso bist wie er.
Die singen, während du schuftest – und mir steht's bis hier,
ich werd' nicht länger auf Maggies Farm arbeiten!

Maggie's Farm – zornige Abkehr, ein Schlußstrich nach Noten.

Auf seinem fünften Album *Bringing it All Back Home* stellt Dylan
jedoch nicht nur neue *Inhalte* vor; das eigentlich Sensationelle dieser
Platte ist der damit präsentierte neue Musikstil. Bislang hatte der
Songkomponist – bei allen sich auf der vorausgegangenen LP *Another
Side* bereits abzeichnenden Kursänderungen in der Aussage – wenigstens noch die von ihm erwartete Darbietungsform gewahrt, war stilecht
als Folksänger mit akustischer Gitarre und umgehängter Mundharmonika aufgetreten. Bei allen sieben Songs der A-Seite von *Bringing it All
Back Home** läßt Dylan sich nun von Studiomusikern begleiten. So gibt
auf der gesamten Plattenseite ein nicht zu überhörendes Schlagzeug den
Ton an, während eine zusätzliche E-Gitarre die Melodie untermalt oder
(meist zwischen den Strophen) gar kurze rockige Soli spielt. Das Gros
der sieben Stücke hat ein schnelles bis sehr schnelles Tempo (Ausnahme: das getragene *She Belongs to Me*), wobei die fast hektischen, aber
sorgfältig ausgesteuerten Aufnahmen *Subterranean Homesick Blues* und
Bob Dylan's 115th Dream besonders unter die Haut gehen. Fetzige
Nummern im Rock-Stil – was für eine Überraschung! Wäre da nicht
diese unverwechselbare nasale Stimme und jene nicht minder charakteristische, auf fast allen Aufnahmen zu hörende wimmernde Harmonika, der
Hörer würde nicht glauben, daß dies Lieder von und mit Bob Dylan sind.
Bobby Dylan mit Verstärkung – wie kommt es zu diesem einschneiden-
den Stilwechsel?
Zum Jahreswechsel 1963/64 schwappt die »Beatle-Manie« über den
Atlantik. Auf dem amerikanischen Musikmarkt jener Tage existiert
noch immer das durch den Niedergang des Rock 'n' Roll entstandene
Vakuum, welches vom *Folk Revival* nur teilweise aufgefüllt werden
kann. Millionen Jugendliche warten auf einen neuen ansprechenden
Trend; da kommen die Beatles haargenau richtig. Ihre frisch-fröhliche
Musik löst in den USA eine ungeheure Welle der Begeisterung aus und
entwickelt sich innerhalb kürzester Zeit zum absoluten Renner. Seit *I
Want to Hold Your Hand* (Jan. 1964) gibt es keine Beatles-Single, die
nicht in den US-Hitparaden erscheint; im April 1964 sind es vierzehn

---

* Die Songs *Subterranean Homesick Blues, She Belongs to Me, Maggie's Farm, Love Minus
Zero/No Limit, Outlaw Blues, On the Road Again, Bob Dylan's 115th Dream.*

Lieder zur gleichen Zeit (vgl. Schmidt-Joos, S. 19). Neben den Stücken der Beatles finden auch die Produkte anderer britischer Bands (z. B. Dave Clark Five, Animals, Herman and His Hermits, Rolling Stones) reißenden Absatz in der Neuen Welt: »Von den 45 meistverkauften Langspielplatten in den USA stammten 1964 17 von englischen Gruppen, allein fünf von den Beatles« (Schmidt-Joos, S. 19).

In der Zeit seiner Suche nach neuen Ufern ist Dylan zweimal in England aufgetreten: im Mai 1964 (Royal Festival Hall, zwei BBC-Sendungen) sowie im Mai 1965* (zweimal Royal Albert Hall). Eine Zeitlang ist er als Folk-Protestler in Britannien sogar populärer als daheim. 1964 wählt man ihn zum »hoffnungsvollsten neuen Talent« (»best new talent«) und prämiert die *Freewheelin'*-LP als »bestes Folk-Album«. Bedenkt man den Begeisterungstaumel, den die englischen Bands in jenen Wochen in den USA entfachen, und auch, daß Dylan sich ohnehin in einer Phase der Umorientierung befindet, liegt es auf der Hand, daß der junge Amerikaner in London Kontakt zu britischen Kollegen sucht und findet. Dies fällt ihm insofern nicht schwer, als sich alles, was in der Pop-Welt Rang und Namen hat, zu Dylans ausverkauften Auftritten einfindet.

So kehrt Bob Dylan mit einer Fülle musikalischer Eindrücke und Anregungen heim – und noch im selben Monat (Mai 65) steht er bereits im Studio und nimmt die Single *Like a Rolling Stone* auf. Doch dazu mehr im übernächsten Kapitel und noch einmal zurück zu den Motiven für Dylans »going electric«.

Es ist biographisch verbürgt, daß Robert Zimmerman schon als Knabe davon geträumt hat, ein Star zu werden, »so groß wie Elvis Presley«. Zwar hat er für seine jungen Jahre (im Mai 65 wird er 23) schon einiges erreicht, doch der ›große Durchbruch‹ (im Sinne millionenfacher Plattenumsätze) ist noch nicht erkämpft. Dazu ist die amerikanische Folkszene quantitativ einfach zu klein. Soziologe Denisoff erläutert: »Das war ein *underground,* wirklich. Trotz der Aufmerksamkeit, die man ihr entgegenbrachte, war die Folkszene eigentlich sehr, sehr klein. ... Das war eine Art Kult, wenn Sie so wollen. ... Ich würde sagen, alles in allem betrug die Zahl derer, die in den USA wirklich dazugehörten, keinesfalls mehr als 20000 Leute.« Selbst wenn man zu diesem harten Kern noch vier- oder fünfmal so viele Sympathisanten hinzurechnet, bleibt das Käufer-Potential für Folk-Platten immer noch ein relativ begrenzter Kreis. Dies schließt nicht aus, daß aufpolierte, gefällig gemachte ›Folk‹-Nummern (Kingston Trio: *Tom Dooley;* Peter, Paul & Mary: *Blowin' in the Wind*) nicht auch einmal die Millionen-Schallmauer durchbrechen können, doch bleiben solche Hits die Ausnahme.

Die immense Popularität des unkomplizierten Beatles-Sounds aus Liver-

---

* Der Filmemacher D. A. Pennebaker hat diesen England-Besuch (Dylans letzte Tour als Folksinger) in dem (erst 1968 veröffentlichten) 90-Minuten-Streifen *Don't Look Back* festgehalten.

pool ist für den suchenden Dylan sicher ein nicht zu unterschätzender Impuls. Ein zweiter Anstoß kommt aus den USA selbst – die *success story* der neuen Band The Byrds. Die 1964 in Kalifornien gegründete Formation ist die erste amerikanische Antwort auf die »britische Invasion«. Im Frühjahr 1965 bringen Bandleader Jim McGuinn und seine Mannen eine Single mit der Beat-Version der Dylan-Nummer *Mr. Tambourine Man* auf den Markt (Dylans *All I Really Want to Do* als B-Seite). Schon nach kurzer Zeit landet die Byrds-Aufnahme in der amerikanischen Hitparade und bleibt hier auch als Dauerbrenner von Mitte Mai bis Ende August. Dylan, der ein Vorausexemplar der Platte erhält, ist begeistert: »Absolut irre!« (Scaduto, S. 301).

Doch zeigen die Byrds nicht allein, was man in stilistischer Hinsicht aus solchen Kompositionen machen kann. Die Kalifornier demonstrieren vor allem noch einmal, was seit dem Siegeszug der englischen Musiker ohnehin offenkundig ist: Der Beat-Sound besitzt in den USA ein ungleich größeres Hörer-Potential, als sich selbst der erfolgreichste Folksänger auch nur erträumen kann. Serge Denisoff faßt Dylans Aha-Erlebnis in folgende Worte: »Bobby hörte *Mr. Tambourine Man* in der Version der Byrds. Er war hin, er flippte aus – besonders als er erfuhr, daß das verdammte Ding schon über eine Million Mal verkauft worden war. Er selbst konnte zu diesem Zeitpunkt pro Album vielleicht gerade 200 000 Stück absetzen, und hier kamen die Byrds mit ihrer allerersten Platte und verkauften gleich ein paarmal soviel. Ganz klar, daß Boby da aufhorchen mußte.« Mit einer Band, das machen Byrds und Beatles sehr motivierend deutlich, mit einer Band hat man ganz andere Möglichkeiten. Und so wagt der Folknik Dylan den Sprung in die Beat-Welt. Folkrock wird man diesen Sound später nennen – elektrisierend elektrisiert.

Beim öffentlichen Debut seines neuen Musikstils im Juli 1965 auf dem Newport Folk Festival (die LP *Bringing* ist schon seit März auf dem Markt) löst Dylan unter den Zuhörern (77 000 verkaufte Tickets) heftige Reaktionen aus. Ein in jeder Hinsicht neuer Bob Dylan tritt da am Abend des 25. Juli auf die Bühne. Statt der schlicht-legeren Jeans-Kluft der Folkies steckt er in modischen Klamotten nach neuestem Londoner Schrei. Hinter ihm nimmt eine Beat-Combo Aufstellung: Da werden Kabel gestöpselt, Verstärker eingestellt, Schlagzeug-Elemente zurechtgerückt. Als Dylan und die Seinen sich dann ins Zeug legen, ist das Publikum zunächst wie versteinert. Doch es dauert nicht lange, bis – erst vereinzelt, dann verstärkt – Pfiffe und Buh-Rufe einsetzen. Die Unmutsbezeugungen haben natürlich vor allem mit der bloßen Tatsache zu tun, daß der König des Folk-Protestes hier auf einmal öffentlich »verrockt« spielt. Doch schon die Art und Weise, wie die Verstärkeranlage eingestellt ist, löst Verärgerung aus. Die Balance stimmt nicht; von Dylans Stimme ist Ohrenzeugen zufolge praktisch so gut wie nichts zu hören, dafür um so mehr vom Beat der Paul Butterfield Bluesband. Dylans Newport-Auftritt muß also auf das Publikum wie eine absurde

Pantomime wirken. Ralph Rinzler, einer der Mitarbeiter im Organisationskomitee des Festivals, beschreibt die Lautstärke als »ohrenbetäubend« (»deafening«), weist aber darauf hin, daß es sich seiner Meinung nach keineswegs um eine Panne in der Aussteuerung gehandelt haben kann. »Ich kann mich genau erinnern, daß Dylan in der Nacht zuvor lange mit der Band geübt hatte und sie die Aussteuerung genau festlegten.« Auch der Folksänger Pete Seeger, von dem gerne erzählt wird, er sei spontan in Tränen ausgebrochen, als er Dylan mit E-Gitarre erblickte, begründet seine ablehnende Reaktion auf das Elektro-Debut mit der überdrehten Lautstärke. »Ich ging rüber und sagte, ›Stellt das leiser. Es ist fürchterlich!‹ Doch man sagte mir, ›Nein, wir haben Anweisung, es so zu lassen.‹ Ich hätte am liebsten die Kabel durchgeschnitten.«

Es ist viel über dieses historische Newport Festival gerätselt und spekuliert worden. Ist Dylans Auftritt schlicht und einfach verunglückt (Bobby als Verlierer im Kampf mit der Technik) oder hat hier ein egozentrischer junger Musiker sein Publikum herausfordern wollen (wie es in den Aussagen Seegers und Rinzlers anklingt)? Sei dem wie es sei. Fest steht, daß die Toleranz der Zuhörer Grenzen hat; aus der Hand frißt man Bob Dylan offensichtlich doch nicht. Newport 1965 ist rückblickend betrachtet eines der wenigen Ereignisse seiner ungewöhnlich langen Künstler-Karriere, bei denen ›der Macher auf der Bühne‹ die Show nicht mehr im Griff hat.

Als der enttäuschte und verwirrte Dylan ein paar Minuten nach dieser mißglückten Premiere mit vertrauter akustischer Gitarre auf die Bühne zurückkehrt, glauben nicht wenige im Publikum, er gäbe klein bei, da komme ihr ›alter‹ Bob zurück. Als er losklampft, ertönt auch prompt Beifall. Doch sie freuen sich zu früh, überhören die Textaussage. »It's All Over Now, Baby Blue« – alles vergangen und vorbei. Ein an Bildern und Metaphern reiches vierstrophiges Good Bye; Aufbruch und Abkehr in verschlüsselten Versen (auf der LP *Bringing*). Da steht kein reumütiger Sünder, der kleinlaut um Nachsicht bittet, sondern ein ›Trotzkopf‹, der einen Schlußstrich ziehen und einen neuen Anfang machen möchte. Das ist keineswegs ihr ›alter‹ Dylan, doch die Newport-Folkies merken es nicht. »Die Folk-Fans wußten nur eins: Er spielte jetzt auf der *richtigen* Gitarre« (Scaduto, S. 342).

Die LP *Bringing It All Back Home* und vor allem der spektakuläre Newport-Auftritt lösen in Folk-Kreisen eine lebhafte Diskussion aus, die sich anhand der in *Sing Out!* und *Broadside* abgedruckten Artikel und Leserbriefe nachvollziehen läßt. Viele eingefleischte Folk-Freunde empfinden des Meisters »going electric«, seinen Griff zur E-Gitarre als Affront, als frevelhaften Verrat an den hehren Volksmusik-Traditionen. Der Folklore-Interpret Theodore Bikel bringt diese Ablehnung auf einen kurzen Nenner: »In der Kirche pfeift man nicht, und auf einem Folk-Festival spielt man keinen Rock 'n' Roll« (*Broadside,* No. 61, Aug. 65).

Wie schon bei Dylans Album *Another Side* kommt die lauteste Schelte von Irwin Silbers *Sing Out!*-Magazin. Dylans neuer Stil, so liest man da, sei schlicht und einfach ein »Ausverkauf« (»sell out«) an die Welt des Kommerz. Ein Artikelschreiber bezeichnet den neuen Dylan als »Mißgeburt und Parodie« und lamentiert: »Es ist ein Jammer und eine Enttäuschung, denn wenn es die Welt jemals nötig hätte, klar und kompromißlos den Zorn und die Liebe des Dichters zu hören, dann heute« (nach Scaduto, S. 302). »Bob Dylan ist zu einer Schachfigur in seinem eigenen Spiel geworden«, schreibt der Folk-Promoter Izzy Young in seiner Kolumne. »Er hat die Suche nach einem universellen Sound aufgegeben und sich auf eine Liaison mit der Top 40 Hitparade des Musikgeschäfts eingelassen« (nach Scaduto, S. 347).

Das vorausgegangene Album mit den überwiegend persönlichen Liedern hatte die dogmatischen Folk-Puristen wahrlich schon genug befremdet. Aber damals besaß Dylan noch Kredit, denn wenn auch die Inhalte seiner Stücke nicht mehr dem entsprachen, was man von einem guten Folksong erwartete, stimmte doch wenigstens noch die Form des Vortrags. Aber Dylan mit E-Gitarre und Band-Begleitung? Da hört der Spaß auf!

Wer die profunde Enttäuschung der Folk-Dogmatiker begreifen will, muß deren Anspruch kennen. Für Irwin Silber und die ihm geistig Nahestehenden hatte das *Folk Revival* von jeher eine ideologische Dimension, die Robert Shelton so beschreibt: »Eine der Ursachen, daß sich die Linke der Folk-Kultur zuwandte, bestand darin, daß man dachte, ›Hier haben wir eine Kultur, die von der Basis kommt. Hier ist die Kultur der Arbeiterklasse. Diese Kultur stammt nicht aus Aristokratie, Kirche oder Establishment.‹« Ganz im Sinne der These des Protestsängers Phil Ochs, »Ein guter Song mit Botschaft kann mehr tun, um den Leuten einen Sachverhalt klarzumachen als tausend Kundgebungen« (*Broadside,* No. 22, März 63), sieht Silber im traditionsverwurzelten, aber zugleich gegenwartsbezogenen Protestsong (topical song) »eine Musik, die dazu beitragen kann, eine bessere Welt Wirklichkeit werden zu lassen, als sie die Menschheit je gekannt hat« (*Sing Out!,* Vol. 13, No. 4, Okt./Nov. 63). Je größer die Popularität solch funktionaler Folkmusik, desto größer auch die Chance, damit gesellschaftlich etwas zu bewirken, und niemand hatte dem Genre in jüngster Zeit mehr Auftrieb gegeben als Bob Dylan. Daß nun ausgerechnet dieser Mann mit *Another Side* und mehr noch mit *Bringing It All Back Home* allem Anschein nach zum Abtrünnigen wird, das ungeschriebene Gesetz, ›Du sollst nicht dem Kommerz verfallen!‹ mißachtet und in das Lager des Beat-Kommerz überwechselt, muß für die Puristen-Fraktion um Silber in der Tat ein Tiefschlag gewesen sein. »Da waren sie also... eine Haaresbreite davon entfernt, ihren lebenslangen Traum zu verwirklichen, hier war der Mann, der es für sie schaffen könnte – und dann auf einmal, ›It's all over now, Baby Blue!‹« (Denisoff).

Rückblickend kann man den enttäuschten Dylan-Kritikern den Vorwurf nicht ersparen, daß sie sich von dem neuen Musikstil des Songkomponisten offensichtlich irritieren lassen und sich nicht mehr hinreichend auf die inhaltliche Botschaft dieser LP zu konzentrieren vermögen. Mit anderen Worten: Viele jener Hörer, deren sehnlichster Wunsch in einer umfassenden Liberalisierung der gesellschaftlichen Verhältnisse besteht, sind nicht einmal aufgeschlossen und tolerant genug, um den stilistischen Wandel ihres Idols, ihrer Symbolfigur zu verkraften. Wer dem Sänger vorwirft, er verrate die ›gute Sache‹, da er nicht mehr offen gegen Ungerechtigkeit und Krieg polemisiere, geht von einer falschen Voraussetzung aus. Die frontale Attacke ist nicht die einzige denkbare Form politischer Aussage. Wer das nicht sieht, ist zwangsläufig von den inzwischen erheblich differenzierteren Texten des Songautors enttäuscht, wenn nicht gar überfordert. Die zentralen Passagen in Liedern wie dem *Subterranean Homesick Blues, It's Alright, Ma* und *Maggie's Farm* enthalten eine Fülle gesellschaftsbezogener Aussagen. Wer Ohren hat zu hören und auch zwischen den Zeilen zu lesen versteht (und damit hat die amerikanische Jugend jener Tage noch keine Erfahrung), muß zugestehen, daß dieser Dylan politischer ist denn je. Wie schreibt Bob Sarlin treffend: »*Bringing It All Back Home* ist wohl die politisch überzeugendste Platte der 60er Jahre, nur hat ihre eigene Kurzsichtigkeit die Folk-Ideologen daran gehindert, dies zu erkennen« (Sarlin, S. 56).

Es ist bezeichnend für die schablonenhafte Dylan-Kritik der Folk-Puristen, daß nach möglichen künstlerischen Motiven des beschriebenen Stilwechsels nicht gefragt wird. Daß der Sänger, wie es so schön heißt, ›groß herauskommen‹, den lukrativen Massenmarkt erobern will, ist unbestritten. Doch liegt hierin schwerlich der einzige Grund für den risikoreichen Schritt, ein ergebenes Stammpublikum brüsk vor den Kopf zu stoßen. Harloff schreibt, Dylan habe ab 1964 begonnen, Gedichte der zeitgenössischen Poeten San Franciscos und New Yorks zu lesen und sich mit den Werken der französischen Symbolisten zu beschäftigen. (Harloff, S. 24). Im Vergleich zu den Versen Ginsbergs oder Rimbauds (um nur die Hauptvertreter der genannten Stilrichtungen zu nennen) müssen Bob Dylan die meisten seiner eigenen Texte der ersten Phase als künstlerisch recht bescheiden vorkommen. Der Einfluß der Symbolisten und Beat-Poeten scheint Dylan nur noch in der bereits im Song *My Back Pages* geäußerten Einschätzung bestätigt zu haben, daß man der Komplexität der Moderne nicht mit stringent-rationalen, simplifizierend schwarzweißmalenden Stereotypen gerecht werden kann. Die LPs *Another Side* und noch mehr *Bringing It All Back Home* sind mutige Versuche, im Zuge eines schrittweisen Absetzmanövers die Grenzen des Folk-Mediums zu durchbrechen und neue künstlerische Dimensionen zu erschließen. Bob Dylan schwimmt sich frei.

7 Kanonen statt Butter

Die Kluft im Volk wird breiter

Protestaktion vor dem US-Verteidigungsministerium (Pentagon), 1967

Unmittelbar nach der Ermordung John F. Kennedys übernahm dessen Vize, Lyndon B. Johnson, das Regierungsamt. Er erwies sich zunächst als genau die beruhigende, vertrauenerweckende Vaterfigur, derer das Land in dieser schweren Stunde bedurfte. In seiner Antrittsrede versprach der neue Präsident, Kennedys politischem Erbe der »New Frontier« treu zu bleiben und setzte sich und der Nation wenig später noch erheblich weitergehende Ziele. In seiner Botschaft zur Lage der Nation vom Januar 1964 wies Johnson darauf hin, daß 30 Millionen Bürger des reichen Amerika (viele davon über 65 und unter 18) in Haushalten mit weniger als 2000 Dollar Jahreseinkommen lebten* und propagierte den uneingeschränkten Krieg gegen die Armut (War on Poverty).

Die dringende Notwendigkeit einer solchen Kampagne gegen das Elend im eigenen Lande hatte vor allem Michael Harringtons 1962 erschienenes Buch *The Other America* (»Das andere Amerika«) vor Augen geführt. Der Autor beschrieb darin die Schattenseiten der amerikanischen Wohlstandsgesellschaft (affluent society), das erbarmungswürdige Dasein der Unterschicht-Amerikaner in den Slums der Ostküsten-Städte (z. B. die Bowery in New York) über die Baumwoll-Region der Südstaaten bis hin zu den Obstplantagen der Westküste. »Es gibt... viele zehn Millionen Amerikaner, die unterhalb jenes Niveaus existieren, das notwendig ist, um ein annehmbares Leben zu führen und [infolgedessen] körperlich und geistig verkrüppelt sind. Wenn diese Leute auch nicht verhungern, so sind sie doch hungrig – und manchmal sogar fett vor lauter Hunger, denn das ist die Folge billiger Lebensmittel [junk food]. Ihre Wohnungssituation, Bildung und medizinische Versorgung sind unzureichend« (Harrington, S. 1/2). So prägnant hatte das noch niemand gesagt; die satte Mehrheit war schockiert.

Im Sommer 1964 faßte Johnson seine sozialen Zielvorstellungen unter dem Schlagwort »Great Society« zusammen. In dieser grandiosen neu zu schaffenden Gesellschaft sollten nach der Vorstellung des Präsidenten alle Bürger der Vereinigten Staaten eine faire Chance erhalten, in Wohlstand und Freiheit zu leben. Zur Realisierung seiner sozialpolitischen Ideale konnte Lyndon B. Johnson innerhalb der nächsten 30 Monate eine ganze Serie von Gesetzesvorschlägen über die parlamentarischen Hürden bringen, Vorlagen, die unter Kennedy im Kongreß keine Chance hatten. Herausragende Bedeutung unter den Gesetzeswerken kam dem *Economic Opportunity Act* zu. Kernelement dieses Gesetzes war die Einrichtung des *Office of Economic Opportunity,* einer vielseitig tätigen Behörde zur Förderung wirtschaftlich Benachteiligter. Ähnliche Ziele verfolgte das *Appalachian Regional Development Act,* das großzügige regionale Entwicklungshilfe für die vernachlässigte Appalachen-Region bereitstellte. Städtebauliches Pendant dieses Förderungsprogramms war die Gründung des *Department of Housing and*

---

* Das Durchschnittseinkommen der amerikanischen Familie betrug 1959 $ 5.660 und stieg bis 1969 auf $ 9.590 (vgl. Adams, S. 424).

Urban Development (HUD), das unter der Leitung des ersten schwarzen Ministers stand und dem Niedergang der Stadtgebiete (urban crisis) entgegentreten sollte. Des weiteren wurden unter Johnson ca. 60 Gesetze im Erziehungsbereich und 40 zum Gesundheitswesen verabschiedet, wobei unter letzteren dem *Medicare Social Security Act* (Krankenversicherung für Alte) besondere Bedeutung zukam. Die Summe dieser Wohlfahrts-Projekte bildete das bislang weitreichendste sozialpolitische Reformpaket in der US-Geschichte, »eine bisher noch nie erreichte Intensivierung progressiver Gesetzgebungstätigkeit« (Guggisberg, S. 286). Inwieweit die genannten Maßnahmen zur Lösung der vielen verschleppten Probleme beitragen würden, war erst noch abzuwarten. Immerhin aber hatte sich nun selbst auf Washingtons *Capitol Hill* die Einsicht durchgesetzt, daß etwas unternommen werden mußte, um den Millionen Unterprivilegierten ein einigermaßen akzeptables Auskommen zu ermöglichen. Die Erkenntnis war im wesentlichen ein Verdienst Johnsons, und seine innenpolitische Leistung sollte fairerweise auch von jenen gewürdigt werden, die diesen Präsidenten wegen seiner außenpolitischen Fehler verurteilen. Zusammen mit den (in Kapitel 3 erwähnten) Bürgerrechts- und Wahlgesetzen für die Schwarzen versprachen jene ökonomischen Hilfsprogramme den bislang benachteiligten gesellschaftlichen Gruppen bessere Start- und Lebenschancen – vorausgesetzt die Finanzierung ließ sich sicherstellen.

Lyndon B. Johnson besaß nicht die charismatische Ausstrahlung eines Kennedy; seine derbe texanische Art wurde spöttisch karikiert. Er war alles andere als ein Medien-Held, doch das Land respektierte seine administrative Effizienz. Als sich Johnson Ende 1964 zur Wahl stellte und gegen den erzkonservativen Barry Goldwater antrat, konnte er den größten Wahlsieg in der amerikanischen Geschichte verbuchen: einen Vorsprung von mehr als 15 Millionen Stimmen. Trotz dieses Triumphes sollte der Präsident wenig Freude an seiner zweiten Amtsperiode haben.

Johnsons Stolperstein hieß Vietnam. Nach einem jahrelangen Kolonialkrieg waren aus dem ehemals französischen Indochina neben einem unabhängigen Laos und Kambodscha zwei de facto separate vietnamesische Staaten hervorgegangen. Um die Wiedervereinigungspläne des kommunistischen Nordens zu vereiteln, stellten sich die USA von Anfang an hinter die Regierung in Saigon und nahmen noch im Jahr der Genfer Indochina-Konferenz (1954) Südvietnam in die SEATO auf. Die wechselnden pro-westlichen Regierungschefs des Südens erwiesen sich jedoch als unfähig, ihr System zu festigen. Die wachsende Unzufriedenheit in der Bevölkerung begünstigte die Untergrundarbeit vom Norden unterstützter nationalistisch-kommunistischer Kräfte, die ab 1960 als »Nationale Befreiungsfront für Südvietnam« (Vietkong) operierten und der Saigoner Regierung vor allem auf dem Lande mit wachsendem Erfolg die Herrschaft streitig machten.

Berücksichtigt man die leidenschaftlich anti-kommunistische Grundeinstellung John F. Kennedys, erscheint es rückblickend fast unvermeidbar, daß dieser Präsident angesichts zunehmender Aktivitäten des Vietkong dem Regime Südvietnams nicht nur beträchtliche materielle Unterstützung angedeihen ließ, sondern bald auch personelle Hilfe gewährte. Bis Ende 1962 waren bereits etwa 10000 sogenannte Militärberater in Vietnam im Einsatz (vgl. O'Neill, S. 80).

Mit dem direkten Eingreifen amerikanischen Militärs in das Bürgerkriegsgeschehen war der erste Schritt zu einer Ausweitung des Vietnam-Konflikts getan. »Nachdem einmal amerikanisches Blut vergossen war, konnte kein Präsident Vietnam aufgeben, denn dies hätte doch bedeutet, daß die amerikanischen Jungs umsonst gestorben waren« (O'Neill, S. 79). Den zweiten Schritt in Richtung Eskalation der Auseinandersetzung unternahm Kennedys Nachfolger Johnson. Nach dem nie bewiesenen Angriff nordvietnamesischer Torpedoboote auf einen US-Zerstörer im Golf von Tongking im August 1964 ließ sich der Präsident (als ziviler Oberbefehlshaber der US-Streitkräfte) vom amerikanischen Kongreß freie Hand erteilen, in Südostasien alle ihm notwendig erscheinenden Schritte einzuleiten, um – wie es wörtlich hieß – »alle bewaffneten Angriffe gegen die Streitkräfte der Vereinigten Staaten zurückzuschlagen und weiterer Aggressionen [der Kommunisten] vorzubeugen« (Tongking Resolution). Als erste Maßnahme befahl Johnson eine Vergeltungsaktion amerikanischer Bomber auf Ziele im Norden. Ab Februar des folgenden Jahres wurden derartige Einsätze regelmäßig durchgeführt; im April 1965 kam es zu ersten Offensiven amerikanischer Bodentruppen. Einsätze von Hubschraubern und Flugzeugen der U.S. Air Force waren in den südvietnamesischen Kampfgebieten zu dieser Zeit schon an der Tagesordnung. In großflächigen *Free-Fire Zones* schoß man nach dem Motto »Aufspüren und Zerstören« (Search and Destroy) auf alles, was sich bewegte – daß dabei auch (oder besser: vor allem) zahllose unschuldige Zivilisten und gelegentlich ebenfalls südvietnamesische Soldaten getötet wurden, galt als unvermeidlich. Bis 1968 wurden von den Amerikanern über Vietnam mehr Bomben abgeworfen als von den gesamten alliierten Luftstreitkräften während des Zweiten Weltkriegs (vgl. Adams, S. 420).

Es gibt kaum ein anderes historisches Dokument, in welchem die offizielle Haltung der US-Regierung in Sachen Vietnam, jenes tiefverwurzelte Sendungsbewußtsein, prägnanter zum Ausdruck käme als in der Rede Präsident Johnsons vom 7.4.1965 an der John Hopkins University (Washington, D.C.). Nachfolgend einige Auszüge:

»Die Welt, wie sie sich in Asien darstellt, ist nicht heiter und friedvoll. Die erste Tatsache besteht darin, daß Nord-Vietnam die unabhängige Nation Süd-Vietnams angegriffen hat. Das Ziel ist die vollständige Unterwerfung.

Natürlich beteiligen sich auch einige Südvietnamesen an den Angriffen auf ihre eigene Regierung. Doch aus dem Norden fließt ein unablässiger Strom von ausgebildeten Soldaten, Nachschub, Befehlen und Waffen nach Süden. Diese Unterstützung ist der Lebensnerv des Krieges.

Und es ist ein Krieg von noch nie dagewesener Brutalität. Kleine Bauern sind Ziel [kommunistischer] Attentate und Entführungen. Frauen und Kinder werden des nachts erdrosselt, weil ihre Männer loyal zu der Regierung stehen. Kleine hilflose Dörfer werden in hinterhältigen Angriffen verwüstet. Städte werden in großem Stil angegriffen, in den Stadtzentren Terroranschläge verübt.

Die verwirrenden Umstände dieses Konflikts vermögen nicht die Tatsache zu verschleiern, daß hier [nur] das neue Gesicht eines alten Feindes zu sehen ist. Es handelt sich um den Angriff eines Landes gegen ein anderes, und Ziel des Angriffs ist ein Freund, bei dem wir im Wort stehen.

Über diesem Krieg – und über ganz Asien – schwebt noch etwas anderes: der immer dunkler werdende Schatten des kommunistischen China. Die Machthaber in Hanoi werden von Peking angestachelt. Dort sitzt ein Regime, das die Freiheit Tibets zerstört hat, Indien angriff und von den Vereinten Nationen wegen seiner Aggressionen gegen Korea verurteilt worden ist. Es [China] ist dies eine Nation, die auf fast allen Kontinenten der Erde die Sache der Gewalt unterstützt. Der Krieg in Vietnam ist Bestandteil eines großangelegten aggressiven Vorhabens.

Was gehen uns diese Tatsachen an? Warum sind wir in Süd-Vietnam?

Wir sind dort, weil wir ein Versprechen zu erfüllen haben. Seit 1954 hat jeder amerikanische Präsident das südvietnamesische Volk unterstützt. Wir haben beim Aufbau geholfen, und wir haben bei der Verteidigung geholfen. Wir sind also seit vielen Jahren die nationale Verpflichtung eingegangen, Süd-Vietnam bei der Verteidigung seiner Unabhängigkeit beizustehen. Ich gedenke dieses Versprechen einzuhalten. Das Wort nicht einzulösen, dieses kleine tapfere Land seinem Feind auszuliefern – und dem, was folgen muß –, wäre ein unverzeihliches Unrecht.

Wir sind ebenfalls dort, um die Weltordnung zu stärken. Rund um den Globus – von Berlin bis Thailand – gibt es Völker, deren Wohlergehen teilweise auf der Überzeugung beruht, daß sie sich auf uns verlassen können, wenn sie angegriffen werden. Vietnam seinem Schicksal zu überlassen, hieße den Glauben all dieser Völker in den Wert der amerikanischen Verpflichtung zu erschüttern. Das Ergebnis wäre zunehmende Unruhe und Instabilität oder sogar Krieg.

Wir sind ebenfalls dort, weil ein hoher Einsatz auf dem Spiel steht. Es soll doch keiner glauben, daß der Rückzug aus Vietnam das Ende aller Feindseligkeiten wäre. Der Kampf würde erst in dem einen Land neu aufgenommen und dann in einem anderen. Eine der wichtigsten Lektionen unserer Zeit ist die, daß der Appetit auf Aggressionen niemals gestillt ist. Sich von einem Schlachtfeld zurückzuziehen heißt lediglich, sich für das nächste bereitzuhalten. Wir müssen in Südostasien – wie wir das in Europa getan haben – mit den Worten der Bibel sprechen: »Bis hierhin sollst du kommen, doch nicht weiter.« (»Hitherto shalt Thou come, but no further.«)

(*A History of the United States*, S. 577f.)

Trotz ihres massiven Luftkrieges erreichten die USA genau das Gegenteil dessen, was sie sich von ihrer haushohen materiellen Übermacht erhofften. »Das einzige Resultat der Bombardierungen bestand in der Stärkung des nordvietnamesischen Widerstandswillens« (Guggisberg, S. 267). Anstatt, wie erhofft, kleinlaut um Verhandlungen zu betteln, verstärkte Ho Chi Minhs Norden nur sein Engagement im Süden und entsandte nun erstmalig größere reguläre Einheiten seiner Armee zur Unterstützung des Vietkong. Als trotz aller Napalmbomben und Entlaubungschemikalien (Agent Orange) die Position des Saigoner Regimes immer desparater wurde, schickte Washington in immer größerem Umfang amerikanische Bodentruppen auf das südostasiatische Schlachtfeld, um in einem, wie man glaubte, befristeten Einsatz das Blatt zu wenden. Doch die hochtechnisierte US-Armee war nicht auf Dschungelkampf eingestellt. Als die ersten 165 000 G.I.s enttäuschend wenig ausrichten konnten, wurde Verstärkung angefordert. Ende 1966 waren 375 000 US-Soldaten im Einsatz, im August 1967 480 000 Mann. Im gleichen Jahr überschritten die Verluste der Amerikaner die 100 000-Mann-Marke (vgl. O'Neill, S. 333); die Opfer unter der Zivilbevölkerung lassen sich nur schätzen.

Und immer noch wollte Präsident Johnson nicht aufgeben. Nach wie vor glaubte er den auf Wunschdenken beruhenden oder gefälschten Erfolgsmeldungen (body counts) und geschönten Lageberichten seiner Militärs. Doch der stets aufs neue als unmittelbar bevorstehend prognostizierte Sieg wollte sich nicht einstellen. Zu der lange überfälligen Umbesinnung (teilweise Einstellung der Bombardierung des Nordens und Friedensgespräche in Paris) kam es erst nach der ebenso überraschenden wie kraftvollen Tet-Offensive des angeblich bereits so gut wie vernichteten Gegners zu Beginn des Jahres 1968.

Das immer massivere Eingreifen der USA in Vietnam hatte schwerwiegende Folgen. Der Militäretat erreichte bis 1968 eine Höhe von 75 Milliarden Dollar, was 56 % des Gesamthaushalts entsprach (vgl. Adams, S. 420). Selbst für ein sehr reiches Land bedeuten solche Ausgaben eine spürbare Belastung. So konnte auf Grund der überaus kostspieligen Kampfhandlungen in Südostasien der »Krieg gegen die Armut« an der Heimatfront nur noch auf Sparflamme geführt werden*. Die Inflationsrate stieg, ebenso das Zahlungsbilanzdefizit; die Position der Vereinigten Staaten im Welthandel wurde geschwächt. Zu Kanonen *und* Butter reichte es, anders als von Johnson angekündigt, nun also doch nicht; alle Hoffnungen auf die »Great Society« wurden im Dschungel Vietnams begraben.

Pazifistische Strömungen hatte es in den Vereinigten Staaten auch schon

---

* Hinzu kam, daß bei den Kongreßwahlen des Jahres 1966 die konservative Allianz zwischen Demokraten aus den Südstaaten und Republikanern (dieselbe inoffizielle Große Koalition hat später Ronald Reagan geholfen) beträchtlich gestärkt wurde, womit nun alle Reformvorhaben in der Legislative einen schweren Stand hatten.

vor Präsident Johnsons Amtszeit gegeben. Man denke z. B. an das *Ban-the-Bomb Movement* der 50er und frühen 60er Jahre, eine Initiative, die sich sowohl grundsätzlich gegen den Bau von Massenvernichtungswaffen als auch gegen die von Atomtests ausgehenden Strahlungsgefahren wandte. Insgesamt aber besaßen die Aktivitäten der amerikanischen Friedensbewegung *vor* Vietnam relativ geringe Durchschlagskraft und beschränkten sich im wesentlichen auf Aufklärungsarbeit, Protestbrief-Kampagnen und spektakuläre Einzelaktionen (z. B. symbolische Blokkaden). Mit dem russisch-amerikanischen *Test Ban Treaty* von 1963 verlor die Atombomben-Diskussion an Brisanz und die Friedensbewegung an Anziehungskraft.

Der militärische Konflikt in Vietnam wurde nun jedoch ab etwa Mitte der sechziger Jahre für die Bevölkerung der Vereinigten Staaten ein immer schwerwiegenderes Problem. Es hat in der Geschichte wohl kaum einen Krieg gegeben, der so ausführlich von den Medien dokumentiert worden ist. Die erdrückende, in Fernseh-Minuten und Zeitungszeilen zu ermessende Präsenz des Dschungel-Infernos *mußte* früher oder später Wirkung zeigen. Schien anfangs vielen die Domino-Theorie noch einleuchtend, hatten im Laufe der Zeit immer weniger Bürger Verständnis für das tagtäglich am Bildschirm mitzuverfolgende »bestürzende Schauspiel, in dem Amerikaner Tausende von Meilen zurücklegten, um mit Schmiedehämmern nach Fliegen zu schlagen« (Pichaske, S. 204). Wer über ein gesundes Urteilsvermögen verfügte (von humanitären Gefühlen ganz zu schweigen), dem wollte irgendwann nicht mehr einleuchten, »daß wir – scheinbar unbeabsichtigt – eben jenes Land zerstören, welches wir angeblich beschützen« (O'Neill, S. 333).

Wollte man den Beginn organisierten Protestes gegen das militärische Engagement in Südostasien an einem Ereignis festmachen, dann an dem ersten Vietnam-Teach-In, das am 24./25. März 1965 an der großen University of Michigan in Ann Arbor stattfand. Auf diesem Geschichte machenden Nachtseminar mit mehr als 3000 Teilnehmern bezogen Professoren öffentlich gegen den Krieg Stellung und diskutierten darüber mit ihren Studenten. Die Idee war ansteckend: In den folgenden Monaten wurden an amerikanischen Colleges und Universitäten mehr als einhundert derartige Veranstaltungen abgehalten. Das größte Teach-In fand am 21./22. Mai auf dem Campus der University of California in Berkeley statt. Rund 30000 Teilnehmer hörten ca. 40 Redner; engagierte Protestsänger wie Phil Ochs und Malvina Reynolds *(Little Boxes)* sorgten für ein künstlerisches Rahmenprogramm. Großes Aufsehen erregte ferner das »International Teach-In« an der kanadischen University of Toronto (8.–10. Okt.), an dem Spezialisten aus mehreren Ländern zu Worte kamen.

Der Grundgedanke der Teach-Ins bestand zunächst einmal darin, den interessierten Zuhörern Informationen und Einschätzungen zu übermitteln, welche in den Medien zu kurz kamen oder völlig unterdrückt wurden. Es begann sich die Erkenntnis durchzusetzen, daß den offiziellen Meldungen über den Vietnamkrieg nicht zu trauen sei, ja daß das Volk von seiner politischen Führung bewußt irregeführt werde. Doch ging es nicht allein darum, das mißbrauchte »Informationsmonopol« der Armee und Regierung zu unterlaufen. Die Teach-In-Bewegung hatte noch andere Hintergründe. Drei zentrale Motive sollen zum besseren Verständnis dieser diffusen Zeit kurz erläutert werden.

1. Bislang war jedwedes Vorgehen gegen kommunistische Aktionen im Ausland von der großen Mehrheit der amerikanischen Öffentlichkeit pauschal gutgeheißen worden, war man doch davon überzeugt, daß eine solche »Eindämmung« im nationalen Interesse liege. Mitte der sechziger Jahre, angesichts des Spektakels in Indochina, begannen immer mehr Bürger diesen Automatismus kritisch zu hinterfragen. Befreiungsbewegungen in der Dritten Welt wurden von vielen nicht länger zwangsläufig als Gegner der Vereinigten Staaten eingestuft, sondern eher als unvermeidbare Folge kolonialer Fehler betrachtet.

2. Die Tatsache, daß der amerikanische Kongreß dem Präsidenten (mit der Tongking-Resolution) praktisch einen Blankoscheck erteilt hatte und das Weiße Haus nun in Indochina nach eigenem Gutdünken schalten und walten konnte, wurde als ein Versagen des Parlaments gewertet, als Verlust legislativer Kontrolle. Prof. Staughton Lynd (Yale) ging auf dem großen Berkeley-Teach-In auf diesen Aspekt ein: »Nicht nur die Schwarzen aus Mississippi haben keine Vertreter in der Regierung der Vereinigten Staaten. In einer Situation, da der Kongreß sein verfassungsmäßiges Recht, Krieg und Frieden zu erklären, an den Präsidenten abgetreten hat, werden wir alle nicht mehr von unserer Regierung vertreten« (Textbeilage zur Folkways-LP *Berkeley Teach-In: Vietnam*, S. 3).

3. Die Teach-Ins gaben nicht zuletzt einer tiefen moralischen Empörung Ausdruck. Der Vietnamkrieg war im Laufe der Zeit zu einer anscheinend unvermeidbaren, akzeptierten Alltagsangelegenheit geworden. Die Medien verbreiteten Horror-Nachrichten mit der gleichen nüchternen Routine wie den Wetterbericht. In einem Artikel für den Londoner *Daily Telegraph* (vom 6. 11. 1964) hat der bekannte Schriftsteller Graham Greene diesen Gedanken einmal aufgegriffen: »Das Befremdende an den Fotos über Folterungen, die in der britischen und amerikanischen Presse veröffentlicht werden, ist, daß diese Bilder mit der Einwilligung der Folterknechte aufgenommen wurden und unter Überschriften erscheinen, welche nicht die Spur einer Mißbilligung erkennen lassen. Sie könnten aus einem Buch über das Leben der Insekten stammen: ›Nach einem erfolgreichen Raubzug ergreift die weiße Ameise gewisse Maßnahmen gegen die rote Ameise.‹ Aber hier geht es doch schließlich nicht um Ameisen, sondern um Menschen. Das andauernde langsame Hinabgleiten der westlichen Welt in die Barbarei scheint sich beschleunigt zu haben. Denn diese Fotos zeigen Folterer, die einer Armee

angehören, die ohne amerikanische Beratung und Unterstützung nicht existieren könnte. Bedeutet dies, daß die amerikanische Führung Folter als ein Mittel der Befragung sanktioniert?«

Diesem abgestumpft-stillschweigenden Hinnehmen des Greuels wollten die Veranstalter der Teach-Ins entgegentreten. Die amerikanische Intelligentia, so wurde wiederholt betont, dürfe nicht den gleichen Fehler machen wie die deutsche im Dritten Reich. Statt das offensichtliche Unrecht schweigend als notwendiges Übel zu akzeptieren, sollten sich die Hochschulen ihrer sozialen Verpflichtung bewußt werden und das Volk aufklären und warnen. In der McCarthy-Ära waren die amerikanischen Intellektuellen zum Schweigen verurteilt, zu Hausarrest in ihrem Elfenbeinturm vergattert worden; mit den Vietnam-Teach-Ins kamen die Akademiker wieder aus ihrem Schneckenhaus hervor.

Die Serie der Vietnam-Teach-Ins fand in den Medien breite Resonanz. Das hatte ganz wesentlich damit zu tun, daß sich hier eben nicht allein aufmüpfige Studenten zu Worte meldeten, sondern auch seriöse, hochangesehene Hochschullehrer unmißverständlich Stellung bezogen. In diesem Zusammenhang ist vor allem Professor Hans Morgenthau zu erwähnen, einer der führenden Experten auf dem Gebiet der Außenpolitik, ein Mann, den man bislang eher zu den Kalten Kriegern gezählt hatte. In Morgenthau und seinen Gesinnungs-Kollegen bekamen McGeorge Bundy (Präsident Johnsons Sicherheitsberater) und dessen Mitstreiter (z.B. Brzezinsky, später Sicherheitsberater unter Carter) ebenbürtige und oft genug überlegene Gegner. Die öffentlichen Vietnam-Streitgespräche (im Rahmen universitärer Teach-Ins oder anderer Podiumsdiskussionen*) zeigten der amerikanischen Öffentlichkeit, daß man die Handlungen und Ziele der Regierung sehr wohl hinterfragen konnte. Der Historiker O'Neill schreibt, die Veranstaltungen »machten den Widerspruch salonfähig. Bislang... hatten sich viele derer, die gegen den Krieg waren, nicht getraut, dies zu sagen. Joe McCarthy, obwohl schon im Grabe, jagte ihnen noch immer Angst ein. Die meisten Teach-Ins wurden von nur einigen wenigen Studenten und Hochschullehrern organisiert. Dennoch: Als diese sich gegen den König erhoben und ihnen nichts widerfuhr, wurden andere ermutigt, es ihnen nachzutun« (O'Neill, S. 143). Rückblickend betrachtet haben die Vietnam-Veranstaltungen den Lauf der Ereignisse auf dem Dschungel-Schlachtfeld selbst nicht beeinflussen können, ihre innenpolitische Bedeutung und Brisanz kann jedoch nicht hoch genug angesetzt werden. Als ebenso neue wie medienwirksame Ausdrucksform außerparlamentarischer Opposition waren die Teach-Ins eine wichtige Wegmarke dieses turbulenten Jahrzehnts.

Die Stimmung im Lande begann langsam umzuschlagen. Am Oster-

---

* Neben den bereits erwähnten Aktionstagen in Ann Arbor, Berkeley und Toronto sind u.a. noch das »National Teach-In« in Washington, D.C. (15.5.65) und die CBS-Fernsehsendung »Vietnam Dialog: Mr. Bundy and the Professors« (21.6.65) zu nennen.

samstag 1965 versammelten sich in Washington, D.C., 12000 Kriegsgegner, in New York City marschierten 14000, die größten Anti-Kriegs-Demonstrationen in der amerikanischen Geschichte. Gemessen an den Massenveranstaltungen der kommenden Jahre waren dies eher unbedeutende Aktionen, von denen sich die Regierung wenig beeindrucken ließ. Da wog die Aufnahme fernsehübertragener Kongress-Hearings unter der Leitung Senator Fulbrights im Januar 1966 bereits erheblich schwerer. Die Kritik aus den Reihen des Washingtoner Polit-Establishments bedeutete für die Vietnam-Gegner eine zusätzliche Legitimierung; »un-amerikanisches Verhalten« (eine Diffamierung, mit der man in den 50er Jahren Kritiker einzuschüchtern pflegte) konnte man ihnen jetzt kaum noch vorwerfen.

Die Johnson-Administration stand mit dem Rücken an der Wand. Die Entrüstung über die vom Weißen Haus verbreiteten Halbwahrheiten und Lügen, die ständig schmerzlicher werdenden eigenen Verluste, die drückende ökonomische Bürde, die Kritik aus befreundeten Staaten, kurz: die sich überschlagenden Hiobsbotschaften ließen den Vietnam-Protest in den Vereinigten Staaten zu einer breiten Massenbewegung selten erlebten Ausmaßes anwachsen. Verglichen damit war das *Civil Rights Movement,* was die Zahl der Engagierten betrifft, eine kleine Initiative gewesen. Im Fall des Vietnam-Konfliktes war der Grad der persönlichen Betroffenheit höher; die Gleichberechtigung der Afro-Amerikaner hatte die Mehrheit der Weißen noch weitgehend unberührt gelassen. Doch als nun Angehörige und Freunde im Dschungel Indochinas Leben und Gesundheit verloren und im Grunde niemand so recht wußte wofür, zogen immer mehr Bürger die Richtigkeit der Entscheidungen des Präsidenten in Zweifel. Das Weiße Haus versprach zwar stets aufs neue Verhandlungen ohne Vorbedingungen (unconditional discussions) mit Nord-Vietnam aufzunehmen, unternahm aber bis Mitte 1968 keinen ernsthaften Versuch, eine Verhandlungslösung zu suchen, wohl wissend, daß das marode Militärregime in Saigon ohne *Air Force* und *Marines* innerhalb weniger Wochen zusammenbrechen würde. »Es gab [für die Regierung] nichts mehr zu diskutieren. Nachdem man sich einmal auf dieses Hasardspiel eingelassen hatte, blieb nichts anderes übrig, als es durchzuziehen« (O'Neill, S. 320).

Der Widerstand gegen den Krieg wurde immer heftiger. »Hey, hey, L. B. J., wie vielen Kindern brachtest du heute den Tod?« (Hey, hey, L. B. J., how many kids did you kill today?), hallten die Sprechchöre durch die Straßen. Wehrpflichtige verbrannten trotz Strafandrohung ($ 10.000 oder 5 Jahre Haft) ihre Einberufungsbescheide (draft cards), tauchten unter oder setzten sich ins Ausland ab, vor allem nach Kanada. Der bekannte Dichter Robert Lowell protestierte in einem von der *New York Times* abgedruckten offenen Brief an den Präsidenten gegen dessen Vietnam-Politik. Cassius Clay ging lieber ins Gefängnis als in den Krieg und verzichtete auf seinen Weltmeistertitel, und Martin Luther King, die Personifizierung versöhnlichen Ausgleichs, nannte die US-

Regierung »den größten Lieferanten von Gewalt in der Welt von heute« und forderte einen sofortigen Waffenstillstand (O'Neill, S. 338). Das Jahr 1967 brachte den Höhepunkt des Widerstandes. Im April demonstrierten ca. 125000 in New York, mindestens 20000 engagierten sich bei den Protestaktionen im Rahmen des »Vietnam Summer«. Im Oktober zogen 75000 empörte Bürger der Vereinigten Staaten vor ihr Verteidigungsministerium (Pentagon), eine dramatische Mammutveranstaltung, die von dem Schriftsteller Norman Mailer in dem Buch *Armies of the Night* (1968) literarisch aufgearbeitet wurde. Dann, am 31. 1. 1968, begannen die kommunistischen Kräfte ihre Tet-Offensive und griffen 36 von 44 südvietnamesischen Provinzhauptstädten gleichzeitig an. Zu keinem Zeitpunkt war die Diskrepanz zwischen der südostasiatischen Realität und den Washingtoner Lagebeurteilungen deutlicher, die Vertrauenskluft (credibility gap) zwischen Volk und Führung größer. Zwei Monate später erklärte Präsident Johnson, daß er sich im Herbst nicht zur Wiederwahl stellen werde.

Die erdrückende Medienpräsenz des Trauerspiels in Vietnam bewirkte u. a., daß daheim die Anliegen der Afro-Amerikaner im öffentlichen Bewußtsein in den Hintergrund rückten. Die schwer erkämpften Reformen, das Bürgerrechtsgesetz von 1964 und das Wahlrechtsgesetz von 1965, stellten zwar bedeutsame Schritte in die richtige Richtung dar, doch gelöst war das Rassenproblem damit noch nicht, zumal beide Gesetzeswerke vor allem für die Südstaaten-Schwarzen von Belang waren. Den Millionen *Blacks* in den großen Metropolen hätte durch die Wohlfahrtsgesetze der Johnson-Administration geholfen werden können, doch konnten diese Wohlfahrtsinitiativen im Schatten des Vietnamkrieges eben nicht die erhoffte Wirkung entfalten. So wuchs unter den rechtlich zwar endlich gleichgestellten, aber nach wie vor ökonomisch unterdrückten Schwarzen (vor allem jene in den Ghettos der großen Städte) die Enttäuschung und Frustration. In gleichem Maße verlor Martin Luther Kings auf Ausgleich und Gewaltlosigkeit bedachte Ethik an Anhängern. Eine neue Generation zorniger junger Männer drängte nach vorn, militante Aktivisten wie Stokely Carmichael. Dessen Forderung nach Selbstverwaltung und aktivem Widerstand der Unterdrückten, »Black Power« (ab 1966), stieß bei vielen seiner desillusionierten farbigen Landsleute auf offene Ohren. Auch die strenge Separatisten-Sekte der *Black Muslims* (Wortführer: Malcolm X, Feb. '65 ermordet; prominentes Mitglied: Cassius Clay, alias Muhammed Ali), die von einer unabhängigen schwarzen Nation träumte, hatte einigen Zulauf. 1966 riefen Bobby Seale und Huey P. Newton die *Black Panther* ins Leben, eine kleine militante Gruppe, die in verschiedene gewalttätige Konfrontationen mit der Polizei verwickelt wurde und etliche Mitglieder durch einen unnatürlichen Tod verlor. In solchen radikalen Aktionsgruppen war stets nur eine Minderheit der Afro-Amerikaner engagiert, doch wuchs unter den schwarzen Bürgern des Landes insgesamt das Selbstbewußtsein. Man begann sich für die Geschichte und Herkunft der eigenen Bevölkerungsgruppe und den afrikanischen Lebensstil zu interessieren, das eigene kulturelle Erbe zu entdecken. Der »Afro-Look« kam auf, die Soul-Musik hatte ihre große Stunde, und nicht wenige waren fortan stolz auf ihre dunkle Haut (»Black is beautiful«). Die von den Medien hochgespielte Unberechenbarkeit der erwähnten Vereinigungen und das demonstrativ an den Tag gelegte Selbstbewußtsein vieler Schwarzer bewirkten allerdings auch, daß die Zahl der Weißen, die sich für die Belange dieser schwer geprüften Bevölkerungsgruppe einsetzten, Mitte der sechziger Jahre deutlich zurückging.

Im August 1965, fünf Monate nach der dramatischen Auseinandersetzung in Selma, Alabama (deren einziger Vorteil darin bestand, daß sie die Verabschiedung der Wahlgesetze beschleunigte), entlud sich im Farbigen-Viertel Watts in Los Angeles der aufgestaute Zorn der Schwarzen in gewalttätigen Krawallen mit Plünderungen und Brandstiftungen*. Es dauerte Tage, bis die 14 000 eingesetzten Nationalgardisten Herr der Lage waren; 34 Menschen kamen ums Leben, 4 000 wurden verhaftet, weite Teile von Watts lagen in Schutt und Asche. Ein Jahr darauf, 1966, wurden die Ghettos von Newark, Cleveland, Chicago, Detroit, New York City und anderer Städte von schweren Rassenunruhen erschüttert. Nun war eingetreten, wovor der schwarze aus Harlem stammende Autor James Baldwin in seinem prophetischen Bestseller *The Fire Next Time* (1963) vergeblich gewarnt hatte. »Burn, baby, burn!« (»Steckt alles an!«) hallte es durch die Straßen, und die Ghettos brannten.

So loderten also Mitte der sechziger Jahre die Flammen nicht allein in fernen asiatischen Dschungeldörfern, sondern auch an der Heimatfront. Viele Stadtviertel der großen amerikanischen Städte wurden im wahrsten Wortsinn heiße Pflaster. Anspannung und Nervosität der Nation wuchsen – und ebenso die Überzeugung einer wachsenden Zahl von Bürgern, daß das Land krank sei und es so auf die Dauer nicht weitergehen könne.

Keimzelle des *Anti-War Movement* und ›Heimat‹ eines großen Teils seiner Aktivisten waren die amerikanischen Universitäten. Dies ist insofern bemerkenswert, als die Friedensbewegung früherer Jahre (z. B. SANE, *Women's Strike for Peace*) überwiegend von Bürgern getragen worden war, die keineswegs mehrheitlich mit dem Hochschulbetrieb zu tun hatten. Die zunehmend brutale Kriegsführung in Vietnam verstärk-

---

* Los Angeles war außer Chicago (und auch hier kam es in jenem Jahr zu Ausschreitungen) die einzige amerikanische Stadt, in der 1965 kein Programm gegen die Armut lief. Im Watts-Ghetto waren 30 % der männlichen Erwachsenen arbeitslos; es gab hier nicht einmal ein Krankenhaus. Die Polizei der Stadt verhielt sich den Schwarzen gegenüber nachweislich notorisch provozierend.

te einen Trend, der in den Jahren der Bürgerrechtsbewegung begonnen hatte: die wachsende Politisierung der Studentenschaft*. In dem Maße, wie sich gegen Mitte der sechziger Jahre das politische Bewußtsein der Studenten weiterentwickelte, sanken Toleranzschwelle und Kompromißbereitschaft. Dabei gingen Empörung über die (Vietnam-)Politik Washingtons und Kritik am amerikanischen Bildungssektor Hand in Hand und verstärkten einander.

Vorreiter der Studenten-Rebellion war wieder einmal Berkeley. Im September 1965 beging die dortige Universitätsverwaltung den ›Fehler‹, das Aufstellen bestimmter Büchertische auf dem Bürgersteig vor dem Haupttor des Geländes der University of California zu verbieten. Für die Studenten war dies ein Akt der Einmischung und Bevormundung. Es kam zu einer Reihe von Protestaktionen, in deren Verlauf mehrfach Polizei gegen die Demonstranten eingesetzt wurde. Die Schlagstöcke bewirkten jedoch nur eine Verschärfung der Auseinandersetzung. Bald ging es nicht mehr um Lappalien wie Büchertische, sondern grundsätzlich um das Recht der Studenten, sich auf dem Campus-Gelände politisch zu äußern *(Free Speech Movement)*.

Zu der verlangten Redefreiheit gesellten sich weitere Forderungen: großzügigere Ausgangs- und Besucherregelungen in den Wohnheimen sowie Verbesserungen und Reformen der Studiengänge. »Participatory democracy« (demokratische Mitbeteiligung) hieß das Ziel und Schlagwort. Als die geforderten Veränderungen vielen nicht schnell genug realisiert wurden, begann ein Teil der Studentenschaft, den Wert der Institution Hochschule schlechthin in Frage zu stellen. Die Universitäten seien zu groß, zu unpersönlich, hieß es; die Hochschullehrer für den einzelnen nicht zugänglich. Der Student wäre lediglich »Rohmaterial« (Mario Savio), das in der »Bildungsfabrik« (knowledge factory) verarbeitet, geformt, zurechtgebogen werde. Bei solch akademischer Massenproduktion könne nichts anderes als gleichförmige »Pingpong-Bälle« herauskommen, jedoch keine unabhängigen Individuen. In Hinblick auf den das gesamte gesellschaftliche Leben des Landes überschattenden Vietnamkrieg wurde nun in teilweise recht polemischer Form die »Komplizenschaft« der Universitäten mit der erschreckend mächtigen Rüstungsindustrie** angeprangert: ohne wissenschaftliche Forschung kein technischer Fortschritt, ohne Spezialisten keine Massenvernichtungs-

---

* Die im Zuge dieser Politisierung entstandenen diversen progressiven Gruppierungen wurden ab 1960 (nach einem Essay des Soziologen C. Wright Mills) mit dem Sammelbegriff *New Left* (Neue Linke) belegt.

**Schon in C. Wright Mills Buch *The Power Elite* (1956) war von einer »ständigen Kriegswirtschaft« die Rede gewesen, und auch Präsident Eisenhower hatte die Nation in seiner Abschiedsansprache vor dem »military industrial complex« gewarnt. Doch erst nach einigen Jahren der Kriegsführung in Vietnam wurden solche Befürchtungen von einer breiten Öffentlichkeit ernst genommen und vor allem von den jungen Leuten aufgegriffen. 1967 waren schätzungsweise 8 Mio. Arbeiter (10 % der Erwerbstätigen) von Rüstungsaufträgen abhängig (3,5 Mio. unter Eisenhower), und 10–20 % des Bruttosozialproduktes wurden für militärische Zwecke ausgegeben (vgl. Adams, S. 425).

waffen. Die Talentsucher der großen Konzerne hatten in diesen Jahren bei ihren üblichen Uni-Besuchen wenig Freude.

Die Unzufriedenheit mit den bestehenden politischen und sozialen Verhältnissen wurde in den sechziger Jahren über die Universitäten hinausgehend ganz allgemein zu einer ausgeprägten Geisteshaltung der amerikanischen Jugend. Mit der Erbitterung über das blutige Inferno in Vietnam und die vielfältigen gesellschaftlichen Unzulänglichkeiten im Lande wuchs die Verachtung der Teens und Twens gegenüber dem etablierten Amerika, das ihrer Meinung nach die alleinige Verantwortung für alles Unrecht trug. Der Country-Sänger Joe McDonald drückte dies einmal so aus: »Die Jugendlichen kriegen spitz, daß die wirklichen Obszönitäten und die wirklich unmoralischen Handlungen vom Establishment verübt werden« (nach Pichaske, S. 72). In dem Slogan »Trau keinem über dreißig« (»You can't trust anyone over thirty«, 1964 in Berkeley geprägt) kam eine profunde Ablehnung des materiellen Rationalismus der Eltern, Lehrer, Politiker und Manager zum Ausdruck. »Es war zum erstenmal in der amerikanischen Geschichte, daß ein gesellschaftlicher Konflikt vom Lebensalter bestimmt wurde« (O'Neill, S. 233). Dieser vielzitierte Generationskonflikt, die sich im Volke auftuende tiefe Kluft, das große gegenseitige Mißtrauen, sollte nicht so schnell wieder zu überwinden sein.

8 Rocksongs mit Pfeffer und Köpfchen

Dylan – ein »Brecht der Musikbox«?

August 1965. HIGHWAY 61 REVISITED erscheint, das sechste Album. 49 Minuten Rock mit Bob Dylan und Mitgliedern der »Hawks« (zentrale Figur: Gitarrist Robbie Robertson), die später als »The Band« bekannt werden sollen und den Sänger auf dessen sensationellen Tourneen begleiten.

Will man die neun Aufnahmen dieser Platte der Übersicht halber kategorisieren, lassen sich zunächst einmal drei Stücke als ›Lieder über Frauen‹ einordnen: *Queen Jane Approximately, It Takes a Lot to Laugh, It Takes a Train to Cry* und *Like a Rolling Stone*.

In *Queen Jane* beschreibt Dylan eine Frau, die auf dem besten Wege zu sein scheint, sich ins Abseits zu manövrieren: Wenn deine Familie dich eines Tages ablehnt, die Blumenhändlerinnen kommen, um ihre Schulden einzutreiben, die Clowns in deinen Diensten in sinnlosem Kampf gefallen sind, dir die ewigen Wiederholungen zum Halse heraushängen und deine Berater dich zu drastischeren Beschlüssen drängen – willst du mich dann nicht besuchen kommen? Es ist schwer zu sagen, ob diese Refrain-Frage als Aufmunterung zu verstehen ist oder kalter Spott sein soll. Manche Kritiker glauben, das Lied sei auf Joan Baez gemünzt, die Folksong-Königin, die nach Dylans Meinung mit ihren Songs in einer Sackgasse gelandet ist. In der fünften Strophe lassen sich gewisse Anhaltspunkte für diese Annahme finden: Die Räuber, denen Jane bibelgerecht auch die andere Wange zum Schlage hinhält, beschweren sich, halten sie offenbar für eine Spielverderberin. Vielleicht ist hier ja tatsächlich die idealistische Pazifistin Joan Baez angesprochen.

In dem getragenen Song *It Takes a Lot to Laugh* präsentiert sich Dylan als gefühlvoller Bluessänger. Die Aufnahme gehört zu den musikalischen Leckerbissen dieser Platte. Unter den Begleitinstrumenten kommt dem mit lockerer Hand (überwiegend in höheren Tonlagen) gespielten Piano herausragende Bedeutung zu, da es das durchgängige schwere Stampfen des Schlagzeugs abmildert. Auch die klagende Mundharmonika zwischen den Strophen und in dem vergleichsweise langen Nachspiel erhöht den klanglichen Reiz dieser Produktion.

In den ersten beiden Strophen wird das traditionelle Folksong-Motiv ›Eisenbahn-Fahrt‹ aufgegriffen; der Wunsch nach Freiheit und Erlebnissen schwingt da mit, genauso aber Abschiedsschmerz und Liebeskummer. In der dritten Strophe kommt die Furcht vor dem drohenden Winter zum Ausdruck, und dann klingt ein Thema an, das bereits im Mittelpunkt des Liedes *All I Really Want to Do* stand: »Ich möchte dein Geliebter sein, Baby, aber doch nicht dein Boss.« Als wolle er sein Lied nicht mit diesen konstruktiven Worten enden lassen, schiebt der Songschreiber zum Schluß noch schnell eine Warnung nach: »Komm mir aber ja nicht und sage, ich hätte dich nicht gewarnt, wenn dein Zug im Nirgendwo landet!« *It Takes a Lot to Laugh, It Takes a Train to Cry* – wie schwer tun wir uns mit dem Lachen, wie schnell ist uns zum Weinen zumute.

Von einer Frau handelt auch *Like a Rolling Stone,* eine der bekanntesten Dylan-Nummern und für viele die beste. Das Stück ist seit Juni 1965 mit großem Erfolg als Single auf dem Markt und bei Erscheinen der LP *Highway 61 Revisited* im August bereits oben in den Hitparaden. Musikalisch lebt es von der durchgängig präsenten elektronischen Orgel und dem kontrapunktischen Piano (beides Al Kooper), dem rhythmischen Rasselschlag eines Tamburins (Schlagzeug nur sehr dezent), einer unaufdringlichen E-Gitarre (Mike Bloomfield) – und natürlich von Bob Dylans eindringlicher Stimme. Trotz des flotten Tempos ist jedes Wort deutlich zu verstehen. Die Produktion ist eine selten gelungene Einheit aus Musik, Gehalt und Präsentation, und wenn ein Lied es verdient hat, »Hitparadenstürmer« (Liederschmitt, Bd. I, S. 85) zu werden, dann dieses. Außer *Blowin' in the Wind* und *Tambourine Man* hat noch keine Komposition Dylans so großen Erfolg gehabt, nur daß diesmal der Urheber selbst in der Hit-Version zu hören ist, nicht andere Künstler, die sein Stück auf ihre Weise aufpolieren. *Like a Rolling Stone* – Bob Dylans erster populärer Hit und ein Meilenstein in seiner Karriere.

Es gab Zeiten, da hast du dich rausgeputzt
und den Pennern einen Groschen zugeworfen in deiner Blüte,
hab' ich recht?
Damals hat man dich gewarnt: »Paß auf, Puppe, das geht schief!«
Aber du hast nur gedacht, die wollten dich veralbern,
hast dich lustig gemacht über alle, die auf der Straße lagen.
Jetzt sprichst du nicht mehr so laut,
scheinst jetzt gar nicht mehr so stolz,
mußt zusehn, wo du deine nächste Mahlzeit herkriegst.

Die beste Schule hast du besucht, klar, mein einsames Fräulein.
Aber du weißt, man hat dir da nur was vorgemacht.
Keiner hat dir dort beigebracht, wie man sich durchschlägt,
und jetzt stellst du fest, daß dir nichts anderes übrigbleibt.
Du wolltest dich niemals einlassen mit dem mysteriösen Tramp,
doch jetzt erkennst du, er verkauft keine Alibis,
als du in seine leeren Augen starrst
und ihn fragst, ob er mit dir handeln will.

Du hast dich nie umgedreht und das Stirnrunzeln der Taschenspieler und Clowns gesehen,
als sie alle kamen und dir ihre Tricks vorführten.
Du hast nie begriffen, daß es nicht in Ordnung ist,
andere die Prügel für dich einstecken zu lassen.
Du bist in einem Chromschlitten rumkutschiert mit deinem Diplomaten,
der 'ne Siamkatze auf der Schulter sitzen hatte.
Ist es nicht bitter, einsehen zu müssen,
daß er gar nicht so irre war, wie du dachtest,
nachdem er dir alles genommen hatte, was er nur konnte?

Prinzessin auf der Erbse und all die feinen Leute,
die trinken und denken, sie hätten's geschafft
und alle möglichen teuren Geschenke austauschen.
Schnapp dir jetzt deinen Diamantring und trag ihn lieber ins Pfandhaus.
Was hast du dich früher amüsiert
über den zerlumpten Napoleon und seine Sprache.
Geh jetzt zu ihm, er ruft dich, du kannst nicht ablehnen,
wer nichts hat, hat auch nichts zu verlieren,
du bist nur noch Luft jetzt, zu verbergen hast du nichts mehr.

Ähnlich wie *Blowin' in the Wind*, *Hard Rain* und vielleicht auch die spätere Nummer *Just Like a Woman* hat auch in *Rolling Stone* der Refrain besondere Bedeutung. Noch viele Jahre später (etwa auf der internationalen Tournee von 1981) wird ein vieltausendköpfiges Konzert-Publikum diese klassischen Verse inbrünstig mitsingen und so die in den Strophen aufgestaute Spannung entladen. »How does it feel...?«

Sag, wie fühlst du dich,
sag, wie fühlst du dich
so total allein,
so ganz ohne Heim
und Namen zu sein
wie ein rollender Stein?

Like a Rolling Stone spiegelt Ernüchterung wider, bitteres Erwachen. Da wird in gewisser Weise schadenfroh und stellenweise ziemlich bissig geschildert, wie jemand auf die Nase fällt. Arroganz und Selbstüberschätzung zahlen sich nicht aus im Leben. Scaduto, der sich auf ein entsprechendes Statement des Songschreibers beruft, sieht das Lied als Racheakt: »Ein zorniger Dylan, der Leuten das Messer reinstößt, die ihn verletzten« (Scaduto, S. 339). Doch *Like a Rolling Stone* ist mehr als das entblößende Bildnis einer bestimmten Person. Viele Hörer und Kritiker sehen das Schicksal der »Miss Lonely« als Gleichnis: Feine Schule und Schickeria-Getue bringen dich im Leben nicht weiter. Wer nicht lernt, sich in der rauhen Realität des Alltags zurechtzufinden, der wird baden gehen. Erwarte von niemandem Beistand und Rückendeckkung, im Grunde stehst du allein da und mußt selber sehen, wie du fertig wirst.

Das Erfolgsstück macht einmal mehr deutlich, daß Dylans Songtexte mehrschichtig sein können: Die in den Versen geschilderte Handlung, der konkrete *Inhalt*, braucht nicht mit der zwischen den Zeilen versteckten oder durch die Atmosphäre der Aufnahme erzeugten *Aussage* deckungsgleich zu sein. So kann je nach Bewußtseinsstand, Einfühlungsvermögen und interpretativer Phantasie ein und dasselbe Lied von den einzelnen Hörern unterschiedlich aufgenommen werden; *Like a Rolling Stone* eben als schadenfrohes Das-hast-du-nun-davon oder als

Aufruf an die Jugend, sich nicht vom trügerischen Glanz seichten *Society*-Daseins blenden zu lassen, gesellschaftlichen Ballast abzuwerfen (»Dylan sagt seinem Publikum, daß der sichere Mittelklasse-Trip vorbei ist«, Sarlin, S. 58). Die Mehrdeutigkeit eines Textes ist kein Qualitätsmanko, es spricht eher für das künstlerische Talent eines Autors, wenn seine Songs sich verselbständigen und ein Eigenleben entwickeln.

Die verbliebenen sechs Stücke der Platte machen eine zuordnende Etikettierung nicht leicht. Einige Lieder weisen jedoch insofern inhaltliche Gemeinsamkeiten auf, als sie unter Drogeneinfluß entstanden sein dürften und auch entsprechende Anspielungen enthalten.
Just Like Tom Thumb's Blues ist so ein Drogenlied mit autobiographischen Passagen in der ersten Person. Da steht einer im Regen in Juarez, der nordmexikanischen Stadt gleich hinter der amerikanischen Grenze. Er ist in einem jämmerlichen Zustand, drogenverkatert, völlig auf den Hund gekommen. Er hat den Eindruck, schwerelos zu sein; die Finger fühlen sich an, als seien sie ineinander verknotet. Dringend braucht er einen neuen »Schuß«, findet aber nicht die Kraft aufzustehen. Juarez hat nur Schräges zu bieten: In der Rue Morgue Avenue lauern die Huren, Frauen wie jene »süße Melinda«, die die Männer erst ausnehmen und »dich dann den Mond anheulen lassen«. Es stehen auch jede Menge Ordnungshüter herum, die sich zweifelhafter Taten rühmen, und von einem »Angel« von der (amerikanischen) Westküste ist die Rede, dem hier Böses widerfahren ist. (Liederschmitt vermutet, es handele sich um einen Rocker der Hells Angels, der von der Polizei zusammengeschlagen wurde. Bd. I, S. 87) Dabei hatte alles harmlos angefangen, mit Rotwein, »doch schon bald griff ich nach härteren Sachen«. Alle hatten versprochen, ihm beizustehen, aber als es ihm dreckig ging, war niemand zur Stelle. »Ich geh jetzt heim nach New York / ich glaub', ich hab die Nase voll.« *Tom Thumb's Blues* – böses Erwachen von einem Drogen-Trip ins ach so tolle Mexiko.
Der wirre Song *From a Buick 6* enthält ebenfalls Passagen, die man als Drogen-Anspielungen werten könnte (s. a. Gray, S. 234). Von einem »Schrottplatz-Engel«, der ihm »Brot« zusteckt, ist da die Rede und von einer kaputten Pipeline (zerstochene Vene?). Der Titel des Liedes (Buick 6 ist ein beliebter Mittelklasse-Sechszylinder) kann wohl damit in Verbindung gebracht werden, daß Dylan in jener für ihn sehr hektischen Zeit hin und wieder Songs im Auto schreibt: Zurückgelehnt ins weiche Rücksitzpolster, möglicherweise berauscht, vor dem Autofenster passiert die Welt Revue – Neonlichter, Häuser, Gesichter. Diese sonderbaren Entstehungsbedingungen mancher Songs der Rock-Phase (andere verfaßt er im Studio kurz vor der Aufnahme) sollte mit einbeziehen, wer sich zum x-ten Mal ein bestimmtes Lied anhört und noch immer keinen Sinn darin finden kann. Berauschte, heißt es, sprechen oft die Wahrheit – aber auch viel dummes Zeug.

Auch der *Tombstone Blues* (Grabstein-Blues), ein rasend schnell ge-
spielter Rock-Song mit penetrantem Schlagzeug, orgelverstärktem Refrain und einigen fetzigen Gitarren-Läufen zwischen den Strophen, ist
mehr Nonsens-Nummer als irgend etwas anderes. Eine ganze Reihe
historischer Figuren (von Johannes dem Täufer über Galilei bis Beetho-
ven) tauchen da in denkbar makaber-absurden Situationen auf, und am
Ende des fast sechsminütigen Irrwitzes muß sich der Hörer leicht
beklommen fragen, »Was soll's«? Bob Dylan mag ja ein begnadeter
Poet sein (mehr hierzu im weiteren Verlauf dieses Kapitels), aber sagt
man nicht auch, daß Genialität und Wahnsinn dicht beisammen
liegen?
Aus dem Fehlen einer erkennbaren (möglichst ›gesellschaftsrelevan-
ten‹) Aussage jedoch Vorwürfe abzuleiten, wie das manche Kritiker
tun, ist anmaßend. Ein energiegeladener, innerlich zerrissener junger
Mann von Mitte zwanzig sollte auch das Recht haben, sich einmal
auszutoben und Dampf abzulassen. Muß ein Lied partout einen höheren
Sinn besitzen? Auch das Medium als solches kann ›Botschaft‹ sein. Bob
Dylan ist kein Essayist, er ist Songschreiber, also sowohl Texter als auch
Musiker (was oft übersehen wird), und Musik dient nun einmal primär
der Unterhaltung, auch wenn manche Enthusiasten einen intellektuellen
Kult daraus machen. Liedern wie *Tombstone Blues, From a Buick 6* und
einigen anderen Stücken dieser Rock- und Drogen-Phase sollte man sich
nicht verkrampft verstandesmäßig nähern, sondern sie besser als Rock,
Rock*musik* auf sich wirken lassen, als den in Rhythmus und Klänge
umgesetzten Ausdruck eines ungestümen Naturells und einer in vieler
Hinsicht chaotischen Zeit.

Mit *Ballad of a Thin Man* hat der Kritiker es dagegen wieder etwas
leichter. ›Held‹ des Songs ist ein gewisser Mr. Jones. Dieser gerät in von
Strophe zu Strophe zunehmend verwirrende Situationen, die so neu für
ihn sind, daß er nicht weiß, wie er sich verhalten soll. Zur Veranschau-
lichung die erste Strophe:

Du betrittst einen Raum,
den Bleistift in der Hand,
du siehst jemanden nackt,
und du sagst, »Wer ist dieser Mann?«
Du gibst dir größte Mühe,
aber du verstehst einfach nicht;
was sollst du bloß sagen,
wenn du nach Hause kommst?

Die meisten anderen Strophen sind nach ähnlichem Muster gestrickt.
Der arme Mr. Jones hat Erlebnisse – zum Teil wahrscheinlich homo-
sexueller Art –, die er nicht in seine Erfahrungswelt einzuordnen

vermag*. Die von Dylan geschilderten Begebenheiten sind auch in der Tat denkbar befremdend. Der Songschreiber scheint in seinen Versen absichtlich eine widersprüchliche, provozierend anomale Welt entwerfen zu wollen und sich an der Irritation seines Opfers zu weiden.

In der vierten und fünften Strophe erfährt man dann auch die Ursache für das Unvermögen des unglücklichen Mr. Jones, sich in solch merkwürdigen Situationen zurechtzufinden: Dylans ›Held‹ stammt aus einem gänzlich konträren Lebensbereich:

> Du hast viele Bekannte
> unter den Holzfällern,
> um zu erfahren was Sache ist,
> wenn jemand deine Vorstellungen angreift.
> Aber niemand hat Respekt,
> man erwartet von dir lediglich,
> daß du mal einen Scheck ausstellst
> für wohltätige Zwecke, steuerabzugsfähig.

> Du hast dich mit den Professoren abgegeben,
> und denen gefiel dein Gesicht,
> mit großen Anwälten hast du
> über Aussätzige und Betrüger diskutiert.
> Du hast alle Bücher von F. Scott Fitzgerald durch,
> bist sehr belesen,
> das ist bekannt.

Wer aus solchen etablierten Verhältnissen stammt, steht natürlich einer spontan-emotionalen, ›ausgeflippten‹ Welt ganz und gar desorientiert gegenüber. Hämisch schadenfroh spottet Dylan im Refrain:

> Denn hier ist etwas im Gange,
> doch Sie wissen nicht was,
> nicht wahr, Mr. Jones?

Ballad of a Thin Man wird von vielen als Attacke gegen einen bestimmten Typ des nervenden Journalisten verstanden, gegen Leute, die sich für ach so gebildet und sachkundig halten, aber im Grunde doch nichts verstehen. Andere Kritiker sehen das Lied erheblich weiter gefaßt als Beitrag zum Thema ›Generationskonflikt‹: Die rational denkenden Erwachsenen können die emotionale Revolte der jungen Generation beim besten Willen nicht nachvollziehen. Mr. Jones, »der ehrbare Mann auf der Straße« (Mellers in McGregor, S. 402), sieht fassungslos und

---

* Dylans derzeitige persönliche Situation ist der von Jones nicht unähnlich. Auch der Songschreiber – plötzlich berühmt und von allen Seiten bedrängt – befindet sich auf einmal in grundlegend neuen Lebensumständen, mit denen er zunächst nur schwer fertig wird.

erschrocken zu, wie sich auf einmal alles um ihn herum wandelt. »Hier ist etwas im Gange, doch Sie wissen nicht was« – dieser Satz, so Ralph Gleason, »wurde ein Schlagwort zur Beschreibung des Generationskonfliktes« (Gleason in Denisoff/Peterson, S. 141).

Ballad of a Thin Man hat Schwächen. In der Schlußstrophe vergleicht Dylan Mr. Jones gehässig mit einem Kamel, rät giftig, er solle sich doch Ohrenschützer überstülpen, und fordert schließlich gar ein Gesetz, das Leuten wie ihm den Zutritt verwehrt. Diese Passage ist in ihrer Selbstgerechtigkeit ein bedauerlicher Rückfall in *Masters-of-War*-Zeiten. Der Songschreiber zeigt in seinem Aufbegehren keinerlei Kompromißbereitschaft und Verständnis, und Landau charakterisiert die Aussage des Stückes zu Recht als völlig überzogen. Mr. Jones, so heißt es, werde die Schuld an der sich verbreitenden Generationskluft zugeschoben, als sei er (und damit die Eltern-Generation) deren einziger Verursacher (Landau in McGregor, S. 256). Der Unterschied zwischen diesem Song und den Botschaften der ersten Periode besteht mithin nicht darin, daß Dylan hier differenzierter argumentiert, sondern schlicht anders. Der Songschreiber wirft den Eltern nicht mehr vor, ihre Ansichten seien überholt, und verlangt, neuen Ideen eine Chance zu geben (wie in dem Lied *The Times They Are A-Changin'*), sondern hat inzwischen offenbar den Schluß gezogen, daß eine Verständigung zwischen den Generationen sowieso kaum mehr möglich ist. Die Kluft zwischen »jung« und »alt« klafft bereits zu weit und, so muß man nach diesem Lied meinen, fast unüberbrückbar auseinander. Dylan protestiert nicht mehr (und Protest war immerhin noch eine Form der Kommunikation), sondern resigniert, und in solchen Momenten flüchtet er sich in Spott und Sarkasmus.

Der Titelsong dieser sechsten LP, *Highway 61 Revisited*, ist eine der interessantesten Aufnahmen des Albums. Highway 61 heißt eine Bundesstraße, die von Minneapolis den Flußtälern des Missouri und Mississippi folgend nach New Orleans führt, also in Nord-Süd-Richtung quer durch die USA verläuft, vom *Middle West* bis in den *Deep South*. Während der großen Amerika-Tournee des Jahres 1964 fährt Dylan streckenweise diese Straße, doch will er sie schon vor seiner Ankunft in New York hinuntergetrampt sein (vgl. *My Life in a Stolen Moment, Texte und Zeichnungen*) – daher also der Titelzusatz »Revisited«. Wiedersehen mit der Highway 61.

Das schnelle Lied beginnt mit einem hohen Heulton, der (laut Plattenhülle) eine Polizeisirene darstellen soll. Dann folgt ein in die US-amerikanische Neuzeit übertragenes Bild aus dem Alten Testament:

Gott sprach zu Abraham: »Töte mir deinen Sohn.«
Abe sagt: »Mann, du willst mich wohl veralbern.«
Gott sagt: »Nein.« Abe sagt: »Was?«
Gott sagt: »Du kannst tun, was du willst. Abe, aber

wenn du mich das nächste Mal kommen siehst, lauf lieber weg.«
Nun, Abe sagt: »Wo soll denn der Opfertod stattfinden?«
Gott sagt: »Draußen auf der Highway 61.«

Damit ist nicht ungeschickt eine Überleitung aus biblischen Zeiten in die
Moderne vollzogen. Die Highway 61, auf der ein von Gott unter Druck
gesetzter Abraham nun seinen Sohn opfern soll, fungiert im weiteren
Verlauf des Stückes als Bindeglied zwischen Szenen, die inhaltlich
zunächst wenig miteinander zu tun haben. So ist in der zweiten Strophe
von einem »Georgia Sam« mit blutiger Nase (dem unterdrückten Südstaaten-Schwarzen?) die Rede, der seine Heimat verlassen will. Auf die
Frage »Wohin?« gibt ihm der gewehrbewehrte Ol' Howard den Tip: »Da
entlang, die Highway 61 hinunter.« Auch in der dritten Strophe erweist
sich die Straße als willkommener Ausweg. »Mack the Finger« möchte 40
US-farbene (rot-weiß-blaue) Schuhbänder sowie eintausend nicht funk-
tionierende Telefone loswerden und weiß zunächst nicht, wohin damit.
Doch »Louie the King« hat den rettenden Einfall: »Bring einfach alles
runter auf die Highway 61.« In der vierten Strophe erlebt man eine kurze
Episode aus einer verwirrend-diffusen Familiengeschichte. In deren
Verlauf will sich eine Tochter, warum auch immer, über ihren zu hell
geratenen Teint beschweren, kann aber ihre Mutter nicht finden, denn
die gute Frau ist gerade mit einem ihrer Söhne unterwegs – »draußen auf
der Highway 61«. Die fünfte und letzte Strophe macht die Schwäche der
vorausgegangenen Passage durch ein originelles Bild wieder wett:

Nun, der fahrende Spieler langweilte sich sehr
und machte sich daran, einen neuen Weltkrieg zu inszenieren.
Er fand einen Promoter, der fiel fast vom Stuhl. Er sagte:
»Mit so was habe ich bis jetzt noch nichts zu tun gehabt.
Aber, ja, ich glaube, das läßt sich schon drehn.
Wir stellen einfach ein paar Tribünen in die Sonne
und machen es auf der Highway 61.«

Highway 61 Revisited wird von den Kritikern übereinstimmend als ein
Porträt der amerikanischen Gesellschaft eingestuft; die Asphalt-Piste
fungiert sozusagen »als Bühne, auf der die Grausamkeiten des Alltagslebens dargestellt werden« (Parker, S. 46). Dieser Ansatz hat einiges für
sich. Wenn man die Highway 61 mit ›US-Gesellschaft‹ gleichsetzt,
erhalten die bislang nur mühsam in Einklang zu bringenden Schnapp-
schüsse einen Zusammenhang und ergeben eine zumindest halbwegs
nachvollziehbare Fotomontage. In den Vereinigten Staaten, läßt sich
nun folgern, ist grundsätzlich alles denkbar, wird Unmögliches möglich:
Den Schwarzen schlägt man die Nasen blutig, es wird patriotischer
Kitsch verkauft und Sinnloses produziert. So kommerzialisiert ist dieses
System, daß man selbst Kriege anzettelt, wenn dies nur profitträchtig
genug erscheint.

Ein Vergleich zwischen der Schlußstrophe dieses Liedes und den frühen Anti-Kriegs-Liedern zeigt erneut den Wandel, den der Songschreiber inzwischen durchgemacht hat. Das Bild vom ›bösen Boss‹ (im Song *Masters of War*), der sich über Schlachten-Statistiken die Hände reibt, ist der Vision einer Gesellschaft gewichen, die auf Tribünen am Straßenrand plaziert dem Total-Theater einer zu ihrer Unterhaltung aufgezogenen Kriegsschau beiwohnt. Haßerfüllt übersteigerte Anklage hier, sarkastisches Achselzucken da; von einer (in seinen Augen) heruntergekommenen Nation, so scheint Dylan deutlich machen zu wollen, kann man eben nicht mehr erwarten.

Der Highway 61 führt geradewegs zur Desolation Row. Das 120zeilige Lied dieses Namens ist nicht nur das längste, sondern auch das vielschichtigste Stück dieser Platte. Wenn man Dylans frühe Protestsongs als Schwarzweißmalerei einstuft und die meisten Lieder zu Beginn der zweiten Phase dagegen als vielfarbig charakterisiert, verdient *Desolation Row* das Attribut ›kaleidoskopisches Farbspektakel‹. Was Dylan hier zwölf Strophen lang abrollen läßt, gleicht einem pompösen Ball, auf dem ein gehässig-amüsierter Beleuchter mit einem erbarmungslos grellen Scheinwerfer einzelne Personen(-Gruppen) anstrahlt, sie so sekundenlang im wahrsten Sinne des Wortes ans Licht zerrt und sie dann abblendend wieder in der Unauffälligkeit der Masse verschwinden läßt.
Eine der ersten Figuren, die der Songschreiber ins Licht rückt, ist der sich wie in Trance bewegende blinde Polizeichef. Ein paar Schritte weiter sehen wir die beschäftigungslosen Beamten des Überfallkommandos und schließlich ein gut gelauntes Aschenputtel (Cinderella), das gerade die Straße fegt. Es ist Nacht, doch in der Desolation Row geht das Leben weiter. Der gute Samariter zieht sich für einen Auftritt um, und dort hinter dem Fenster sitzt auch Ophelia und beobachtet das Treiben auf der Straße. Sie feiert heute Geburtstag, den zweiundzwanzigsten, und fühlt sich schon als alte Jungfer. Ihre große Sünde, so erfährt man, ist ihre Leblosigkeit (lifelessness). Scheinwerferschwenk. Einstein erscheint, als Robin Hood verkleidet, in Begleitung eines eifersüchtigen Mönchs.

Er sah so echt zum Fürchten aus,
als er eine Zigarette schnorrte,
und dann ging er los und schnüffelte an Abflußrohren
und rezitierte das Alphabet.
Niemand würdigt ihn heute eines Blickes,
doch er war einmal berühmt vor langer Zeit:
er spielte die elektrische Geige
in der Desolation Row.

Als nächstes taucht ein Dr. Filth in Dylans Lichtkegel auf. Er trägt seine Welt in einem Lederbecher, welchen er vor den Anschlägen geschlechtsloser Patienten hüten muß. Währendessen ist seine Assistentin, eine heruntergekommene Krankenschwester, für die Zyankali-Vorräte verantwortlich sowie für die Kärtchen mit der Aufschrift, »Gott sei seiner Seele gnädig«. Der Blick fällt auf Casanova, der gerade gefüttert wird. Dann ist Geisterstunde.

Jetzt um Mitternacht kommen die Agenten
und die übermenschliche Crew hervor,
und sie treiben alle diejenigen zusammen,
die mehr wissen als sie.
Dann schafft man sie in die Fabrik,
wo ihnen die Herzanfall-Maschine
umgeschnallt wird.
Und dann wird Kerosin
aus den Schlössern heruntergebracht
von Versicherungsleuten, die aufpassen,
daß niemand entflieht
zur Desolation Row.

Wer jetzt noch in der Lage ist, den Ereignissen weiter zu folgen, kann die Titanic vorbeisegeln sehen, auf deren Brücke die Dichter T. S. Eliot und Ezra Pound gerade miteinander kämpfen, während man sich unter den Zuschauern erregt fragt: »Auf welcher Seite stehst du?« (Titel eines alten Gewerkschaftsliedes). Die Calypso-Sänger jedoch, die Fischer mit ihren Blumen und die schönen Meermaiden nehmen dies alles ganz und gar nicht ernst – sie sind die einzigen, die lachen.

Eine solche Bildfülle reizt zur separaten Behandlung der Detail-Elemente, und so haben sich auch manche Kritiker mit Phantasie und Akribie an den einzelnen Versen versucht. Dylans Wahrsagerin (3. Strophe), so erfährt man z. B. bei Parker, sci cinc archetypische Figur, die »mit Okkultischem und Bösem zu tun hat« (S. 48), und der eifersüchtige, Einstein begleitende Mönch repräsentiere die Verstimmung der Kirche gegenüber den »subversiven« Ideen des großen Forschers (S. 49). Die Titanic, weiß Gray zu deuten, stehe für das Moderne, das Zukünftige, für Zivilisation und Fortschritt, Ideale, die (wie das Schiff) zum Scheitern verurteilt seien (Gray, S. 179). Der nicht reizlose Reigen von Interpretationsansätzen ließe sich fortsetzen.

Nach den Erfahrungen bei der Analyse anderer Dylan-Texte weiß man, daß es von Vorteil sein kann, einen Song auch einmal wie ein Gemälde aus einigem Abstand wirken zu lassen. Diese Erkenntnis gilt für das opulente *Desolation Row* natürlich in ganz besonderer Weise. Wenn das Stück übrigens trotz seiner gut elf Minuten Länge den Hörer nicht etwa erschlägt, dann liegt dies an der musikalischen Präsentation dieser Monstershow. Die sauber produzierte Nummer mittleren Tempos hat eine ausgesprochen gefällige Melodie, die in eigenartigem Kontrast zum turbulenten Inhalt steht. Eine unaufdringliche akustische Gitarre gibt den Rhythmus an, während eine E-Gitarre ebenso gefühl- wie phantasievoll die Grundphrase der Melodie in höheren Tonlagen immer wieder neu variiert. Für zusätzliche Klangfülle sorgt ein flotter Bass im Hintergrund. Schlagzeug, Orgel und Piano fehlen, so daß *Desolation Row* im Vergleich zu anderen Songs der Rock-Phase fast wie eine ›akustische‹ Aufnahme wirkt.

In einem anderen Lied dieser Platte *(From a Buick 6)* heißt es: »Ich brauche einen Kipplaster, um meinen Kopf zu entladen.« Diese Vorstellung setzt Dylan in *Desolation Row* in die Tat um. Er kippt einem hier sozusagen seine angehäuften Eindrücke vor die Füße. Möglicherweise geschieht dies in Beantwortung eines Briefes. »Ja, ich habe deinen Brief gestern erhalten«, heißt es in der Schlußstrophe. »Du fragtest, wie es mir geht – soll das ein Scherz sein?« Er habe die in jenem (mysteriösen) Schreiben erwähnten Leute, so erfährt man weiter, in seiner Antwort allerdings umgetauft und alles neu arrangiert; tatsächliche Namen und Lokalitäten werden nicht genannt.

Die Grundstimmung der so abgeladenen Impressionen ist eine Mischung aus Karneval und Begräbnis, Gruselkabinett und Kindergeburtstag, kurz: komprimiertes Chaos. Zu Recht weisen verschiedene Autoren darauf hin, daß man dieses Lied in Zusammenhang mit den im Tenor ähnlichen Stücken *It's Alright, Ma* und *Highway 61* sehen müsse. So schreibt Jon Landau, die Aufnahme sei »eine logische Erweiterung der *It's Alright, Ma*-Stimmung und eine großartige Leistung. Diese zwei Songs zusammengenommen geben uns wirklich ein phantastisch reales Bild der guten alten USA« (Landau in McGregor, S. 257). In ähnlichem Sinne heißt es bei Harloff, *Desolation Row* und *Highway 61* seien Schlagwort-Register des amerikanischen Zeitgeistes (Harloff, S. 56). Liederschmitt wertet das Stück als »eine der ganz großen apokalyptischen Visionen vom amerikanischen Alptraum« (Bd. I, S. 88), und Hetmann hält die Aufnahme für »eine der kritischsten und schrecklichsten Ansichten, die jemals von Amerika gegeben worden sind« (Hetmann, S. 109). Michael Gray sieht den Song als »brillante politische Analyse der amerikanischen Gesellschaft« (Gray, S. 176), und der Kritiker-Papst Gleason betrachtet die Verse als »prophetische Vision eines Dichters von der amerikanischen Wirklichkeit« (Gleason in Denisoff/Peterson, S. 142). Diesen im Kern deckungsgleichen Einschätzungen entsprechend läßt sich somit folgendes festhalten: Bob Dylans *Desolation Row* ist ein abstraktes Bildnis des Zeitgeistes und Zeitgeschehens in den USA der sechziger Jahre.

Daß der Songautor einen desillusioniert-pessimistischen Eindruck von seiner Heimatgesellschaft hat, ist bereits mehrfach deutlich geworden. Doch als derart chaotisches Durcheinander wie in *Desolation Row* hat Bob Dylan seine Welt nicht einmal in dem Stück *Highway 61* dargestellt. Das Leben ist eine einzige Groteske: Die Figuren haben in dem ansonsten ohne roten Faden ablaufenden Lied nur eines gemeinsam: die

Sinnlosigkeit ihrer Handlungen. Von allen Kritikern gelingt es Scaduto noch am besten, die Aussage der zehn Strophen kompakt und akzeptabel zusammenzufassen:

»[Dylan] führt uns hinunter in eine Hölle, die unsere Gegenwart ist; es ist eine elf Minuten lange Freak-Show, die eine von Wahnsinnigen beherrschte Welt der Entfremdung porträtiert; eine Welt, in der die Menschheit ihren inneren Möglichkeiten entfremdet worden ist und der einstmals freie Geist des Menschen so total erstickt von einer eindimensionalen Gesellschaft, daß er Lügen als Wahrheit und Schönheit akzeptiert und zuläßt, daß Kreativität und Natürlichkeit und Eros von der sozialen ›Wirklichkeit‹ pervertiert werden« (Scaduto, S. 353).

Doch Chaos ist für Dylan nicht etwa gleichbedeutend mit fataler Trostlosigkeit. In der *Desolation Row* gibt es auch vitale Menschen voller Lebensfreude: lachende Calypso-Sänger, Fischer mit Blumen in den Händen, schöne Meerjungfrauen. Auch die ansprechende harmonische Melodie und recht entspannte Vortragsweise sollten in der Gesamteinschätzung dieser Aufnahme Berücksichtigung finden. So endet das Lied also keineswegs depressiv. »Du brauchst mir nicht mehr zu schreiben«, heißt es ganz am Schluß, »es sei denn, du gibst deine Briefe in der Desolation Row auf«, kommst zu mir ins Chaos.

Hat der Songautor noch vor kurzem in *Maggie's Farm* mit Nachdruck erklärt, er wolle mit der Gesellschaft nichts mehr zu tun haben, scheint er hier bereit zu sein, sich mit der Realität wenn nicht abzufinden, so doch zu arrangieren, sprich: in der Desolation Row wohnen zu bleiben. Davonlaufen bringt nichts ein; es gibt kein Entrinnen. Wohin sollte man auch gehen? Versuche, so gut es eben geht, mit den Gegebenheiten, die du vorfindest, klarzukommen, das Beste daraus zu machen. So endet Dylans sechste Langspielplatte vom August 1965 mit einem vagen konstruktiven Grundton: Bereitschaft zur Auseinandersetzung mit der Realität ist ein Schritt hin zu deren Bewältigung.

»Eine der brillantesten Pop-Platten, die es je gab«, schwärmt Anthony Scaduto (1971) von dem Album *Highway 61 Revisited.* »Als Rock drang es zum Kern der Musik vor – ein harter, drängender Beat, ohne Schnörkel, ohne lange zu fackeln. *Like a Rolling Stone, Tombstone Blues* – das gehört zum besten Rock, der je auf Platte gepreßt wurde« (Scaduto, S. 353). Auch Jon Landau würdigt diese Pop-Produktion und lobt das gute Zusammenspiel zwischen Interpret und Begleitmusikern sowie den bestechenden Vortrag: »Dylan ist einer der besten Rock 'n' Roll-Sänger, die es je gab – und der treffendste Slogan, den Columbias Werbeleute je hervorgebracht haben, ist, ›Niemand singt Dylan wie Dylan!‹ Mit diesem Album kommen seine Fähigkeiten als Sänger voll zum Erblühen« (Landau in McGregor, S. 255). Der enthusiastischen Passage über den Musiker Bob Dylan folgt in Landaus Artikel dann allerdings eine herbe Kritik an der Aussage der Lieder. Die Texte der LP seien geprägt von Antipathie, ja Feindseligkeit, und es sei ärgerlich,

in welch selbstgerechter Weise der Songschreiber andere aburteile
(S. 256).
Mit seinem Mißfallen an der Grundaussage des Albums steht Landau
nicht allein da. Auch von anderer Seite kommen Einwände an Dylans
derzeitiger Lebensphilosophie, vor allem aus dem Lager der Folkszene,
wo man trotz allen Befremdens über den neuen Dylan nach wie vor mit
wachem Interesse verfolgt, was der verlorene Sohn sich ›herausnimmt‹.
Irwin Silber, der Folk-Papst und Zensor, lehnt Dylans »Existentialismus« entschieden ab: »Was er [Dylan] sieht, existiert wirklich. Aber
dabei stehenzubleiben und nicht weiterzugehen, wird entweder Untergang zur Folge haben oder einen Kompromiß. Keines von beidem kann
ich hinnehmen« (Silber in McGregor, S. 103). Auch dem verdienten
Folkie Israel Young stößt es bei dieser Platte sauer auf. Entrüstet
schreibt er im Oktober 1965: »Er hat uns in die totale Einsamkeit
geführt, die unser Schicksal ist, und uns dort allein gelassen. Das ist
nicht fair. Nur Kindsköpfe wagen sich in die Tiefe hinab und versuchen
dann nicht wieder hochzukommen. Aufgabe des Künstlers in einer
jeden Gesellschaft ist es, uns auch [wieder] aufzurichten, während er
unser Los darstellt« (Young in McGregor, S. 115).
Die fundierteste zeitgenössische Würdigung der Platte stammt aus der
Feder Paul Nelsons (*Sing Out!,* Feb.–März 66). Der Kritiker nennt
Highway 61 Dylans »bestes Album« und stellt zunächst den persönlichen Charakter der Texte heraus: Subjektivität statt Objektivität,
Mikrokosmos statt Makrokosmos. »Um es so einfach wie möglich
auszudrücken: Dylan steht in der gleichen Tradition wie alle großen
Künstler. Er projiziert mit der größtmöglichen Ehrlichkeit und Kunst-
fertigkeit ein eigenständiges persönliches Bild von der Welt, in der wir
leben« (Nelson in McGregor, S. 104). Wenn die Aufarbeitung der
Gegenwart erst einmal auf persönlicher Ebene vollzogen sei, könnten
später auch allgemeingültige Aussagen daraus abgeleitet werden. Vehement verteidigt Nelson den Songschreiber gegen die Kritik des Folk-
Establishments und macht sich vor allem über Silber lustig (in dessen
Magazin der Artikel dennoch erscheint). Dylans kurzsichtige Widersa-
cher seien offenbar nicht an den Einsichten eines einzelnen Individuums
interessiert und träumten immer nur von Menschenmassen, die – Gewerkschaftslieder singend – durch die Straßen ziehen. Wer Bobs Existentialismus ablehne, müsse auch so bedeutende Autoren wie Sartre,
Nietzsche, Heidegger und Camus abtun. Im gleichen Atemzug müsse
man Dylan dann auch dafür tadeln, daß er älter und viel besonnener
geworden sei.
Für Nelson ist *Highway 61* eine der bedeutendsten Folkmusik-Platten,
die je produziert wurden, und wenn man Folk als ›von einem aus dem
Volke für das Volk gemacht‹ definiert, hat Nelsons Gedanke einiges für
sich. Dylan habe die Folkmusik in Sphären geführt, die sich niemand
hätte träumen lassen. »Mit diesem Album sind wir, so glaube ich,
endgültig aus dem ›Damals‹ (Then) ins ›Heute‹ (Now) übergewechselt.

Unter der Führung eines Vagabunden aus Minnesota sind wir nun wahrhaft zeitgenössisch« (S. 101). Dieser Prozeß, so erfährt man weiter, sei nicht ohne Schmerzen abgelaufen. »Dylans wichtigstes Anliegen auf *Highway 61 Revisited* ist der klassische amerikanische Traum, sind Unschuld und Erfahrung, ein Themenkomplex, der amerikanische Künstler immer schon verfolgt und gequält hat, vor allem im 20. Jahrhundert. Bob Dylans Musik ist eine Musik der Illusion und Desillusionierung, ... eine Musik, in welcher der Landstreicher zum Entdecker wird, der Clown glückliches Opfer, und das größte Verbrechen darin besteht, sein Leben nicht auszuleben, nicht einzusehen, daß man selbst nur ein Artist ist in der Zirkusshow des Lebens« (S. 105 f.). Für Nelson ist Dylan keineswegs ein sich achselzuckend fügender Pessimist. *Like a Rolling Stone* etwa sei »ganz klar optimistisch und triumphierend«, ein geistiger Aufbruch »in eine neue schöpferische Gegenwart« (S. 107).

»Mit dem Erscheinen von *Highway 61* ... hat Bob Dylan die gesamte städtische Folkmusik in die unglaublich fruchtbaren Täler der modernen Lyrik, Literatur und Philosophie katapultiert« (Nelson in McGregor, S. 105). Hat er das wirklich? Sind seine Texte etwa Gedichte? Ist Bob Dylan ein Poet?
Diese Grundsatzfrage ist immer wieder gestellt und sehr unterschiedlich beantwortet worden. Im Laufe seiner langen Karriere hat man Dylan wiederholt mit dem Attribut »Dichter« geschmückt. So nennt beispielsweise Robert Shelton von der *New York Times* den Song-Komponisten »einen begabten Dichter des freien Verses« (Shelton im *Young Folk Song Book*, S. 37) und an anderer Stelle »die wichtigste Dichter-Stimme unserer Zeit« (Shelton nach Belz, S. 165). Ralph Gleason von *Rolling Stone*, der führenden amerikanischen Musikzeitschrift, ehrt Dylan gar als »Amerikas größten Dichter« (Gleason nach Faulstich, S. 68). Pichaske ordnet den Songschreiber den sogenannten ›bekennenden Lyrikern‹ zu (confessional poets, z.B. Sylvia Plath, Robert Lowell; Pichaske, S. 184), und der Folksänger Eric Anderson bringt einen Vergleich mit dem berühmten Altmeister abendländischer Dichtkunst: »Wie Shakespeare schrieb er [Dylan] von Dingen, mit denen jeder etwas anfangen konnte, ohne superintelligent sein zu müssen« (nach Scaduto, S. 219). Solche Kritikerstimmen erhalten dadurch zusätzliches Gewicht, daß allgemein anerkannte Dichter von Allen Ginsberg bis Lawrence Ferlinghetti Bob Dylan ausdrücklich ihrer Zunft zurechnen (vgl. McGregor, S. 194). Selbst der einflußreiche Literatur-Kritiker Kenneth Rexroth schließt sich dieser Beurteilung an: »Das wahrscheinlich wichtigste Ereignis in der jüngeren Lyrik ist Bob Dylan« (nach McGregor, S. 194). Wie verbreitet diese Einschätzung Mitte der sechziger Jahre in den USA ist, zeigt das Ergebnis einer Meinungsumfrage unter Studenten aus dem Jahre 1966, derzufolge Dylan als wichtigster zeitgenössischer Poet angesehen wird (vgl. Siegel in McGregor, S. 147). Eines Sonntags finden sich sowohl in dem Farbmagazin der mächtigen *New York Times* als auch in

dem der *New York Herald Tribune* große Artikel mit literaturwissenschaftlichen Analysen der Dylanschen Texte (vgl. Siegel in McGregor, S. 159).

Die (nicht selten überschwengliche) Würdigung des jungen Songautors als eines Schöpfers beeindruckender Gedichte bleibt nicht ohne Widerspruch. »Was heißt hier Lyrik«, spottet der britische Folklorist Ewan McColl, »das kultivierte Analphabetentum seiner Protestsongs oder die peinlichen Versuche eines Viertklässlers im freien Vers?« (McColl in McGregor, S. 92). Vehemente Opposition kommt auch aus dem akademischen Lager. »Jeder, der Dylan ›den größten Dichter der heutigen Vereinigten Staaten‹ nennt, hat Steine im Kopf« (ein Englisch-Professor in McGregor, S. 166). Louis Simpson schließlich, der selbst als Lyriker ausgezeichnet wurde, verbindet seine Kritik gleich mit einem Angriff auf Dylans studentisches Stammpublikum: »Ich bin absolut nicht der Meinung, daß Bob Dylan ein Dichter ist. ... Das Wort Poet wird heutzutage praktisch auf jedermann angewandt. Es erstaunt mich allerdings nicht, daß die amerikanischen College-Studenten ihn als ihren Lieblingsdichter ansehen, die verstehen doch überhaupt nichts von Lyrik« (nach Gleason in McGregor, S. 175).

Man sollte die Diskussion zur Frage, ob Dylan nun ein Dichter ist, nicht einfach mit dem Hinweis abtun, dieser Songschreiber habe eben schon immer stark widersprüchliche Reaktionen ausgelöst. Die Kontroverse bedarf vielmehr grundsätzlicher korrigierender Anmerkungen, wird hier doch von einer falschen Voraussetzung ausgegangen. Befürworter wie Gegner (vor allem letztere) der Einstufung Dylans als Lyriker begehen den Fehler, seine Verse isoliert zu betrachten. Songtexte sind jedoch keine Lyrik im traditionellen Sinne und dürfen demnach auch nicht mit herkömmlichen Maßstäben gemessen werden. So beklagen Denisoff/ Levine die weitverbreitete ›Eindimensionalität‹ bei der Untersuchung populärer Lieder: »Die meisten Beobachter haben sich bei der Beurteilung der Popularmusik auf die gedruckten Texte verlassen. Bei einem solchen Ansatz erfassen wir aber nur eine Ebene der Botschaft« (Denisoff/Levine, S. 911 f.). Als Beleg dafür, daß es nicht allein auf den Text ankommt, führen die beiden Forscher Elvis Presley an, der fast ausschließlich Schnulzen gesungen habe und dennoch das Image des Herausforderers besaß. Im gleichen Sinne wie Denisoff und Levine fordert Gerard Malanga: »Man muß das Gesamtkonzept des Künstlers erfassen« (»Dylan: Poet«, *Changes,* April 1971).

Ein Song hat mehrere Ebenen: Musik und Rhythmus, Text und Vortragsweise. Das fertige Produkt ist die Schallplatte – nicht das Notenblatt oder Textheft. Würde man eine Plattenaufnahme in ihre Bestandteile zerlegen und diese dann einzeln untersuchen, wären die beiden Hauptkomponenten Musik und Text für sich allein betrachtet in vielen Fällen ganz und gar nicht überzeugend. Das gilt in besonderer Weise für den isolierten, aus dem Liedgefüge gerissenen Songtext. Treffend urteilt Malanga: »Nur wenn sie durch Musik und ausdrucksvollen Vortrag verstärkt werden, kommen in Bob Dylans Versen deren ganze vitale Stärke und Schönheit zum Vorschein sowie die eigenartigen feinen rhythmischen Unterscheidungsmerkmale« (Malanga, *Changes*).

Der von Malanga angesprochene Song-Rhythmus spielt in der Tat eine entscheidende Rolle. Der Text eines Liedes ist nicht auf einen metrischen Leserhythmus ausgelegt, sondern auf den jeweiligen Rhythmus der einzelnen Song-Phrasen, die von Strophe zu Strophe variieren können. Als Beispiel für das Ineinandergreifen von Text und Musik seien drei Zeilen aus dem frühen Song *The Lonesome Death of Hattie Carroll* angeführt:

William Zanzinger killed poor Hattie Carroll
with a cane that he twirled around his diamond ring finger
at a Baltimore hotel society gathrin'.

Verse wie diese können auf dem Blatt absolut nicht beeindrucken. Auf der Schallplatte jedoch wirkt die gleiche Passage in jeder Hinsicht rhythmisch geschlossen. Indem er manche Silben (-Folgen) rafft, andere dehnt, paßt Dylan den Text dem Rhythmus der Melodiephrasen an, und es entsteht eine harmonische, in keiner Weise gewollt klingende Verschmelzung, ebenjene von Ellen Willis als für Dylan charakteristisch gelobte »Einheit von Sound und Wort« (Willis in McGregor, S. 234). Zu Recht warnt daher Goldstein, man dürfe Rock-Lyrik nicht mit den gleichen Maßstäben messen wie ein geschriebenes Gedicht. Die gerühmte Wirkung von Gedichten großer Lyriker sei keineswegs garantiert, würde man diese Werke [rockig] vertonen. Doch niemand käme auf die Idee, den Urhebern daraus einen Vorwurf zu machen, weil diese Verse eben nicht in Hinblick auf einen bestimmten Melodie-Rhythmus geschrieben wurden. Genausowenig dürfe man dann aber einem Songschreiber ankreiden, daß seine Liedtexte in gedruckter Form keinen Glanz entfalten (Goldstein, S. XI und XII). Was hier über Rocksongs gesagt wird, gilt natürlich auch für jeden Folksong. »Ballads sind unvollständig ohne Musik. Sie können nur dann ihre volle Wirkung entfalten, wenn sie zu ihrer eigenen Melodie gesungen werden« (Hodgart, S. 47). Der große Volkslied-Forscher MacEdward Leach betont: »Um einen Folksong richtig kennenzulernen, muß man ihn gesungen hören« (Leach, S. 10).

Halten wir fest: Ein Lied besteht aus dem Zusammenspiel von Melodie, Rhythmus, Metrum, Vortrag, instrumentaler Begleitung und Akzentuierung, Klangfarbe, Lautstärke und gegebenenfalls (beim Konzert) Mimik und Gestik. Diese vielschichtige Einheit ist mit den Maßstäben herkömmlicher Lyrik-Analyse nicht zu erfassen und überhaupt verbal nur schwer wiederzugeben. Demnach sind also auch Begriffe wie ›Dichter‹ oder ›Poet‹, mit denen man üblicherweise die Urheber gedruckter Werke bezeichnet, unglücklich und eher irreführend. Ein geeigneter Terminus für einen fähigen Songschreiber ist die Kompromißformel

›Songpoet‹. Der Songpoet ist der Lyriker der Medien-Moderne, »der Dichter des elektronischen Zeitalters« (Gleason, *Rolling Stone,* 14.1.74); seine Verse sind »*die* moderne Massenlyrik von heute« (Faulstich, S. 70).

Bob Dylan – ein »Brecht der Musikbox«, ein »Shakespeare der Stereo-Zeit«? Wie erklärt es sich, daß so viele Teens und Twens eine derart hohe Meinung von den Texten dieses Songschreibers haben?

Der große Anklang bei der Jugend beruht nicht allein darauf, *was* Dylan sagt, sondern auch *wie* er es sagt. Bob Dylans Sprache wird verstanden und kommt an. Seine Verse enthalten eine eigentümliche Mischung aus normalem Standard-Amerikanisch, der Alltagssprache (einschließlich ihrer vielen Kurzformen*), vereinzelten Ausdrücken aus dem intellektuellen und literarischen Feld sowie (vor allem in den Stücken der Rock-Phase) zahlreichen Vokabeln und idiomatischen Redewendungen aus dem laxen Jargon der zeitgenössischen städtischen Jugend der Vereinigten Staaten**.

Doch nicht nur durch die häufige Verwendung umgangssprachlicher Elemente, sondern in ihrer ganzen Diktion entsprechen viele Dylanschen Texte den Sprachgewohnheiten seiner jungen Hörerschaft. In Versen wie »Keep a clean nose / watch the plain clothes« oder »look out kid / you're gonna get hit« *(Subterranean Homesick Blues)* wird deutlich, daß der Songpoet sich derselben Straßensprache (»common street language«, Harloff, S. 39) bedient, wie sie in seiner Zielgruppe üblich ist. Die Bedeutung dieses Tatbestandes kann nicht hoch genug bewertet werden. Obwohl er auch zahlreiche Lieder in schlichtem Standard-Amerikanisch verfaßt, zeigt Dylan seinem Publikum doch immer wieder, daß er einer von ihnen ist, mit ihnen (zumindest sprachlich) auf der vielzitierten ›gleichen Wellenlänge‹ liegt.

Die Dylan-Kritik hebt diesen Aspekt ausdrücklich hervor. So stellt Wolfgang Sandner *(Frankfurter Allgemeine)* fest, Dylan sei es gelungen, »mit der richtigen Sprache, das heißt mit einer allgemeinverständlichen Diktion, die wichtigen Fragen zu stellen« (FAZ, 30.6.78). Der einflußreiche Gleason schreibt, »Die Teenager... erkennen also in Dylan einen der ihren«, »das ist... eine Sprache, die sie verstehen« (Gleason in McGregor, S. 180 und 181). Biograph Scaduto lobt die Fähigkeit des Songpoeten, »den Rhythmus der Umgangssprache in seine Verse einzubringen« (Scaduto, S. 219), und Nat Hentoff schließlich zieht in einem vielbeachteten Artikel für die Zeitschrift *The New Yorker* folgende Bilanz: »Dylans Texte sind anregend idiomatisch. Er verfügt über ein enorm gutes Ohr für Sprachrhythmus, insgesamt großes Geschick bei

---

* Kurzformen des *Colloquial American* wie I'm, I've, I'll; you're, you've; they've, they're, they'll; ain't, won't, don't, can't, isn't, hasn't; gonna, gotta, wonna sind in allen drei Phasen gängiges Dylansches Stilmittel.

**Z.B. cops, commie, freak, funky, buck, gal, outa here, a lotta, to fake out, to blow it/blow your mind, to be nuts, to con some one, to bum a cigarette, to put some one on, to get busted, to get/be stoned.

der Auswahl von Einzelheiten und hat das Tempo der Handlung unter Kontrolle wie ein geborener Geschichtenerzähler. Seine Songs klingen, als seien sie aus der mündlich überlieferten Geschichte der Straße hervorgegangen« (*The New Yorker,* Okt. 1964, S. 78). Zu dem gleichen Urteil kommt Scaduto, wenn er von der Platte *Highway 61 Revisited* schwärmt: »Seit Rimbaud hat kein Dichter so die Sprache der Straße eingesetzt, um den ganzen Horror der Straßen bloßzulegen und eine Lage der Nation zu schildern, die häßlich und absurd ist« (Scaduto, S. 353).

Neben seiner farbigen und griffigen Sprache verdient auch <u>Bob Dylans Gestaltungskonzeption</u> Aufmerksamkeit. Die meisten frühen Stücke des Songschreibers waren ähnlich angelegt wie das traditionelle Volkslied: chronologischer Aufbau, Beschränkung auf das Wesentliche, Vermeidung von Zeit- und Ortssprüngen, runder Schluß statt offenem Ende. Die Songs der Rock-Phase stehen demgegenüber stilistisch in krassem Gegensatz zum Gros seiner Folk-Nummern. Liedern wie *Subterranean Homesick Blues* oder *Desolation Row* liegt kein einzelnes erzählenswertes Ereignis zugrunde (»single episode«, »memorable event«). Es gibt keine stringente Aktionsfolge, die sich chronologisch-zusammenfassend nacherzählen ließe, wie das bei den meisten Folksongs möglich ist. Bob Dylans Rock-Texte bestehen zumeist aus einer lockeren Abfolge zahlreicher kurzer Szenen und Eindrücke, die nicht unbedingt in direktem kausalen Zusammenhang stehen. Die Lieder jener Phase sind eine Collage, ein Mosaik aus Bildern und Metaphern. Die Bedeutung und ›Botschaft‹ dieser Dylanschen Songs liegt daher in der Regel nicht in der Beispielhaftigkeit einer einzelnen bemerkenswerten Begebenheit oder Handlung, sondern in der mit dem Lied erzeugten Grundstimmung oder Atmosphäre. Diese entsteht aus dem Zusammenspiel aller in den Versen enthaltenen szenischen Darstellungen und Eindrücke. Mögen auch die einzelnen Fragmente solcher Collage-Songs für sich genommen banal oder gar bedeutungslos erscheinen, ergeben sie in ihrer Gesamtheit zumeist doch ein aussagefähiges Bild. Dies machte der Song *Desolation Row* beispielhaft deutlich. Würde man die zahlreichen in zehn Strophen zusammenmontierten Bilder isoliert für sich betrachten, wäre Dylans Aussage-Absicht kaum nachvollziehbar. Fügt man allerdings die ›Schnappschuß-Aufnahmen‹ der *Desolation Row* zu einem Ganzen zusammen, so ergibt sich ein Bild, das sich sehr wohl beschreiben läßt: die gesellschaftliche Wirklichkeit der USA, dargestellt als verwirrende, erschreckende Komplexität, als ein undurchschaubares Chaos, dem sich der Mensch fügen muß, will er nicht daran zerbrechen. Zur Vermittlung einer solchen Botschaft ist die <u>Konzeption der surrealistischen Bilderfolge</u> in den Dylanschen Rocksongs denkbar gut geeignet. In balladenhaftem Folksong-Stil ließe sich eine solche Aussageabsicht nicht verarbeiten. Das hat Bob Dylan erkannt und die Konsequenzen gezogen. Der Songpoet sprengt die Grenzen des traditionellen schlicht-stringenten Folksongs, um der vielschichtigen Gegenwart besser gerecht zu werden. Dazu muß er eine neue Darstellungsform finden. Dies ist ihm (trotz einiger Schwachstellen im Detail) insgesamt gelungen: Mit seinen Rocksongs hat er dem zeitbezogenen Lied neue Dimensionen gegeben.

Juni 1966. Bob Dylans nächste Platte kommt auf den Markt, BLONDE ON BLONDE, die erste Doppel-LP der Rock-Geschichte. Die meisten der 14 Aufnahmen sind Lieder über Frauen und Liebesbeziehungen. Eine derart starke Festlegung des Songpoeten auf dieses Zentralmotiv ist einigermaßen überraschend, waren doch die beiden vorausgegangenen Alben stark von gesellschaftsbezogenen Visionen bestimmt. So erinnert *Blonde on Blonde* in inhaltlicher Hinsicht an *Another Side,* eine LP mit ähnlichem Schwerpunkt.

Die Spannbreite von Dylans »seismographischen Gefühlsaufzeichnungen« (Willis in McGregor, S. 235) ist beachtlich. Vier Lieder lassen sich unter der Überschrift ›schmachtendes Werben‹ fassen. *Temporary Like Achilles* ist ein getragener, inbrünstig gesungener Blues mit harmonischen Instrumentalpassagen (Blues-Piano, E-Gitarre, dezente Orgel, Bass). Der Inhalt in Kurzform: Er läuft ihr nach, benimmt sich wie ein Narr, fühlt sich manchmal hilflos wie ein Kind. »Du weißt, ich will deine Liebe / warum bist du so kalt?«

Auch *Obviously Five Believers* ist voller Sehnsucht. »Früh am Morgen / rufe ich nach dir / bitte komm nach Haus / ich glaube schon, daß ich es ohne dich schaffen könnte / wenn ich mich bloß nicht so schrecklich einsam fühlen würde.« Diese gefühlsbetonte Aussage steht in Kontrast zu dem harten mitreißenden Beat des Stückes, der von einer fetzigen Gitarre gestützt wird. Jon Landau nennt die musikalisch tatsächlich rundum gelungene Aufnahme »wahrscheinlich seine beste Blues-Darbietung. Hier steckt wahrhaftig die ganze Botschaft im Gesang, und auf dieser Aufnahme hören wir einen echten Blues-Künstler« (Landau in McGregor, S. 258).

Sehnsuchtsvolles Werben kommt auch in dem beschwingten *I Want You* zum Ausdruck, einem der bekannteren Stücke dieser Platte. Sprachlich verspielte Strophen schwer zu deutenden Inhalts münden in den überdeutlichen Refrain: »Ich will dich / Ich will dich / ich will dich so sehr.« Liederschmitt liegt mit seinem Urteil richtig: »Was zählt, ist anscheinend... das fröhliche Wort- und Reimgeklingel, das hier seine schwärmerische Stimmung mehr lautmalerisch als logisch ausdrücken will« (Liederschmitt, Bd. I, S. 92). In *Pledging My Time* schließlich ist die Welt voller Not und Bedrängnis: rasender Kopfschmerz, ein räuberischer Hobo, entsetzlich stickige Luft, ein heraneilender Krankenwagen. So setzt er seine ganze Hoffnung auf sie: »Willst du nicht mit mir kommen / ich geh mit dir wohin du willst...«

Die zweite Kategorie von »Liebesliedern« der LP *Blonde on Blonde* widmet sich in erster Linie gescheiterten Beziehungen. *One of Us Must Know (Sooner or Later),* dessen harmonische musikalische Wellenbewegung von Michael Gray in den höchsten Tönen gelobt wird (vgl. Gray, S. 199f.), ist voller Bedauern über den unglücklichen Ausgang einer Romanze: »Früher oder später muß es einer von uns beiden erkennen, / daß ich wirklich versucht habe, dir nahezukommen«, heißt es in dem orgeluntermalten Refrain.

Als Aufarbeitung einer zerbrochenen Verbindung kann man *Most Likely You Go Your Way (and I'll Go Mine)* ansehen, ein schneller Song, der mit einem ungewöhnlichen zirkusartigen Bläser-Signal beginnt.

Du sagst, daß du mich liebst
und an mich denkst,
aber, weißt du, du könntest dich irren.
Du sagst, du hast mir erklärt,
daß du mich halten willst,
aber weißt du, so stark bist du nicht.
Ich kann einfach nicht mehr tun, was ich mal getan habe,
ich kann dich einfach nicht mehr länger bitten.
Ich werde dich hinauslassen
und als letzter gehen.
Dann wird die Zeit zeigen,
wer verlor und wer verlassen wurde,
wenn du deinen Weg gehst und ich den meinen.

Herbe Enttäuschung über die Angebetete klingt aus dem Stück *Absolutely Sweet Marie.* Wie oft hat er vergebens auf sie gewartet, sich ihre Versprechungen angehört? Einen Schlüssel zu ihrem Haus hat er nie bekommen. »Wo bist du heute nacht, süße Marie?« Er ist betroffen und gekränkt, schlägt auf seine Trompete, anstatt darauf zu blasen – und flüchtet sich wieder einmal in Sarkasmus. »Gut, offensichtlich gibt es ja viele wie mich / aber andererseits sind nicht viele wie du – glucklicherweise.«

Das mittelschnelle *Fourth Time Around* ist »wieder so ein Lied, in dem Dylan bitterböse abrechnet« (Liederschmitt, Bd. I, S. 93). Wie schon bei einigen anderen Songs festzustellen war, steht auch hier der ›negativen‹ inhaltlichen Aussage eine relativ gefällige Melodie und Instrumentalisierung gegenüber (u. a. zwei akustische Gitarren). Sie beschimpft ihn als Lügner und setzt ihn vor die Tür; er vermacht ihr galant seinen letzten Kaugummi und trollt sich zu einer anderen, die ihn mit offenen Armen empfängt. Das hast du nun davon!

Das bitterste der Stücke über gescheiterte Beziehungen ist *Just Like a Woman,* unbestritten eine der besten Aufnahmen der Rock-Phase: mittelschnelles Tempo, sanfte Instrumentalisierung (u. a. zwei Konzertgitarren), immens intensiver Gesang. Hier spuckt Dylan Gift und Galle. Sie solle doch bloß einsehen, daß sie nichts Besseres sei, sie mit ihrem blauen Dunst (»fog«), den Amphetaminen (Aufputschmittel) und Perlen.

Ja, ich glaube, es ist Zeit für uns auseinanderzugehen.
Wenn wir uns einmal wiedersehen
und man uns als Freunde vorstellt,
laß dir bitte nicht anmerken, daß du mich kanntest,
als ich hungrig war und die Welt dir gehörte.

Ah, du gibst dich genau wie eine Frau, ja, das tust du,
du bist im Bett genau wie eine Frau, ja, das bist du,
und du seufzt genau wie eine Frau,
doch du brichst zusammen wie ein kleines Mädchen.

Just Like a Woman ist ein ebenso unvergänglicher Klassiker wie *Like a Rolling Stone*. Sarlin stellt heraus, daß es außer *Blowin' in the Wind* und *Don't Think Twice* wohl kein Lied gebe, daß von so vielen unterschiedlichen Künstlern (von Joe Cocker über Richie Havens bis Manfred Mann) aufgenommen worden ist (vgl. Sarlin, S. 62).

Auch der flotten Blues-Aufnahme *Leopard-Skin Pill-Box Hat* (gute E-Gitarren-Soli) liegt eine in die Brüche gegangene Beziehung zugrunde. Diesmal reagiert der Songschreiber ausgesprochen zynisch. Du mit deinem brandneuen leopardenfellbezogenen Pill-Box-Hut! Hast einen neuen Freund, ich hab' neulich gesehen, wie ihr's in der Garage getrieben habt – die Tür war ja geschickterweise offen. Du denkst dir vielleicht, er liebt dich wegen deines Geldes. Von wegen! In Wirklichkeit steht er einzig und allein auf dem albernen Leopardenfell-Hut. Bob Dylan ist sauer und schlägt zurück – nicht gerade auf die feine Art.

Sad-Eyed Lady of the Lowlands fällt unter den ›Liebesliedern‹ aus dem Rahmen. Der betont langsam auf einen beschwingten Dreivierteltakt gesungene Song nimmt mit seinen fast elfeinhalb Minuten eine gesamte Plattenseite ein. Mit ihrer wenig einprägsamen Melodie und der zurückhaltenden, an Spannung armen Instrumentalisierung gehört diese Aufnahme keinesfalls zu den musikalischen Genüssen der Rock-Phase. Da war die ebenfalls überlange Aufnahme *Desolation Row* (LP *Highway 61*) erheblich ansprechender aufgemacht.

Wenn dieser Song beim Hörer dennoch einen Eindruck hinterläßt, liegt es allein an seinem Text. Dylan zeichnet hier das poetische Kolossal-Gemälde einer Frau, *seiner*, wie man seit dem Song *Sara* (LP Desire, 1976) weiß, in dem es heißt, er habe im (New Yorker) Chelsea Hotel *Sad-Eyed Lady* für sie geschrieben. In fünf Strophen wird eine geheimnisvolle, äußerst widersprüchliche Frau mit vielen Gesichtern beschrieben. Mal hat sie »Augen wie Rauch«, mal schwimmt darin der Mond. Ihr Antlitz ist wie Glas, ihre Haut wie Seide. Sie trägt ein silbernes Kreuz, spricht Gebete, die sich reimen, und singt Zigeunerlieder. Den Mund eines Cowboys hat sie, und doch erinnert ihre Stimme an Glockenklang. Wie eine Heilige sieht sie aus, und an anderer Stelle ist von ihrer »Geister-Seele« die Rede. In dieser Nummer gibt es etliche sehr nebulöse Bilder, aber auch manche recht gelungene Metaphern – ohne Zweifel eine der eigenwilligsten Kompositionen über eine Frau in der Musikgeschichte.

Zwar gibt es zu diesem Song auch negative Stimmen (z. B. Sarlin, S. 62: »... nicht gerade Dylans stärkste Leistung«), doch die meisten Kritiker sind von *Sad-Eyed Lady* angetan. »Das bewegendste Liebeslied des Rock«, schwärmt Goldstein. »Diese Lady mit den traurigen Augen, die auf so nonchalante Weise stark sein kann und so voraussagbar schwach, so unschuldig und doch so korrupt. Einige sagen, daß Dylan dieses Lied für seine Frau schrieb. Aber seine Inspirationen spielen kaum eine Rolle. Seine Lady mit den traurigen Augen ist jedermanns Mädchen, und jedermanns Mädchen, das ist es doch, worum es im Liebeslied geht« (Sarlin, S. 76). Auch Wilfrid Mellers ist von der eigentümlichen Widersprüchlichkeit dieses Songs berührt. »Es ist nicht möglich, aus den Versen zu ersehen, ob die Lady einem Traum entspringt oder einem Alptraum – doch sie ist jenseits von Gut und Böse« (Mellers in McGregor, S. 402f.). Peter Knoblers Einschätzung dürfte sich mit den Eindrücken vieler Hörer decken: »Selbst wenn ich es mir ein Jahrzehnt lang anhören würde, bezweifle ich, daß ich *Sad-Eyed Lady of the Lowlands* ganz abspielen könnte, ohne daß meine Gedanken – mit Dylan als Steuermann – in eigenartige verschwommene Träumereien abtrieben« (Knobler). *Sad-Eyed Lady* – »vielleicht der dich am heimtückischsten verfolgende Popsong unserer Zeit« (Mellers, in McGregor, S. 402).

Dem Stück *Visions of Johanna* gebührt insofern eine Sonderstellung, als es sich verläßlicher Deutung und Zuordnung entzieht. Der Ich-Erzähler sitzt irgendwo mit einem Mädchen namens Louise. »Gestrandet« seien sie, sagt er, obwohl keiner von beiden es zugeben wolle. Gegenüber flackert ein Licht, die Heizungsrohre »husten«, leiser Country-Sound läuft. Die zwei hören, wie der Nachtwächter seine Taschenlampe anknipst, und das Flüstern weiblicher Nachtschwärmer. Louise sitzt ganz nahe bei ihm und wirkt zerbrechlich wie ein Spiegel. Sie ist eigentlich gar nicht so verkehrt, denkt er, und doch macht sie ihm nur zu deutlich bewußt, daß Johanna nicht da ist. Seine Gedanken wandern. An die eigenartige Atmosphäre der Museen muß er denken, an geschmacklose Tapeten und das bluesige Lächeln der Mona Lisa. Immer neue Impressionen passieren Revue.

Der Hausierer spricht grad mit der Gräfin,
die so tut, als interessiere er sie.
Er sagt, »Nennen Sie mir jemanden, der kein Parasit ist,
und ich werde ein Gebet für ihn sprechen.«
Aber wie sagt Louise doch immer?
»Mann, 's gibt nich' viel, was sich anzuschauen lohnt!«
während sie sich selbst für ihn bereit macht.
Und Madonna, die ist immer noch nicht aufgetaucht.

Wir sehen, wie der leere Käfig jetzt verrostet;
einst wallte hier ihr Bühnengewand.
Jetzt tritt der Fiedler auf die Straße,
er schreibt »Alle Schulden sind beglichen«
auf die Rückseite eines Fischwagens, der grad beladen wird.
Während mein Bewußtsein explodiert,
spielen die Harmonikas Geister-Akkorde, und der Regen
und diese Visionen von Johanna sind das einzige, was jetzt noch bleibt.

Michael Gray, sonst um Erklärungen nicht verlegen, bekennt: »Es ist –
wenigstens für mich – ziemlich unmöglich zu sagen, um was es in diesem
Song geht, und doch macht er auf die meisten Leute den Eindruck, als
würde er sehr viel aussagen« (Gray, S. 202/203). Scaduto vermutet,
Dylan wolle in *Visions of Johanna* »klarmachen, wie vollkommen un-
wirklich die Menschen um ihn herum sind, die Menschen auf der Straße,
der Freund, der ›seinen smalltalk gegen die Wand redet‹, die Museen, in
denen ›der Unsterblichkeit der Prozeß gemacht wird‹. Er spricht von
ihnen beinahe mit Mitgefühl – ein neuer Zug an Dylan« (Scaduto,
S. 389). Parker hebt in seiner Erörterung dieses Stückes dessen Stimmung einer »unausweichlichen Einsamkeit« hervor (Parker, S. 53).
Tatsächlich sind Einsamkeit und Isolierung zentrale Motive der Aufnahme. »In diesem Song... spricht er [Dylan] von einem Bewußtseins- und
Erkenntnisstand des Losgelöstseins, das... es ihm ermöglicht, aus der
Ferne sich selbst inmitten all der ihn umgebenden Konfusion zu beobachten. Er sieht die Gesellschaft wie wild davonrasen« (Parker, S. 56).
Der Erzähler ist offenbar vorübergehend der Realität entrückt und
scheint gleichsam von einer abgehobenen Ebene auf die von ihm als
Käfig betrachtete Welt herabzublicken. Das einzige, was ihn noch mit
der Wirklichkeit verbindet, seine ansonsten frei fließenden Reflexionen
wenigstens notdürftig zusammenhält und dem Lied einen halbwegs
stabilen Rahmen bietet, sind die sehnsuchtsvollen Visionen seiner »Madonna« Johanna (Joan Baez?). Diese *visions,* so Gray, seien der
»Brennpunkt« des Liedes, von dem ausgehend und zu dem zurückkeh-
rend der Autor seine geistigen Exkursionen unternimmt.
Bleibt zu fragen, ob sich hinter den Johanna-Visionen mehr verbirgt als
wehmutsvolle Gedanken an die abwesende Geliebte. *Visions of Johanna*
– ›Liebeslied‹ oder ›gesellschaftsbezogen‹? Bob Dylans »schönster
Song« (Scaduto, S. 389) hat Elemente von beidem, und ebendies gibt
ihm seine Sonderstellung. Das abwechslungsreich instrumentalisierte
Stück, wegen seiner »Reichhaltigkeit und Komplexität« von Landau
hochgelobt (Landau in McGregor, S. 258), stellt ein Bindeglied dar, das
die beiden Hauptthemenbereiche des Songschreibers miteinander ver-
knüpft.

Ebenfalls nicht mit Bestimmtheit einordnen läßt sich *Rainy Day Woman
No. 12 & 35.* In fünf von sechs Zeilen einer jeden Strophe taucht immer
wieder das Verb »to stone« auf. Drei Übersetzungsvarianten sind denk-

bar: »To be stoned« oder »to get stoned« kann 1. »betrunken«, 2. »high sein« (unter Drogen stehen) und 3. »gesteinigt werden« bedeuten. Allein vom geschriebenen Text ausgehend könnte man das Stück als einen erneuten Angriff des Songschreibers auf die von ihm so repressiv empfundene Gesellschaft betrachten. Hört man sich den Song jedoch auf der Platte an, fällt die stellenweise recht laxe Vortragsweise des Sängers auf und die gelegentlich partyhaft wirkende Stimmung im Hintergrund. Die Vermutung liegt nahe, daß Dylan und seine Musiker (von was auch immer) ›angeturnt‹ (berauscht) sind. Man kann den Song daher entweder als ausgelassene Alberei verstehen oder sogar als zweifelhafte Aufforderung nach dem Motto: ›Jeder muß sich ab und zu mal einen reinziehen.‹ In England gibt es denn auch Bestrebungen, das Stück wegen seiner »unterschwelligen Ermunterung zum Drogenkonsum« zu verbieten (Notiz in *Broadside,* No. 71, Juni 66), und Liederschmitt bezeichnet die wirre Aufnahme mit dem beziehungslosen Titel und der stellenweise lästig dissonanten Begleitung als »Hymne der Drogenszene« (Liederschmitt, Bd. I, S. 94). *Rainy Day Woman* zeigt einmal mehr, daß die rein textbezogene Analyse ihre Grenzen hat, daß ein Lied eben nicht nur eine, sondern drei Dimensionen besitzt: Text, Musik und Darbietungsweise.

Der einzige Song der Doppel-LP *Blonde on Blonde,* der gehäuft gesellschaftliche Anspielungen aufweist, ist *Stuck Inside of Mobile with the Memphis Blues Again.* In musikalischer Hinsicht gefällt vor allem das Zusammenwirken kurzer verspielter Gitarren-Läufe und beschwingter Orgel und das dramatische Anschwellen beim Refrain (Orgel und Schlagzeug). Bob Dylans Gesang ist ebenso eindringlich wie klar zu verstehen. Ganz im Stile von *Desolation Row* skizziert der Songpoet wiederum eine Reihe mehr oder weniger obstruser urbaner Szenen. Er spricht von Ladies, die ihn mit Klebestreifen ausstaffieren wollen, von einem abhanden gekommenen Postamt und verschlossenen Briefkästen. Er sieht Shakespeare auf der Straße stehen und sich mit einem französischen Mädchen unterhalten, deren Enthüllungen der Erzähler offenbar zu fürchten scheint. Dann folgt eine recht makabre dritte Strophe:

Mona versuchte mir zu sagen,
ich solle von der Bahnlinie wegbleiben.
Sie sagte, alle Eisenbahner
trinken dein Blut wie Wein.
Und ich sagte, »Oh, das wußte ich nicht,
aber ich hab' auch erst einen getroffen
und der rauchte nur meine Augenlider
und schlug nach meiner Zigarette.«

Der Großvater des Erzählers, so erfährt der Hörer in der nächsten Strophe, sei kürzlich verstorben. Das habe alle Welt schockiert – aber warum eigentlich?

Ich hatte das schon erwartet;
ich wußte, daß er die Kontrolle verloren hatte,
als er in der Hauptstraße ein Lagerfeuer machte
und lauter Löcher hineinschoß.

Alsdann ist von einem Senator die Rede, der voller Stolz sein Gewehr herumzeigt und Freikarten zur Hochzeit seines Sohnes verteilt. Nach diesem Seitenhieb auf den militanten Politiker folgt in der sechsten Strophe eine Spitze gegen phrasendreschende Kirchenmänner:

Der Prediger war ziemlich baff,
als ich ihn fragte, warum
er sich zwanzig Pfund Phrasen
an die Brust hefte.
Er beschimpfte mich, als ich es ihm nachwies.
Da flüsterte ich: »Nicht einmal du kannst dich verstecken.
Weißt du, du bist genau wie ich...«

Auch ein Rausch-Erlebnis wird erwähnt, und das ist typisch für die Rock-Phase: Der Sänger erzählt, zwei Rauschmittel bekommen und diese ungeschickterweise gleichzeitig eingenommen zu haben. Schließlich hört man noch von einem nächtlichen Erlebnis mit einer walzertanzenden Ruthie, und dann endet der Song wie folgt:

Nun liegen Ziegel auf der Grand Street,
wo die Neon-Idioten klettern.
Sie fallen alle so perfekt,
alles scheint so gut berechnet.
Und ich sitze hier geduldig
und warte darauf zu erfahren, welchen Preis
man dafür zahlen muß, um all dies
nicht noch ein zweites Mal durchmachen zu müssen.

Wie in *Highway 61* und in *Desolation Row* will Dylan mit *Memphis Blues Again* offenbar erneut die Sinnlosigkeit, Widersprüchlichkeit, ja Schizophrenie der Gesellschaft darstellen, in der er leben muß. Gregg Campbell erkennt in dem Stück folgende zentrale Themen: »Schlechte Drogentrips, Einsamkeit, Verzweiflung [und] ein fast vollständiges Fehlen von Kommunikation« (Campbell, S. 701). Es besteht jedoch ein wesentlicher Unterschied zwischen diesem Lied und vorausgegangenen Songs ähnlichen Tenors: Der Songpoet scheint jetzt – und das ist in dieser ausgeprägten Form ein neuer Zug – nachgerade von klaustrophobischen Ängsten geplagt zu sein:

Aber tief in meinem Herzen
weiß ich, ich kann nicht entkommen.

Die Grundstimmung dieser Aussage der ersten Strophe wird im Refrain
aufgegriffen:

Oh, Mama, soll das etwa das Ende sein?
Festgefahren hier in Mobile
und den Memphis Blues im Kopf.

Der Musikkritiker Greil Marcus betrachtet *Memphis Blues Again* als
»verzweifelten Versuch«, von einem Irrweg fortzukommen, der von
einer »unerklärbaren Widersprüchlichkeit« zur nächsten führe (Marcus
in Denisoff/Peterson, S. 128). Harloff analysiert: »Er [Dylan] steckt in
einer Situation, die keinerlei Wandel oder Verbesserung zuzulassen
scheint. Den Giften der Gesellschaft kann man nicht entgehen« (Harloff, S. 43/44). Der Songschreiber sieht sich in die Ecke gedrängt, jedes
Fluchtweges beraubt. In dieser Situation kann er nicht mehr die Kraft
aufbringen, offen zu revoltieren, wie etwa in *Maggie's Farm*. Auch wäre
es in seiner momentanen Verfassung Selbstbetrug, sich einzureden,
›Leb mit dem Chaos!‹, wie man es in die Schlußstrophe von *Desolation
Row* hineinlesen konnte. Bob Dylan hat sich mit seinen hypersensiblen
gesellschaftlichen Reflexionen in eine Sackgasse manövriert, aus deren
hinterster Ecke, mit dem Rücken an der Wand stehend, er jetzt nur
noch ein verzweifeltes »Oh, Mama, soll das etwa das Ende sein?«
hervorstoßen kann. »Nie zuvor wirkte Dylan so gefangen« (Knobler,
»Blonde on Blonde«, *Crawdaddy,* März 1967). Von stoisch-existenzia-
listischer Gelassenheit ist nichts mehr zu spüren; am Ende seiner zweiten Entwicklungsphase erlebt man den einst forschen, aggressiv selbst-
gerechten Ankläger in einer Situation der Ausweglosigkeit. Nik Cohn
beschreibt Dylans Stimmung: »Er klang müde. Während seine früheren
Arbeiten von Gewißheit und Selbstsicherheit überquollen, waren die
neuen Songs von Widerwillen und einem Gefühl der Vergeblichkeit
durchtränkt. Er war erst Anfang zwanzig, aber klang doch zeitweise
ziemlich geschlagen« (Cohn, S. 151). Bleibt abzuwarten, ob und – wenn
ja – wie es Dylan in seiner dritten Schaffensperiode der sechziger Jahre
gelingen wird, diese Lähmung zu überwinden.
Die Musik von *Blonde on Blonde* stößt bei allen Kritikern auf positive
bis überschwengliche Resonanz: »Absolut keine Frage: dies ist die beste
Rock-Platte, die je produziert wurde. Sie kombiniert das virtuose Voka-
bular von *Bringing It All Back Home* mit der brennenden Intensität von
Highway 61 Revisited« (Knobler). Jon Landau ist nicht minder enthusia-
stisch: »Instrumental ist dies insgesamt Dylans bestes... Album...
Seine Leistung als Sänger... gehört zu den brillantesten Rock-Darbie-
tungen, die jemals aufgenommen worden sind« (Landau in McGregor,
S. 257 und 258). Michael Gray urteilt: »In pop-geschichtlicher Hinsicht

war dies die wichtigste Platte seit Presleys *Heartbreak Hotel*« (Gray, S. 150). Auch der Autor Bob Sarlin geht ausführlich auf die musikalische Seite der Doppel-LP ein, womit sich festhalten läßt, daß Dylan von den Kritikern nun immer mehr als Musiker (performer) gesehen wird, nicht in erster Linie als Texter. Das Album *Blonde on Blonde* zeige nicht die gleiche »rauhe Intensität« wie die vorausgegangene Platte (Sarlin, S. 63). »Obwohl es eine Menge kraftvollen Rock enthält, ist *Blonde on Blonde* ein viel sanfteres Album als *Highway 61 Revisited.* Dies ist vor allem Dylans neuen Begleitmusikern zuzuschreiben und ganz allgemein der Atmosphäre in den Plattenstudios von Nashville, die wesentlich entspannter ist als jene in New York oder Los Angeles, den beiden anderen großen Plattenzentren« (Sarlin, S. 61). Der Autor hebt ferner die günstigen Entstehungsbedingungen der Aufnahmen hervor: Dylan habe (was keineswegs selbstverständlich, da sehr teuer ist) Zeit genug gehabt, noch im Studio an seinen Liedern zu arbeiten, während die Musiker auf Abruf bereitstanden und neue Strophen und Einfälle sofort ausprobieren und realisieren konnten. Die Mitglieder der Session-Band seien mit großer Begeisterung bei der Sache gewesen und ein jeder habe das Bedürfnis verspürt, sein Bestes zu geben (vgl. Sarlin, S. 61/62). *Blonde on Blonde,* so Sarlins Bilanz, »ist Dylans perfekteste und professionellste Arbeit« (Sarlin, S. 62).

Was Inhalt und Aussage der Platte angeht, sind die Kritikerstimmen nicht so deckungsgleich wie in ihrer Beurteilung der musikalischen Qualität. Harloff schreibt, mit dieser Doppel-LP (deren Lieder in der zweiten Hälfte des Jahres 1965 und der ersten Jahreshälfte 1966 entstanden) habe Dylan seinen Höhepunkt als Songtexter erreicht, eine Einschätzung, die auch John Herdman teilt (vgl. Herdman, S. 27). Die krasse Schwarzweißmalerei sei inzwischen einem Sowohl-als-auch gewichen. »Dylan hat diese Dualität akzeptiert, das Chaos aus Gut und Böse, Reich und Arm, Humor und Zorn. Die Welt, die er früher als Alptraum beschrieb, ist jetzt mehr ein bizarrer Zirkus« (Harloff, S. 43). Ellen Willis erkennt, daß der Dylan von *Blonde on Blonde* kein Rebell ist, nicht mehr predigt, sondern wie ein Seismograph seine eigenen Gefühle aufzeichnet (vgl. Willis in McGregor, S. 235). Biograph Scaduto erklärt Dylans selbstanalytische Texte, seine Ausrichtung nach innen, damit, daß sich der Songschreiber nun (wahrscheinlich angeregt durch seine Frau und die Beat-Poeten) mit fernöstlicher Lebensphilosophie befasse. »In *Blonde on Blonde* spiegelt sich Dylans Beschäftigung mit Zen. ... Der Mensch kann den Sinn des Lebens nicht finden, indem er die äußeren Bedingungen kontrolliert, sich Institutionen schafft, Gesetze und moralische Richtlinien fixiert. Der Mensch muß sich nach innen wenden. Er muß das innere Wesen – ein transzendentes, göttliches Wesen – als den Sinn des Lebens begreifen und annehmen. Die Buddhisten nennen es Erleuchtung. Hätte ihm Dylan einen Namen geben wollen, so hätte er es Wahrheit genannt – oder Visionen wie in *Visions of Johanna*« (Scaduto, S. 389).

Eine durchgehend negative, ja vernichtende Kritik der *Blonde-on-Blonde*-Texte stammt aus der Feder von Walter Schmitt (alias Liederschmitt), für den Dylan mit seiner »überzüchteten Lyrik« klar »auf dem ... absteigenden Ast« ist. Der Songschreiber fange nur noch »nebulöse Fragmente« seines Amerika ein: »nichtssagend und überflüssig« ... »Man hat den Eindruck, Dylan habe den Höhepunkt seiner Kunst bereits überschritten und produziere nur noch ziemlich absurdes Wortgestammel, das sich als ›ganz besondere Kunst‹ vielleicht noch gut verkaufen läßt. Die Qualität seiner beiden 1965er LPs [*Bringing* und *Highway*], auch schon mit Abstrichen, aber immerhin, hat Dylan nie mehr erreicht« (Liederschmitt, Bd. I, S. 97).

Zwischenbilanz

Auf dem Höhepunkt seiner ersten Phase, nach dem Erscheinen der Protest-LP *The Times They Are A-Changin'*, war Dylan unangefochtener König der modernen Folkmusik. Seine Popularität beschränkte sich dabei jedoch auf den relativ überschaubaren Kreis von einigen hunderttausend sozial und politisch interessierten und engagierten Folk-Freunden. Bei allem Eindruck, den Dylans Lieder auf jene machten, die sich mit seinen Protestsongs und Liebesliedern identifizierten, gehörte er 1964 noch keineswegs zum erlauchten Kreis der Showbusiness-Größen.

Dies beginnt sich nun jedoch in dem Maße zu ändern, wie der Songpoet in der zweiten Entwicklungsperiode (ab der LP *Bringing It All Back Home*) zur elektrisch verstärkten Beat- bzw. Rock-Musik wechselt. Dieser Übergang vollzieht sich schrittweise. Auf *Bringing* sind nur die Hälfte der Songs Beat-Aufnahmen, und erst ab *Highway 61 Revisited* wagt es Dylan, durchgehend alle Stücke mit Band-Arrangement zu präsentieren. Trotz der Risiken, die dieser Schritt in sich barg, erweist sich Dylans Wandel vom Folk-Protestler zum Pop-Poeten als überaus gewinnbringend. »Die Tatsache, daß er mit Verstärkern auftrat und einige der besten elektronischen Musiker ihn auf seinen Platten begleiteten... rückte ihn ins öffentliche Interesse« (Denisoff). »Rock war die passende Musikform für eine wahnwitzige Welt« (Gross, S. 33). Die neue mitreißende Instrumentalisierung und die neuen Texte ergänzen einander in der Wirkung; der rockige Sound potenziert die Dynamik der Verse. Schlagzeug, Bass, elektronische Orgel, Piano und E-Gitarren schaffen erst den richtigen musikalischen Rahmen, ohne den Dylans surrealistische Bilderfolgen ihre vielfarbige Wirkung nicht hätten entfalten können. »Die Tatsache, daß er [zusätzliche] Instrumente einzusetzen beginnt, die seinen Sound dissonanter und wahnwitziger machen, gibt seiner Lyrik, die sich in gleicher Richtung entwickelte, zusätzliches Gewicht« (Parker, S. 24/25).

Mit den textlich wie musikalisch neuen Songs gelingt es dem Liedkomponisten, den Bannkreis der Folkszene zu verlassen und ein jugendliches Massenpublikum zu erreichen; auch jene Teenager also, die weder studieren, noch in den sozialen Reform- und Protestbewegungen der Zeit engagiert sind und sich für Dylan als Folk-Protestler kaum interessiert haben. »Er wurde wichtiger als Woody Guthrie oder Pete Seeger oder Joan Baez jemals waren..., denn er ließ sich auch außerhalb des normalen Folk-Publikums verkaufen. Er erreichte ein Teenager-Massenpublikum, Jugendliche, die sich wahrscheinlich noch niemals Folk angehört haben, aber die Hitparaden-Songs als Schund ansehen« (Cohn, S. 149).

Der besondere Reiz von Bob Dylans mehrschichtigen Rocksongs liegt darin, daß es in diesen Versen weder um die überkommenen Trivialitäten nach dem Motto ›Kuß und Schluß‹ geht, noch um abstrakte gesellschaftliche Tatbestände wie Rassenwahn, Hochrüstung und Kriegsgefahr. Dylans Songs der Rock-Phase enthalten neben allerlei Nonsens zahlreiche persönliche, von jedermann nachvollziehbare Erfahrungen, Eindrücke und Einsichten. Die Bilderfülle der Verse ist so groß, daß sich darin für jeden Geschmack etwas finden läßt. »Die Opfer seiner mittleren Periode sind nicht länger die Armen, die Schwarzen und die Unterdrückten (politisch und sozial), sondern vielmehr die entwurzelten Kinder der Bevölkerungsmehrheit – Leute wie er selbst« (Parker, S. 23).

Irwin Silber charakterisiert die Aussage-Essenz der Dylan-Songs jener zweiten Phase als »Philosophie der Entfremdung«. Hier manifestiere sich die gesellschaftliche Isolation der Teenager des weißen Mittelklasse-Amerika. Diese Jugendlichen lehnten die traditionellen Werte der »korrupten Gesellschaft« ab, wüßten allerdings noch nicht, was an deren Stelle zu setzen sei (vgl. Silber, »Fan the Flames«, *Sing Out!* Vol. 15, No. 6, Jan. 1966, S. 73). Treffend wie kaum ein anderer Kritiker würdigt Ralph Gleason die Durchschlagskraft und Attraktivität der Dylanschen Songs für die zeitgenössische Jugend: Solche Verse »kommen an bei dem heutigen Jugendlichen, der überall um sich herum – ›unten‹ wie in gehobenen Positionen – Täuschung, Unwahrheit, Absurdität und Begierde sieht, ja tatsächlich all die biblischen Sünden der Trägheit, Arroganz und Habgier. Dylan beschreibt eine Welt, in der keine Natürlichkeit erlaubt ist, Kreativität ein Feind und alles Schöne ausgelöscht wurde. Der Jugendliche, der widerstrebend in einem Land der Fernsehwerbung und der Wolkenkratzer... groß wird, betrachtet diese Welt, sieht, daß wir Erwachsene sie hinnehmen und hört dann, wie Dylan sie beschreibt. Und wenn dieser sie beschreibt, dann in der Sprache der Musikbox..., in einer Sprache, die er versteht. Der Jugendliche erkennt intuitiv...: dies ist eine wahrheitsgetreue Botschaft zur Lage der Nation« (Gleason in McGregor, S. 181).

Mit Dylan präsentiert sich mithin ein Sänger, der es versteht, nicht nur den ausgeflippten Übermut seiner Altersgenossen, sondern auch und gerade deren Irritation, Gesellschaftsekel und Existenzangst in packenden Liedern zu verarbeiten. Seine Platten sind eine Synthese aus ekstatischem Nonsens und tiefsinniger Reflexion, genau die richtige Mischung für eine Generation, die genauso gerne ausschweift wie grübelt. Mehr noch, diese Songkompositionen entsprechen in ihrer Diktion, ihrem drängenden Rhythmus, der mitreißenden Instrumentalisierung und unkonventionellen, ausdrucksstarken Vortragsweise dem Bedürfnis weiter Teile der zeitgenössischen amerikanischen Jugend nach einem eigenen Sound, einer Musik, die sich wohltuend krass von den bislang üblichen Hits abhebt. Dylan wird akzeptiert, denn Dylan klingt glaubhaft, er erscheint den Jugendlichen als »großer Bruder – nicht zu alt, aber doch alt genug in ihren Augen, um das Leben kennengelernt zu haben« (Myrus, S. 9).

Der von Profi-Instrumentalisten begleitete Rockmusiker Dylan mag mit seinen surrealistischen Bilderfolgen einige hundert auf agitatorische Texte bedachte Folk-Dogmatiker verprellt haben. Gleichzeitig gewinnt er während der zweiten Phase aber von Monat zu Monat viele zigtausend neue Anhänger. So überzeugend wirkt er mit seinen zwar subjektiv-individuellen, aber eben doch nachvollziehbaren gesellschaftsanalytischen Stimmungsbildern und Visionen, daß er von seinem wachsenden Publikum bald nicht nur (wie in der ersten Phase) als Sprecher, sondern gar als gottähnlicher Prophet verklärt wird. Eine Äußerung wie, »Er war wie ein zweiter Christus« (vgl. Scaduto, S. 357), mag aus heutiger Sicht überzogen erscheinen, entspricht aber in ihrem Kern durchaus der herausragenden Bedeutung, die man der Rock-Botschaft Dylans vielerorts zumißt. Kurz: Der Übergang vom Folk zum Rock und der Wechsel vom eindimensionalen Protest zu »anarchistischem Mystizismus« (Scaduto, S. 253) – ein nicht kalkulierbares Risiko und ein mutiger Schritt – hat sich gelohnt. Am Ende der zweiten Periode ist der vielzitierte ›große Durchbruch‹ geschafft: Bis Anfang 1966 sind bereits zehn Millionen Platten verkauft; 150 andere Musiker haben seine Lieder interpretiert (vgl. Gross, S. 62) – nur die Beatles und die Rolling Stones erzielen noch höhere Umsätze (was damit zu tun hat, daß Dylan keinen Rock zum Tanzen schreibt, sondern zum Zuhören). »Die Beatles und die Stones und Andy Warhol und all die ›Big Names‹ (großen Namen) der Popkultur versuchten Dylan für *ihre* Parties zu kriegen, denn er war der eindrucksvollste Fang, der sich machen ließ« (Scaduto, S. 354). »Er war das begehrteste Statussymbol geworden, das das amerikanische Musikgeschäft aufzuweisen hatte« (Gross, S. 63/64). 1966 ist Bob Dylan ein Star – und Dollar-Millionär.

Doch hat das Berühmtsein auch Schattenseiten. Die zahllosen von dem rührigen Manager Albert Grossman organisierten Auftritte zehren an Kräften und Nerven. Ein Blick in den Terminkalender für die erste Hälfte 1966: Zu Jahresbeginn unternimmt Dylan eine zweimonatige Konzertreise durch die USA und Kanada. Anschließend (im April) bricht er zu einer Welt-Tournee auf, die ihn und seine Begleitmannschaft nach Hawaii, Australien, England, Schweden, Dänemark, Irland, Frankreich und Italien führt*. Flugzeug, Limousinen, Hotels; Proben, Auftritte; Veranstalter, hysterische Fans, Journalisten. Ständig im Blickpunkt, immer beobachtet, gefragt und befragt; verfolgt, bedrängt. Keine ruhige Minute, selten allein – im Grunde aber doch einsam. So sehr er danach getrachtet hat, berühmt zu werden, so sehr haßt er die hektische Kehrseite der Ruhmesmedaille. Schon Anfang 1964, lange vor seiner Superstar-Zeit, schreibt sich Dylan in einem offenen Brief für *Broadside* seine gemischten Gefühle über die zunehmende Popularität von der Seele:

---

* Die Europa-Konzerte sind in Don Pennebakers (erst 1971 veröffentlichtem) 60-Minuten-Film *Eat the Document* festgehalten. In England und Frankreich wird der elektrische Dylan als ›Verräter‹ ausgebuht. Dennoch halten Kenner einen der England-Auftritte (Royal Albert Hall, London) für das großartigste Rock-Konzert aller Zeiten (vgl. Gross, S. 63).

Nun bin ich berühmt,
nach den Regeln öffentlichen Ruhmes bin ich das;
es hat mich erwischt,
zermalmt mich.
Es ist schwer für mich, dieselben Straßen entlangzugehen,
auf denen ich früher ging,
denn ich weiß heutzutage wirklich nicht,
wer da alles auf mein Autogramm wartet.
Ich weiß nicht, ob es mir gefällt, Autogramme zu verteilen.
Na ja, manchmal schon,
aber manchmal sagt mir auch eine Stimme aus der Tiefe meiner Seele,
es ist nicht ehrlich,
denn ich fungiere da nur als Mythos für jemanden,
der meine Handschrift höher bewertet als die eigene.
Das wird für mich sehr schwierig...
(»A Letter from Bob Dylan«, *Broadside,* No. 38, Jan. 64)

So geht er in Deckung, legt sich einen Schutzschild zu, versteckt sich
hinter einem Panzer kühler Ablehnung und Arroganz. Leibwächter
schirmen ihn ab, tanzen nach seiner Pfeife; ein Wink des Meisters
genügt. Er ist übernächtigt, wird nervös, wirkt gehetzt, schluckt alle
möglichen Aufputschmittel und Drogen – droht überzuschnappen. Alle
zeitgenössischen Augenzeugen sind sich einig: auf Dauer kann das nicht
gutgehen.
Am 30. Juli 1966 unterbrechen die Popsender ihr Programm für eine
aktuelle Durchsage: Bob Dylan habe am Vortag einen Motorrad-Unfall
erlitten und sei schwerverletzt ins Krankenhaus eingeliefert worden. Die
Nachricht schlägt in der Rock-Welt ein wie eine Bombe. Sollte nun auch
der 25jährige Dylan auf ähnlich tragische Weise enden wie elf Jahre
zuvor das Film-Idol James Dean (1955 Sportwagen-Unfall) und 1959 der
Rock 'n' Roller Buddy Holly (Flugzeugabsturz)? In der Gerüchteküche
beginnt es überzukochen: Der ›neue Jesus‹ habe zu ihrer aller Erlösung
den Gang nach Golgatha angetreten, glauben die einen; der Songpoet
sei über seinen Werken wahnsinnig geworden, mutmaßen andere. Der
unbequeme Pop-Prophet sei einer ›Johnson-CIA-Verschwörung‹ zum
Opfer gefallen, meinen die nächsten, und wieder andere wollen sich
nicht bluffen lassen und deuten den Unfall als Tarnung für eine Drogen-
Entziehungskur.
So muß Bob Dylan nun auf dem vorläufigen Höhepunkt seiner Karriere
eine 18monatige Zwangspause einlegen*. Der vorübergehende totale
Rückzug aus dem Showgeschäft soll sich als außerordentlich einschnei-
dende Zäsur erweisen.

---

* In dieser Leerlauf-Phase wirft CBS (im April 67) die LP *Bob Dylan's Greatest Hits* auf den
Markt.

9 Von Hippies, Trips und Ausgeflippten

Die kurze Blüte der Gegenkultur

Der Siegeszug des importierten Beat (ab 1963/64) hatte sich für die amerikanische Musikszene als ungemein stimulierend erwiesen. Die erste Antwort auf die »britische Invasion« waren der Folk-Rock der Byrds und die frühen elektrisch verstärkten Nummern Bob Dylans, eine Stilrichtung, in der die Textbezogenheit des Folk-Protestsongs mit dem durchgängigen Rhythmus des Beat verschmolz. Der weitere Werdegang der rhythmusbetonten, elektrisch verstärkten Musik in den USA läßt sich unter dem Begriff ›Verästelung‹ zusammenfassen. Ab etwa 1966 wurden in rascher Folge immer neue Sub-Stile geprägt. Als Sammelbezeichnung für diese bald kaum noch überschaubare Vielfalt der Interpreten, Bands und Klänge setzte sich der Ausdruck ›Rockmusik‹ oder einfach ›Rock‹ durch.

Daß sich die Rock-Industrie in den USA (und bald weltweit) in erstaunlich kurzer Zeit zu einem Multimillionen-Geschäft entwickelte und ihre Platten-Umsätze 1968 gar die Milliarden-Dollar-Grenze überschritten (vgl. Faulstich, S. 104), hat vor allem mit dem trotzig-widerborstigen Image dieser Musikrichtung zu tun. Zwar waren keineswegs alle Rock-Nummern Protestsongs*, doch der zeitkritische Gehalt vieler Aufnahmen und das häufig schockierend motzige Auftreten der Musiker (z. B. The Who, Rolling Stones) gaben dem Genre einen starken ›Touch‹ der Aufsässigkeit. So schreibt Dennis Anderson: »Die Jugend hörte in [dieser] Musik einen Ausdruck ihrer Rebellion gegen elterliche Verbote, gesellschaftliche Zwänge, kapitalistische Ausbeutung und großspurigen Militarismus« (Anderson, S. 98). Der Kritiker-Papst Ralph Gleason spricht in diesem Zusammenhang von einer »kulturellen Revolution« (Titel eines Aufsatzes in Denisoff/Peterson, S. 137). Rock war die Speerspitze dieser ›Kulturrevolution‹, durch die der Generationskonflikt (in den USA wie der westlichen Welt schlechthin) noch weiter verschärft wurde. »Die Musik... wurde zu einem Medium der Propaganda; sie identifizierte die Jugend als eigenständige gesellschaftliche Kraft mit eigenen Werten und Sehnsüchten« (O'Neill, S. 233).

Bei so viel Sprengkraft wundert es nicht, daß der Rock bald von allen Seiten heftig angegriffen wurde. Reaktionäre und Patrioten sahen in dem demonstrativ aufmüpfigen Musikkult einen tückischen Versuch der Kommunisten, die amerikanische Gesellschaft mittels der Jugend zu unterminieren. Für Marxisten und andere Linke war der Rock eine degenerierte Kunstform und ein Beispiel für die Verdummung der Massen in der Spätphase des Kapitalismus (vgl. Anderson, S. 98). Ein gewisser Gary Allen fühlt sich in seinem Artikel, »Mehr Subversion als das Ohr [zunächst einmal] vernimmt«, bemüßigt, alle amerikanischen Eltern vor den Gefahren der Rockmusik zu warnen. Dreierlei werde da

---

* Gleason unterscheidet zwei Trends in den Rock-Texten der Sechziger: 1. Ablehnung der Horror-Welt der Erwachsenen durch Interpreten wie Dylan; 2. Darstellung der guten Seiten des Lebens, z. B. durch die Beatles (vgl. »Rock 'n' Roll. Folkmusik of the Teenager«, *San Francisco Chronicle*, 8. Aug. 1965).

propagiert: die Revolution, Drogen und Sex. »Die Rocksänger stehen in ständigem Kontakt zu unseren Teenagern. Sie verbreiten Einstellungen und Ideen, die den meisten Eltern die Haare zu Berge stehen ließen, wären sie sich dieser Botschaft bewußt« (Allen in Denisoff/Peterson, S. 151). Gordon McClendon, Präsident einer Kette privater Radio- und Fernsehanstalten, fordert 1967 allen Ernstes eine große Säuberungskampagne, in deren Rahmen all diese »geschmacklosen Platten, die von Sex, Sünde und Drogen handeln«, aus den Rundfunkanstalten verbannt werden sollten (vgl. Denisoff/Peterson, S. 222).

In der Sturm-und-Drang-Phase des Rock kam der *Bay Area* um San Francisco, dem »Liverpool des Westens« (Belz, S. 197), besondere Bedeutung zu. Experimentierfreudige Musiker (nicht selten mit fundierter Ausbildung an Konservatorien), clevere Veranstalter und ein aufgeschlossenes Publikum ließen hier die sogenannte *psychedelic music* entstehen, die bewußt auf den durch vielseitige Lichteffekte (light shows) untermalten Live-Auftritt zugeschnitten war. Das Rock-Konzert als multimediales Happening.

Im Laufe der Zeit wurde die Rockmusik nicht nur vielseitiger, sondern auch zusehends komplizierter. Die Musiker arbeiteten mit elektronischen Effekten (z.B. Rückkoppelung, Jaul- und Überlagerungsklänge) und Instrumenten (z.B. Synthesizer), integrierten Stilelemente anderer Musikrichtungen (z.B. Klassik, Jazz), brachten zusätzliche Instrumente ein (Sitar, Saxophon, Querflöte, E-Geige), kurz: Sie gestalteten ihre Kompositionen zu vielfarbig-komplexen Klang-Collagen. So konnte Goldstein Ende der Sechziger verkünden: Der Rock »hat sich zu einer eigenständigen Kunstform entwickelt, wohl die eingebildetste und verhätscheltste unserer Zeit« (Goldstein, S. 1). Dementsprechend kam denn auch bald, so Schmidt-Joos, »Rock-Ingenieuren [Tontechnikern] eine ebenso ausschlaggebende Rolle zu wie den Musikern« selbst (Schmidt-Joos, S. 17). Der überladene Rock des Jahres 1968, Höhepunkt dieses Trends, hatte mit dem schlichten Beat von 1964 kaum noch etwas zu tun.

Die stürmische Entwicklung vom britischen ›Liverpool-Sound‹ über den Folk-Rock zum Rock veränderte das gesamte amerikanische Mediensystem. Die durchstrukturierte Langspielplatte (Album) verdrängte die 4-Minuten-Single. Damit war den Rock-Musikern die Möglichkeit eröffnet, in überlangen oder thematisch zusammengehörenden Einzelliedern auch anspruchsvollere Themenbereiche zu verarbeiten. Als nicht minder bedeutsam erwies sich der Wandel auf dem Radiosektor. Bislang hatte es in den USA lediglich ein Netz von Mittelwelle-Sendern (AM stations) gegeben. Auf Grund der über Jahre von diesen Sendern verbreiteten Hitparaden-Langeweile (Top 40) war das AM-Radio bei vielen Jugendlichen wenig beliebt. Parallel zum Rock-Boom entstanden nun überall im Lande UKW-Sender (FM stations), die sich auf die neue Musik spezialisierten. Die Popularisierung der Rockmusik war damit (von den werbewirksamen öffentlichen Auftritten einmal abgesehen) vor allem ein Verdienst der neuen ›progressiven‹ (allerdings nicht minder gewinnorientierten) FM-Sender. Auf diese Weise entstand in den Vereinigten Staaten so eine Art ›Klassensystem im Äther‹. Das etablierte Amerika über dreißig hatte seine Mittelwelle und das heißgeliebte Fernsehen, die Jugend ihre UKW.

Die Tatsache, daß die millionenköpfige Rock-Anhängerschaft damit quasi eine geschlossene Gesellschaft war, hat jedoch nicht allein mit der beschriebenen Trennung auf dem Mediensektor zu tun, sondern auch mit der Sprache der Songtexte. Diese waren in der Regel im zeitgenössischen Jargon der Jugend abgefaßt und enthielten zahllose Termini, Bilder und Assoziationsfolgen, ein »eigenes Esperanto« (Mehnert, S. 254), mit dem nicht eingeweihte Erwachsene kaum etwas anfangen konnten. Carl Belz schreibt über diese »Ikonographie der Rockmusik«: »Jene, die den Jargon beherrschten, setzten sich ab von denen, die ihn nicht verstanden. Auf diese Weise grenzten die jungen Leute ihre Welt ein und schlossen die Erwachsenen davon aus« (Belz, S. 171).

Rock war jedoch nur ein Teil, wenn auch der gewichtigste, jener jugendlichen Gegenkultur, die man gemeinhin als *counter culture* bezeichnet. Diese facettenreiche Alternativszene war das soziokulturelle Gegenstück zum politischen Protest. Beiden war eines gemein: die entschlossene Ablehnung erstarrter Strukturen und überkommener Konventionen. So ging das brüske ›Nein‹ zu jeglicher Repression Hand in Hand mit einem nicht minder entschlossenen ›Ja‹ zu neuen Lebensformen und Denkweisen. Je krasser sich diese von allem Bisherigen unterschieden, desto besser.

Die Anfänge der *counter culture* waren schlicht und harmlos. Tausende von ›Folkniks‹ begannen, die grob gewebte Kluft der Bauern und Arbeiter zu tragen. Die ›Helden‹ vieler Volkslieder (die im Schweiße ihres Angesichtes schuftenden Bergleute, Holzfäller usw.) wurden bewundert. Der natürliche, bescheidene, durch Geld und Gut noch nicht verdorbene Mensch war ›in‹. »Die Sechziger waren die große Zeit des normalen Menschen«, schwärmt Pichaske, der die Verklärung des Kleinen Mannes als demokratische Tugend ansieht (Pichaske, S. 106).

Von der Idealisierung des ›Menschen wie du und ich‹ (Common Man) bis zur Heroisierung des gesellschaftlichen Außenseiters war es kein großer Schritt. In zahlreichen Folksongs werden der edle Räuber (Jesse James, Pretty Boy Floyd), der Hobo (Eisenbahn-Tramp) und der mutige Gewerkschaftsmärtyrer (z. B. Joe Hill) verehrt. »Gesellschaftliche Außenseiter sind kleine Leute, die sich gegen das mächtige System auflehnen« (Pichaske, S. 54). Das Eintreten vieler Jugendlicher und jung Gebliebener für die Emanzipation der Schwarzen und (in noch weit stärkerem Umfang) für Frieden in Vietnam entsprang nicht allein dem Haß auf Ungerechtigkeit und Gewalt, sondern auch dem romantischen Wunsch, die Partei des Schwächeren, des ›underdog‹ zu ergreifen. »Die Kinder der Sechziger, mißtrauisch gegenüber allen Gewinnern, entwikkelten eine ausgeprägte Verlierer-Mentalität. Immer schon waren Romantiker große Anhänger aussichtsloser Anliegen. Das macht durchaus Sinn, denn zu verlieren prägt den Charakter. Es ist interessanter als zu gewinnen und psychologisch wesentlich komplexer« (Pichaske, S. 106).

Selbsterfahrung und Bewußtseinserweiterung hießen die zwei großen Ziele der US-Jugend der sechziger Jahre. Der Wunsch, für alles offen zu sein, alles einmal selber auszuprobieren, die eigenen Möglichkeiten und Grenzen zu entdecken, wurde zur vorherrschenden Geisteshaltung. Die hingebungsvoll in die Tat umgesetzte sexuelle Revolution, die Tramp- und Reisewelle, das Interesse an Mystik und Fernöstlichem und nicht zuletzt die Aufgeschlossenheit für musikalische Neuerungen gehörten in diesen Zusammenhang.

Eine Selbsterfahrung eigener, wenn auch zweifelhafter Art ist der Drogenrausch, und so erlebten die Vereinigten Staaten denn auch ab etwa Mitte der sechziger Jahre einen LSD-, Haschisch- und Marihuana-Boom. Der große Prophet der Drogen-Kultur war Timothy Leary, der einst als Wissenschaftler an der Erforschung des LSD beteiligt gewesen war. Zusammen mit Freunden gründete Leary eine ›Internationale Stiftung für Innere Freiheit‹ (International Foundation for Internal Freedom, IF-IF), von der die Zeitschrift *Psychedelic Review* herausgegeben wurde. Es war Leary, der jenen vielzitierten Slogan prägte, welcher von immer mehr frustrierten Jugendlichen ernst genommen und in die Tat umgesetzt wurde: »Tune in, turn on, drop out!« (etwa: ›Stimm ein, törn dich an, steig aus!‹) Als zweiter Apostel der Drogen-Selbsterfahrung ist der Aussteiger Ken Kesey zu nennen (Autor des Buches *One Flew over the Cuckoo's Nest*, 1962). Auch die bereits erwähnten multimedialen Westküsten-Konzerte (»trips festivals«) mit ihrem »Acid (= Drogen) Rock« gaben der bei vielen vorhandenen Bereitschaft Ausdruck, mit allen Sinnen neue, immer weiter gehende Erfahrungen zu sammeln*.

Inbegriff und Höhepunkt trotzig-idealistischen Aussteigertums der sechziger Jahre war die kurzlebige Hippie-Kultur (1966/67), eine Bewegung, die wiederum im Großraum San Francisco ihren Anfang nahm. Die Lebenseinstellung jener kleinen Kolonie kalifornischer Ur-Hippies wurde bald allerorts von Jugendlichen bewundert und imitiert. Die blumengeschmückten Totalverweigerer (Slogan: »Make love, not war«) schienen bei der romantischen Suche nach einer alternativen Lebensphilosophie fündig geworden zu sein. »*Alle* Kinder der Sechziger sahen in dem Hippie jenes Ideal der Liebe, des Friedens und der Freude, das sie selbst – bewußt oder unbewußt – anzustreben versuchten« (Pichaske, S. 127).

* In diesen Zusammenhang gehört auch das Buch von Tom Wolfe *The Electric Kool-Aid Acid Test* (1968). Kernthese: Verstand und Intellekt engen den Menschen ein, indem sie ihm das Erlebnis bestimmter Erfahrungen verwehren. Drogen, Happenings und Rock helfen die Hemmschwelle überwinden und vermitteln so bereichernde Eindrücke.

Basis des Hippietums war die Kommune oder, weiter gefaßt, das Zusammensein mit Gleichgesinnten. Ein Gemeinschaftserlebnis besonderer Art boten die in der zweiten Hälfte der sechziger Jahre populären Musik-Festivals, für die in San Francisco zeitweilig nicht einmal Eintritt erhoben wurde. Es sei der erklärte Wunsch der jungen Leute gewesen, mit möglichst vielen Gesinnungsfreunden zusammenzusein, schreibt O'Neill. »Auf den Rock-Festivals fanden sie den Sinn des Lebens, der – wie sie erklärten – darin bestünde, daß alle Leute freundlich miteinander umgingen« (O'Neill, S. 258). Die geglückteste Musik-Großveranstaltung war das legendäre Woodstock-Festival (Woodstock Music and Art Fair) im Bundesstaat New York vom August 1969. Etwa 400000 Jugendliche nahmen an diesem dreitägigen Happening teil, das trotz widrigster Umstände (z. B. Regen, fehlende sanitäre Einrichtungen) – wie selbst die Polizei zugeben mußte – ein Festival der Freundlichkeit und Toleranz wurde.

Geborgenheit in der Gruppe, dies hatten schon vor der Zeit des Rock und der Hippies die ›Folkniks‹ gesucht. Der Protestsong-Sammler Greenway attestiert dem Folk-Milieu ein »Gefühl der Gemeinschaftlichkeit und Zusammengehörigkeit« (Greenway, S. 10), und DeTurk/Poulin stellen in ihrem Buch über die amerikanische Folkszene der sechziger Jahre den »Familiensinn« des *Folk Revival* heraus. »Man verspürt eine aufrichtige Freundlichkeit und Kameradschaft, nicht nur unter den Musikern, sondern auch bei den meisten Zuhörern untereinander sowie zwischen Musikern und Publikum. Diese Freundschaft entspringt zweifellos nicht allein der gemeinsamen Liebe zur Folkmusik, sondern wahrscheinlich auch aus der Erkenntnis, daß sie alle ein ganzes Gefüge von Ansichten über den Menschen und seine Welt teilen« (DeTurk/Poulin, S. 20). Wenn hier zunächst einige Zigtausend, später Hunderttausende von Jugendlichen in alternativen Lebensformen bzw. auf alternativen Veranstaltungen beglückende Gemeinsamkeit suchen, deutet dies doch darauf hin, daß mit der vorherrschenden Lebensweise und Kultur (mainstream) etwas nicht stimmen konnte. Eine wesentliche Ursache für die Entstehung der *counter-culture*-Szene ist mithin die Tatsache, daß (wie in den vorausgegangenen Kapiteln immer wieder deutlich wurde) mit der Gegenwartsrealität in den USA der Sechziger so vieles im argen lag.

Eine zweite ergänzende Begründung für das Erblühen jener auf Glück durch Spaß, Lust und Genuß ausgerichteten Gegenkultur findet sich bei O'Neill: »Die Hochkonjunktur des Hedonismus* und der Verfall der Arbeit[smoral] hängen offensichtlich mit dem gewachsenen Wohlstand zusammen und ebenso mit den effektiven Verkaufsstrategien. Die Konsumenten-Ökonomie lebt von der Werbung, und die wiederum stützt sich stark auf das Lustprinzip. Dies ist zwar schon seit mindestens 50

---

* Hedonismus: »Ethische Lehre der griech. Philosophie, nach der Glück und Ziel der Menschen im Gefühl der Lust bestehen.« (Duden)

Jahren so, doch erst seit dem Fernsehen funktioniert es auch gut. Die Generation, welche die Gegenkultur entstehen ließ, war die erste Generation, die vom Säuglingsalter an einer Propaganda zugunsten des Lustprinzips ausgesetzt gewesen ist« (O'Neill, S. 270).

Aussteiger und Alternative hat es in den USA zu jeder Zeit gegeben; Trapper und Cowboys (die die Weite des Westens dem für sie zu eng gewordenen Osten vorzogen) sind dafür genauso ein Beispiel wie die Beatniks der 50er Jahre. Doch erst im Zeitalter der Massenmedien (vor allem des Fernsehens) konnte alternatives Gedankengut weitreichend genug propagiert werden, um größere Kreise zu ziehen. »Die Medien publizierten diese Alternativen und machten die ideologischen Führer, die dafür eintraten, berühmt. So wußten die widerspenstigen Jugendlichen also, wohin sie sich zu wenden hatten, um die Antworten zu erhalten, die sie suchten, und wie sie sich anschließend zu verhalten hatten. Damit schlossen die Medien jenen Kreis, den sie begonnen hatten, als sie einst [die Jugendlichen der Sechziger als] Kinder auf das Lustprinzip einstimmten« (O'Neill, S. 270).

Waren die unzufriedenen Jugendlichen der sechziger Jahre aber wirklich jene hoffnungslos unverbesserlichen Querulanten, als die sie von den Älteren gerne dargestellt wurden? Waren sie renitente Abweichler von den konstitutionellen Basiswerten der Vereinigten Staaten? Während der ersten zwei Drittel des Jahrzehnts sicherlich nicht. Die vermeintlichen Dissidenten zeigten sich im Gegenteil in vielfacher Hinsicht als verfassungskonformer als viele Bürger aus der Generation ihrer Eltern. David Pichaske, der ein ebenso persönliches wie aufschlußreiches Buch über diese unruhige Generation schrieb, stellt das in aller Deutlichkeit heraus: »Das ärgerliche ›Nein‹ erwuchs direkt aus einer leidenschaftlichen Bejahung der amerikanischen Ideale. Nach Ansicht der Sechziger-Generation kam das wirklich Negative, die wirkliche Nivellierung, der wirkliche Ausverkauf in dem Amerika zum Vorschein, das sie als Heranwachsende kennengelernt hatten: in dem Verrat an den Idealen der Freiheit, Gerechtigkeit und Gleichheit, wie sie in der Verfassung, der Unabhängigkeitserklärung und den Ansprachen am *Memorial Day* zum Ausdruck kommen. [...] Die Studenten von heute nehmen jene Ideale ernst, die ihnen in Schule und Kirche und oft auch daheim beigebracht wurden und erleben dann ein System, das im wirklichen Leben diese Ideale verleugnet. Die Rassen-Ungerechtigkeit und der Krieg in Vietnam sind die deutlichsten Belege für die Abweichung unserer Gesellschaft von den erklärten Idealen und für das langsame Tempo, mit dem sich dieses System reformiert« (Pichaske, S. 51 und 110).

Gegen Ende der sechziger Jahre ging der Gegenkultur die Luft aus. Dies hatte eine ganze Reihe ineinandergreifender Ursachen. Die Verzettelung der Szene in zu viele Sub-Strömungen ist sicher einer der Gründe. Etwas pauschal, im Kern aber treffend, äußert sich Pichaske über die

Jugend der Sechziger: »Sie waren total unorganisiert und hatten kein Durchhaltevermögen; sie flippten von Projekt zu Projekt und machten alles nur halb« (Pichaske, S. 93). Einmal in Schwung gekommen, sei die alternativkulturelle Entwicklung viel zu frenetisch verlaufen und habe sich irgendwann sozusagen überschlagen.

Verkörperung exzessiven *counter-culture*-Lebens war die Sängerin Janis Joplin, die nach einer überdrehten Lebensführung 26jährig starb. Was der Historiker O'Neill über dieses hyperhektische Energiebündel schreibt, läßt sich auf die gesamte Szene übertragen: »Sie zündete ihre Kerze an beiden Enden gleichzeitig an – und im Nu war sie abgebrannt« (O'Neill, S. 245). Bei vielen Jugendlichen, so scheint es, hatte sich gegen Ende der Sechziger nicht nur ein Übersättigungs- und Gewohnheitseffekt bemerkbar gemacht, sondern sie waren in vielen Fällen schlicht und einfach nicht mehr in der Lage (oder willens), das rasante Tempo mitzuhalten. »Aus einer anderen Perspektive betrachtet, geschah folgendes mit Bob Dylan und den Blumenkindern, wie sie hoffnungslos die Highway 61 hinunterzuckelten und ihre Identität und Erlösung suchten: Sie verirrten sich, wurden zu Gefangenen der Drogen, der elektronischen Musik und ihres arroganten Glaubens an die eigene Einzigartigkeit und Unschuld« (Campbell, S. 701).

Eine zweite Ursache für die nachlassende Vitalität der Szene ist in der rasch fortschreitenden Vermarktung des Alternativen zu suchen. Ebenso schnell wie der Rock zu einem überaus profitablen Geschäft wurde, pervertierten geschäftstüchtige (nicht selten junge) Unternehmer z. B. auch die Hippie-Bewegung zum bloßen Modegag, und selbst in den feineren Avenues schossen einschlägige Boutiquen aus dem Boden. In engem Zusammenhang mit der zunehmenden Kommerzialisierung und Professionalisierung gegen Ende des stürmischen Jahrzehnts steht ein dritter wesentlicher Grund für die Verflachung der jugendlichen Subkultur: die bewährte Absorbierfähigkeit der amerikanischen Gesellschaft. Pichaske argumentiert, daß beim Zusammenprall konträrer soziologischer Phänomene (hier die etablierte Kultur und die ›Szene‹ als Gegenkraft) in aller Regel eher ein Vermischungsprozeß in Gang komme als eine Dauerkonfrontation (vgl. Pichaske, S. 153/54). Mit der Zeit verschwammen die Konturen, die Kontraste verwischten sich, die potentielle Explosion verpuffte.

Doch hatte der Verlust an Schwungkraft auch einen handfesten soziopolitischen Hintergrund: In den Reihen der Schwarzen wie auch der Studenten waren Frustration und Desillusionierung ständig gewachsen. 1968 erreichte die turbulente Dekade ihren Höhepunkt. Zwischen dem 1. Januar und dem 15. Juni verzeichnete die *National Student Association* 221 Demonstrationen an 101 Colleges und Universitäten, an denen sich rund 40000 Studenten beteiligten (vgl. O'Neill, S. 289). Besonderes Aufsehen erregte der Streik an der großen New Yorker *Columbia University* Ende April des Jahres (unter Federführung der *Students for a*

Democratic Society, SDS), in dessen Verlauf es zu handfesten Auseinandersetzungen mit der Polizei und Massenverhaftungen kam.

Am 4. April 1968 wurde Martin Luther King in Memphis, Tennessee, ermordet. In den folgenden Tagen ließen überall im Lande Schwarze ihrem Zorn freien Lauf. In mehr als einhundert Städten verzeichnete man Brandstiftungen und Plünderungen; zur Verstärkung der örtlichen Polizeikräfte wurden 21000 Soldaten und 34000 Nationalgardisten aufgeboten. Besonders betroffen waren die Städte Washington, D.C. und Chicago. Bilanz des verzweifelten Wutausbruchs: 46 Tote, bis auf fünf Opfer alles Farbige (vgl. O'Neill, S. 181). Nur zwei Monate später, am 6. Juni, erlag der demokratische Präsidentschaftsbewerber Robert Kennedy in Los Angeles einem Attentat. Die Aussichten des ehemaligen Justizministers, die für November angesetzte Wahl zu gewinnen, waren günstig gewesen. Möglicherweise wäre es dem charismatischen Politiker, wie nachträglich viele meinten, tatsächlich gelungen, die Vereinigten Staaten aus der tiefen Vertrauenskrise herauszuführen.

Nicht geringere Betroffenheit als der gewaltsame Tod der Idealisten King und Kennedy lösten die unruhigen Tage im Zusammenhang mit dem demokratischen Parteikonvent im August des Jahres in Chicago aus, auf dem Johnsons Vize, Hubert Humphrey, zum Präsidentschaftskandidaten seiner Partei gekürt werden sollte. Aus Protest gegen die Indochina-Politik der Demokraten hatte die neugegründete Chaoten-Partei Abbie Hoffmans, *Youth International Party* (»Yippies«), für den gleichen Zeitpunkt zu einem »Festival of Life« in die *Middle-West*-Metropole geladen. Während die Parteitagsdelegierten tagten, lieferten sich die Chicagoer Polizei und die 2500 »Yippies« erbitterte Straßenschlachten – ein blutiges Happening, das dank der geballten Medienpräsenz am Orte live in die amerikanischen Wohnzimmer übertragen wurde. Die Ermittlungen eines offiziellen Untersuchungsausschusses (Walker Report) ergaben später, daß die *Chicago Riots* eindeutig von der brutalen Polizei Bürgermeister Daleys provoziert worden waren (vgl. Pichaske, S. 67). Es paßte gut in die allgemeine Atmosphäre dieses Sommers, als General Curtis LeMay, der Teamgefährte des rassistischen republikanischen Präsidentschaftskandidaten George Wallace, versprach, nach einem Wahlsieg in Vietnam Atombomben einzusetzen.

Die *Ban-the-bomb*-Initiative und das *Civil Rights Movement* waren erklärtermaßen gewaltlose Bewegungen gewesen. Auch die Vietnamkrieg-Gegner hatten sich bemüht, ihrem Protest mit friedlichen Mitteln Ausdruck zu verleihen. Die schockierenden Ereignisse im Frühjahr und Sommer 1968 brachten für viele Engagierte eine herbe Ernüchterung. Hatten sich die Zeiten seit dem hoffnungsvollen Aufbruch unter John F. Kennedy zu Beginn des Jahrzehnts wirklich geändert? Was war mit der *Non-Violence*-Taktik letztlich erreicht worden? Ging der Krieg nicht unvermindert weiter? War die Armut im Lande etwa beseitigt? Wurden friedliche Aktionen der Regierungskritiker nicht mit immer krasserer

Repression beantwortet? »Die Art und Weise, wie die Machthaber auf den Studenten-Protest, den Protest der Schwarzen, den Protest gegen den Krieg reagierten, paßte das nicht alles zusammen? Zeigte dies alles nicht die hoffnungslose Korruptheit des amerikanischen Gewissens, ein Besessensein von Gewalt und Unterdrückung?« (Pichaske, S. 65).

Als Präsident Johnson am 20.2.1969 in den Ruhestand trat, hinterließ er einen politischen Scherbenhaufen. Sein vietnamesisches Trauerspiel hatte die *Great Society* zu Fall gebracht, noch ehe sie richtig entstanden war; es hatte die Demokratische Partei gespalten und mit Richard Nixon einem Mann zur Macht verholfen, der dem Staat noch weiteren Schaden zufügen sollte. Ein großer Teil der Jugend hatte der Politik desillusioniert-angeekelt den Rücken gekehrt. Die idealistische Opposition ließ sich nicht länger aufrechterhalten. Die Utopie von der gerechten und glücklichen Welt war von der Realität überrollt worden. Auf Liebe, Drogen, Mystik und Musik ließ sich noch keine Zukunft bauen.

Die Stimmung der Nation war auf einem Tiefpunkt angelangt, das bis dahin grenzenlose amerikanische Selbstvertrauen schwer erschüttert. Lähmende Resignation machte sich breit; »eine in dieser Intensität noch nie dagewesene Krise des Selbstverständnisses und des nationalen Bewußtseins« (Guggisberg, S. 280/281). »Es ließ die Leute den Glauben an die Zukunft verlieren, die Zukunft eines Landes, dessen beste Männer umgebracht oder nach Vietnam geschickt wurden, um zu töten oder sinnlos getötet zu werden, oder eingesperrt oder ins Exil getrieben wurden« (O'Neill, S. 372). Der erste Amerikaner auf dem Mond (Neil Armstrong, 20.7.1969) blieb vor diesem Hintergrund ein schaler Triumph.

Nur ein verschwindend kleiner Teil der Engagierten resignierte nicht, sondern beschritt den entgegengesetzten Weg und beantwortete die staatliche Ignoranz und Gewalt mit der radikalen Forderung nach »revolutionary action«. Die ultralinke Gruppe »Weatherman«* (Erbe der 1969 zusammengebrochenen *Students for a Democratic Society*), der Anarchisten-Club »Up Against the Wall: Motherfuckers« (etwa: ›An die Wand mit euch, ihr Hurenböcke‹) und die bereits erwähnten militanten *Black Panthers* sind hier zu nennen. Die einzelkämpferischen Aktivitäten dieser Vereinigungen waren jedoch von vornherein zum Scheitern verurteilt.

Im August demonstrierten in Berkeley 6000 Studenten für die Umwandlung eines ungenutzten Geländes in eine Freizeitanlage. Die Versammlung wurde brutal zusammengeschossen; es gab zahlreiche Verletzte und einen Toten (vgl. O'Neill, S. 260, s.a. Mehnert, S. 55). Der kalifornische Gouverneur Ronald Reagan demonstrierte in der nationalen Fern-

---

* Der Name entstand in Anlehnung an eine Passage in Bob Dylans *Subterranean Homesick Blues*: »You don't need a weather man/to know which way the wind blows.«
Zur »ideologischen Redikalisierung« der Jahre 1968/69 s.a. Guggisberg, S. 289.

seh-Öffentlichkeit, daß er willens und in der Lage war durchzugreifen – was ihn in den Augen vieler für höhere Aufgaben qualifizierte.

Ereignissen im Gebiet der San Francisco Bay hatte man immer schon Signalwirkung zugemessen. Als es dort im Mai 1960 zu studentischen Protesten gegen das Auftreten eines parlamentarischen Ausschusses zur Untersuchung »Un-Amerikanischer Aktivitäten« gekommen war (vgl. Mehnert, S. 276f.), hatten sensible Beobachter diese Aktion als erstes Anzeichen eines politischen Frühlingserwachens gewertet. Neun Jahre und zwei Monate später begann in Kalifornien mit den *Berkeley Riots* wieder der Winter.

10 Und die Moral von der Geschicht'

Dylan setzt auf Ausgleich und Liebe

Januar 1968. Nach einer Pause von anderthalb Jahren erscheint eine neue, mit großer Spannung erwartete Dylan-LP – JOHN WESLEY HARDING. Wieder einmal sorgt der Songpoet für eine Sensation: In einer popmusikgeschichtlichen Phase, in der sich die Marktführer mit technisch außerordentlich aufwendigen Produktionen (z. B. Beatles, *Sergeant Pepper*) gegenseitig zu übertrumpfen versuchen, präsentiert Dylan, der ja bereits ein für allemal zur Rockmusik übergewechselt zu sein schien, nun eine Kollektion überwiegend kurzer Lieder mit Country-Elementen. Zwölf Aufnahmen lang immer der gleiche Grund-Sound: schlichte Melodieführung, eindringlicher, zuweilen fast beschwörender Gesang und (abgesehen von passablen Mundharmonika-Passagen) reizlose, an Spannung und Höhepunkten arme, sehr dezente Instrumentalisierung (E-Gitarre(n), Schlagzeug, Bass, gelegentlich Piano). Wäre dies nicht ein Album des schon zu Lebzeiten legendären Bob Dylan, gar mancher hätte die in musikalischer Hinsicht ganz und gar nicht überzeugende Produktion schon nach wenigen Aufnahmen gelangweilt beiseite gelegt. Diese LP ist kein Musikerlebnis, *John Wesley Harding* lebt allein vom Inhalt. Die Musik fungiert in den meisten Stücken als bloßes Verpackungsmaterial, als Vehikel zum Transport einer stringenten Botschaft. Der Sound ist der didaktischen Absicht klar untergeordnet. Doch erweist sich nicht allein das musikalische Zurück-zur-Natur (zum schlichten Folksong) für Fans und Kritiker als Überraschung, sondern ebensosehr die Aussage der »Wiederauferstehungsplatte«. »Wenn man *John Wesley Harding* und *Highway 61 Revisited* unmittelbar nacheinander abspielt, fällt es schwer zu glauben, daß ein und dieselbe Person für beide Arbeiten verantwortlich zeichnet« (Sarlin, S. 65).

In dem Titelsong *John Wesley Harding* besingt Dylan einen gutartigen Ganoven des amerikanischen Westens, einen *Outlaw,* der (unter dem Namen J. W. Hardin) tatsächlich in Texas gelebt haben soll. John Wesley reitet über Land, beraubt die Reichen, unterstützt aber die Armen. Obwohl man keine Beweise gegen ihn in der Hand hat, wird er im ganzen Land gesucht. Doch die Hüter des Gesetzes können seiner nicht habhaft werden. Jede Strophe endet mit einem zweizeiligen Charakterbild des ›Helden‹:

Man hat ihm nie nachsagen können,
er habe einem ehrlichen Menschen etwas angetan.
Er war dafür bekannt,
stets hilfsbereit zu sein.
Man hat ihm nie nachsagen können,
er habe einen falschen Schritt getan.

Scaduto wie auch Hetmann verstehen Harding als ironisches Selbstbildnis des Songschreibers. Der Westernheld sei (wie Dylan) ein in die Messias-Rolle gedrängter Christus, der mit dem Schwert (= Revolver)

in der Hand auszog, sein Evangelium zu predigen, aber von den
»Mächten der Repression« (Scaduto, S. 401) verfolgt wurde. Hetmann
(der sich wie häufig stark an Scaduto anlehnt) sieht nur vordergründig
die Ballade eines Outlaw. Held Harding, »zugleich... Christus und...
Dylan, ... war nicht festzuketten, man konnte ihn nicht kreuzigen, ihn
nicht dazu zwingen, sich einer Gesellschaft von lebendigen Toten anzu-
passen, denn er machte nie... eine törichte Bewegung. So müßte man
leben, besagt also der Text, wenn man die Welt verändern will« (Hetmann, S. 146; vgl. Scaduto, S. 400/401).
So eingängig solche Interpretation auch sein mag, ist sie doch mit
Skepsis zu betrachten. Ein anderer Kritiker, Michael Gray, untersucht
den Text nüchterner und kommt zu dem Ergebnis, daß das Lied viele
der sich aufdrängenden Fragen offenlasse. Zu Recht fragt Gray, in
welchem Sinne Harding denn »ein Freund der Armen« sei und wie sich
diese Sympathie in der Praxis äußere. Das Urteil Grays, der Song
bestehe aus »Echos des Unbestimmten«, ist mithin durchaus gerechtfer-
tigt (Gray, S. 37). Zunächst also bleibt nur folgendes festzuhalten: In
John Wesley Harding idealisiert der Songpoet anhand einer Robin-
Hood-artigen Story drei Tugenden: Fairness und Hilfsbereitschaft gegenüber denen, die es verdienen (ehrliche und arme Menschen) sowie
persönliche Klugheit im Sinne bedachtsamen Handelns.

I Dreamed I Saw Saint Augustine ist mit seinen drei Strophen ein ähnlich
kurzes Lied. Dylan erzählt von einem Traum, in dem er den Heiligen
Augustinus mit einer Decke unter dem Arm und einem goldenen
Mantel auf der Suche nach »verkauften Seelen« sah. »Hört meine
traurige Klage!« habe der Heilige gerufen. »Es gibt unter euch keine
Märtyrer... So geht euren Weg, doch wißt, ihr seid nicht allein.« Das
Lied endet in Trauer:

Ich träumte, ich sah Sankt Augustinus
lebendig, mit feurigem Atem,
und ich träumte, ich war einer von denen,
die ihm den Tod brachten.
Oh, ich erwachte voller Zorn,
so einsam und entsetzt,
ich preßte meine Finger an das Glas
und senkte meinen Kopf und weinte.

Auffällig an diesem Lied ist der Gegensatz (einfache) Decke: goldener
Mantel, braucht doch jemand, der ein solch wertvolles Kleidungsstück
sein eigen nennt, eigentlich keine Decke mit sich zu führen (d.h. im
Freien zu übernachten). »Während er eine Decke trägt, das Bibel-
Symbol des wandernden Propheten, besitzt er auch einen Mantel aus
purem Gold, Symbol irdischer Schwäche« (Harloff, S. 47). Man darf
annehmen, daß Dylan hier auf die innere Zerrissenheit eines jeden

Menschen anspielt. Doch verlangt das permanente Gegeneinander zweier konkurrierender Pole wohl keine Entweder-Oder-Entscheidung. Das menschliche Schwanken, jenes Hin-und-her-Gerissen-sein ist vielmehr ein elementarer Bestandteil ebenjener vielschichtigen Lebensrealität, der gerecht zu werden Dylan sich seit *My Back Pages* (LP *Another Side*) vorgenommen hat. Scadutos Interpretation hat einiges für sich: »Augustin verkörpert die Dualität der menschlichen Natur. Für den natürlichen Menschen ist in den meisten institutionalisierten Religionen kein Platz. Das Gute ist der eine Pol, das Böse der andere; es gibt nur Schwarz und Weiß. Dylan besteht darauf, daß dies eine Lüge ist. Die Dualität enthält in Wirklichkeit gar keinen Konflikt: Gut und Böse sind einfach Teile des Ganzen. So wie auch Gott zu Jesaja sagte: ›Ich lasse Licht werden und schaffe die Finsternis; ich mache Frieden und schaffe das Böse...‹ Und Luzifer ist schließlich nicht nur der Träger des Lichts, er ist zugleich ein Engel der Finsternis« (Scaduto, S. 402).

Nach dem Tode des Heiligen Augustinus steht der Ich-Erzähler am Fenster und weint. Er macht sich Vorwürfe, erkennt reuevoll die eigene Mitschuld – eine Reaktion ungewohnter Art: Bitterkeit, Sarkasmus, Ironie und gelegentlich auch Haß sind in *Saint Augustine* schlichtem Mitgefühl gewichen. Der Autor ist nicht mehr der »spottende Beobachter« (Parker, S. 69), sondern, wie Mellers meint, offenbar durchaus bereit, eine gewisse »gesellschaftliche Verantwortung« zu übernehmen (Mellers in McGregor, S. 404).

All Along the Watchtower ist zweifellos eine der interessantesten Aufnahmen der dritten Dylanschen Entwicklungsphase.

»Hier muß es doch irgendeinen Ausweg geben«, sprach der Narr zum Dieb.
»Hier ist ein zu großes Durcheinander, ich kann keine Ruhe finden. Geschäftsleute trinken meinen Wein, Bauern pflügen mein Land um; keiner von denen weiß, was all dies wert ist.«

»Kein Grund zur Aufregung«, sprach freundlich der Dieb.
»Viele hier unter uns haben das Gefühl, das Leben ist nur ein Scherz. Aber du und ich, wir haben das hinter uns, das ist nicht unser Los. Drum laß uns nicht unaufrichtig sein, dafur ist die Stunde zu spät.

Oben auf dem Aussichtsturm hielten Prinzen Ausschau,
während all die Frauen kamen und gingen, barfüßige Diener dazu.
Draußen in der Ferne fauchte eine Wildkatze,
zwei Reiter näherten sich, der Wind begann zu heulen.

Craig McGregor, der verdienstvolle australische Herausgeber der bislang ergiebigsten Dylan-Materialsammlung, hält das Lied für »einen der besten Songs, die Dylan je geschrieben hat, eine düstere, philosophische Betrachtung des Lebens, die das Werk eines reifen Künstlers ist«

(McGregor, S. 14/15). *In All Along the Watchtower* macht der Songpoet (wie in vielen Liedern der dritten Phase) eine ausführliche Bibel-Anleihe, hier beim 21. Kapitel des Buches Isaias, worin vom Untergang Babels die Rede ist. Der Bibel-Vorlage entsprechend endet das Stück mit einer unheilvollen Stimmung, die Hubert Saal als »Vision unausweichlichen Übels« bezeichnet (Saal in McGregor, S. 244). Auch Parker hält den Schluß des Textes für sehr effektvoll und sieht in dem Bild der sich langsam nähernden Reiter »ein böses Omen« (Parker, S. 71).

Doch die im Sturmwind der Schlußstrophe mitschwingende Atmosphäre drohenden Ungemachs löst bei Dylan keine Lähmung aus (wie z. B. in *Memphis Blues Again*), kein resignierendes Sich-dem-Chaos-Fügen (wie in *Desolation Row*). Bei allem Durcheinander (»confusion«), dem der Narr (»joker«) entfliehen möchte, trotz des »Verlustes seines Vertrauens in das zeitgenössische Amerika« (Sarlin, S. 67) findet Dylan die Kraft zu einer konstruktiven Einstellung. Statt mit ironischer Spitze oder existentialistischem Achselzucken reagiert der Songpoet mit einem moralisierenden Rat: ›Hört auf mit dem dummen Geschwätz, dafür ist die Stunde zu spät.‹

Dylans Bemühen, der Wahrheit nahezukommen, Hintergründe aufzudecken, ist dem Hörer bekannt, doch war das Motiv für dieses Bestreben bislang wohl eher im Bereich subjektiven Gerechtigkeitsempfindens zu suchen gewesen. In diesem Song aber, und das ist neu, entspringt das Plädoyer des Songschreibers gegen das Falsche/Unwahre der Einsicht, das Leben sei einfach zu kurz, um es mit dem Verbreiten von Halb- bzw. Unwahrheiten zu verschwenden. Bleibt zu fragen, ob Dylan (wie Scaduto annimmt, S. 404) tatsächlich auch frühere eigene (z. T. unausgewogene) Äußerungen in die Kategorie ›Falschmeldungen‹ einordnet.

Eine ähnliche Aussage wie *All Along the Watchtower* enthält *The Ballad of Frankie Lee and Judas Priest*, mit elf achtzeiligen Strophen das mit Abstand längste Lied dieser LP und sicher eine der musikalisch langweiligsten Nummern, die Dylan je aufgenommen hat. Der Song ist die Geschichte des Frankie Lee, der sich nach anfänglichem Zögern von Judas Priest mit einem Bündel Geldscheinen dazu verführen läßt, ein zweideutiges Etablissement zu betreten, in welchem er den Tod findet. Aus diesem wiederum biblischer Dramaturgie entlehnten Vorfall zieht der Songpoet in der Schlußstrophe folgende Lehre:

Nun, die Moral von der Geschicht',
die Moral von diesem Lied
ist schlicht die, nicht dort zu sein,
wo man nicht hingehört.
Siehst du also deinen Nachbarn sich mit etwas abschleppen,
hilf ihm bei seiner Last.
Und begeh' nicht den Fehler,
das Haus da gegenüber für das Paradies zu halten.

Die dreiteilige Botschaft der Aufnahme lautet: a) Sei wie du bist, kenne deine Grenzen, b) Hilf deinem Nächsten und c) Werde nicht korrupt, laß dich nicht verführen. Auch bei diesem Lied versucht Scaduto wieder, den Versen biographischen Bezug zu geben: »Dies ist die Offenbarung: Dylan hätte das Hurenhaus der Gesellschaft nie betreten sollen, hätte deren Verlockungen nie erliegen dürfen; man hatte ihm den Glauben eingegeben, er stehe über den Menschen, und diesen grandiosen Ego-Trip bezahlte er mit dem Tod seiner Seele« (Scaduto, S. 405). Mag man diese Interpretation auch für etwas überzogen halten, so steht doch eines fest: Bob Dylan ist inzwischen selbstkritischer geworden und damit weiter denn je davon entfernt, eine Prophetenrolle zu übernehmen.

Auch in *Dear Landlord*, einem dreistrophigen offenen Brief an (s)einen Hauswirt/Vermieter, zeigt sich der Songschreiber erneut als Idealist. Das getragene Lied (musikalisch eine Zumutung!) beginnt mit einem seelischen Offenbarungseid:

Lieber Vermieter,
setze keinen Preis fest für meine Seele.
Meine Last ist schwer,
meine Träume geraten außer Kontrolle.

Jener entwaffnenden Einstimmung schließt sich ein Versprechen an:

Wenn dieses Dampfschiff tutet,
werd ich dir alles geben, was ich dir zu geben habe,
und ich hoffe sehr, du weißt das anzuerkennen
– es kommt nur auf deine Lebenseinstellung an.

In der zweiten Strophe entwickelt Dylan Mitgefühl mit den Sorgen und Nöten des Hauswirts, weist aber darauf hin, daß auch er, ja, daß jeder Mensch sein Päckchen zu tragen habe.

Ich weiß, du hast viel mitgemacht,
aber du bist in dem Punkt nicht der einzige,
mag sein, wir arbeiten bisweilen alle zu hart,
wollen einfach zu schnell zu viel,
und jeder kann schließlich sein Leben vollpacken
mit Dingen, die er vor sich sieht, aber doch nicht greifen kann.

Die dritte Strophe beginnt mit der Erklärung des Sängers, das (Miet-)-Verhältnis nicht lösen und sich (auch weiterhin) um ein gutes beiderseitiges Einvernehmen bemühen zu wollen. Der Song endet mit einer Moral:

Nun, jeder von uns hat seine besonderen Fähigkeiten,
und, weißt du, das meine ich ganz ernst.
Und wenn du mich nicht unterschätzt,
werde auch ich dich nicht unterschätzen.

»Lieber (Herr) Hauswirt« – unter solchem Titel hätte man vor dem
unfallbedingten Einschnitt in Dylans Karriere ein beißend-deftiges
Spottlied erwarten dürfen*. Doch einschlägige Erwartungen werden
eben überraschenderweise nicht erfüllt, und am Ende des Liedes hat
man den Eindruck, daß »Dylan und der *Landlord* lernen könnten,
einander zu verstehen« (Mellers in McGregor, S. 403). Ähnlich äußert
sich auch Jon Landau: »Was zählt, ist Dylans Behandlung des Themas.
Er will kein Blut sehen, hat aber ebensowenig die Absicht, aufzugeben.
Er ist nachdenklich, aber realistisch... Dies ist im Vergleich zu *Ballad of
a Thin Man* [LP *Highway 61*] ein wirklich unglaublicher Sinneswandel«
(Landau in McGregor, S. 262/263).
Bei diesem von der Kritik ansonsten wenig beachteten Lied handelt es
sich um ein eindringliches Plädoyer, seinem Gegenüber, auch wenn es
sich dabei um eine potentielle Problem-Person handelt, Respekt entgegenzubringen. Im Grunde, so Dylan sinngemäß, sitzen doch alle im
selben Boot. Deshalb, so darf man im Sinne von *All Along the Watchtower* schließen, sei es falsch, gegeneinander zu opponieren. Der Schlüssel zum zwischenmenschlichen Verständnis, zum Miteinanderauskom-
men, so lautet das Fazit dieses Songs, liegt in der beidseitigen Achtung
möglicherweise unterschiedlicher Einstellungen und Eigenschaften.

Von Mitgefühl, Mitleid ist auch in dem Song *I Pity the Poor Immigrant*
die Rede. Ein sehr wirklichkeitsnaher, nicht gerade sympathischer
Einwanderer wird da skizziert: ein Mensch, der so sehr auf materielle
Werte, persönlichen Reichtum fixiert ist, daß er um sich herum nichts
anderes mehr wahrnimmt, für seine Mitmenschen keine Augen mehr
hat und zur Verwirklichung seiner raffgierigen Träume auch vor den
übelsten Tricks und Betrügereien nicht zurückschreckt. Der Songschreiber kann für diesen Mann nur Mitleid empfinden, denn, so erfährt man
in der Schlußstrophe, sein rastloser Einsatz wird sich als vergebens
erweisen:

Ich habe Mitleid mit dem armen Einwanderer,
der durch den Schlamm watet,
der seinen Mund mit Gelächter füllt
und seine Stadt mit Blut erbaut;

---

* Manche Kritiker vermuten, mit »Landlord« könne Dylan seinen Manager Albert Grossman gemeint haben. »Der [Gr.] wußte Dylans Musik vom kommerziellen Standpunkt her
optimal auszunutzen – aber seine ›Seele‹ will Dylan letzten Endes doch nicht vermarkten
lassen« (Liederschmitt, Bd. II, S. 131).

dessen Visionen zuguterletzt
wie Glas zerschellen müssen.
Ich habe Mitleid mit dem armen Einwanderer,
wenn ihm seine Freude vergeht.

Liederschmitt meint, der Song beschreibe »die Dekadenz der Reichen«
und vermutet, hier sei »der clevere US-Industrielle« gemeint, »dessen
Wunschtraum es ist, Kriegsschiffe zu bauen...; der schallend lachen
kann und doch ganze Städte mit anderer Menschen Blut erbaut« (Liederschmitt, Bd. II, S. 133). Scaduto interpretiert das Lied auf einer
persönlicheren Ebene: Der bedauernswerte Einwanderer, das sei Dylan
selbst, »ein Mensch, der sich versündigt, weil er das eitle Spiel der
Gesellschaft mitmacht. ... Er bedauert den Menschen, der nur den
Reichtum liebt und in seinem Verlangen nach Reichtum die Existenz
eines inneren Wesens leugnet; ein Mensch, der sich schändliche Taten
leistet, und dann ›seinen Mund mit Gelächter füllt‹, doch solches
Gelächter steht nur den Göttern zu. Dylan benahm sich ganz so, als sei
er selber einer der Götter. Doch am Ende... werden seine Visionen
zerspringen wie Glas, und er wird die Wahrheit der Existenz sehen,
jenseits der Illusionen dieser oberflächlichen Welt« (Scaduto, S. 409).
Gleichgültig, ob diese Verse tatsächlich als schonungslose Selbstanalyse
zu verstehen sind oder der typische egozentrische Neu-Amerikaner
dargestellt werden soll: Wer ›über Leichen geht‹, hat seine Burg auf
Sand gebaut. Der Text des Liedes ernüchtert und hinterläßt einen
bitteren Nachgeschmack.

I Am a Lonesome Hobo (das stellenweise in Diktion und Formulierung
frappant an alte englische Straßenballaden erinnert) ist ein Lied mit
Bekenntnis-Charakter. In der ersten Strophe stellt sich der Erzähler als
einsamer Vagabund ohne jeden Familienanschluß dar und gesteht,
bereits der verschiedensten Vergehen schuldig geworden zu sein. Wie
sich aus der zweiten Strophe erkennen läßt, ist das Bild des kriminellen
Eisenbahn-Tramps vermutlich eher im übertragenen Sinne gemeint,
denn jetzt erfährt der Hörer in scheinbarem Widerspruch zum bereits
Gesagten, der ›Held‹ sei früher einmal sehr reich gewesen. Damals, so
hört man weiter, habe er einen folgenschweren Fehler begangen:

Doch ich traute meinem Bruder nicht,
hängte ihm Schuld an,
was mir zum verhängnisvollen Schicksal wurde,
in Schande muß ich davonziehen.

Nach solcher Selbstbezichtigung endet der Song wie viele Lieder jener
Phase mit einer expliziten moralisierenden Botschaft an die als »Liebe
Damen und liebe Herren« titulierten Hörer:

Bleibt frei von kindischen Eifersüchteleien,
laßt euch von niemandem Regeln aufstellen,
und bildet euch euer eigenes Urteil
– sonst endet auch ihr auf diesem Pfad.

I Am a Lonesome Hobo knüpft nahtlos an die bisher herausgearbeitete Aussagequalität der dritten Periode an. Indem er sich gegen Mißtrauen und Neid ausspricht, propagiert Dylan erneut zwischenmenschliche Harmonie. Diese konstruktiv-ethische Haltung des Songpoeten entstammt der selbstkritischen Einsicht, bisher nicht diesem Ideal entsprochen, also ›falsch‹ gelebt zu haben.

In *Drifter's Escape* wird einem ziellosen Menschen der Prozeß gemacht. Während draußen die Menge tobt, die Geschworenen ihre Forderungen rufen und nur Arzt und Krankenschwester dem Angeklagten beistehen, schlägt ein Blitz in das Gerichtsgebäude ein. Als alle auf die Knie fallen und beten, gelingt dem ›Vagabunden‹ die Flucht. *Drifter's Escape* – ein Text, der zu ausschweifenden Interpretationen einlädt: der schuldlos verfolgte Landstreicher als Symbol für den Kampf des Individuums gegen anonyme übermächtige Kräfte (Harloff, S. 51); eine Parodie, ein zutiefst ironisches Bild einer Gerichtsverhandlung mit kafkaesken Zügen. Wie Joseph K. in *Der Prozeß* wisse der Angeklagte nicht, welchen Vergehens er sich schuldig gemacht habe (Parker, S. 71/72); ein durchs Leben driftender Dylan vermag sich dank der göttlichen Erleuchtung dem Zugriff derer zu entwinden, die ihn zum Propheten und Idol erhoben (Scaduto, S. 406). Auch die meisten anderen Kritiker sehen in diesem Stück zu Recht biographische Elemente und verweisen dabei auf den Schluß des Songs: »Helft mir in meiner Schwäche!... Ich habe einen harten Trip hinter mir«, ruft der Angeklagte aus, als man ihn in den Gerichtssaal trägt. »Das ist der neue Dylan«, schreibt Pichaske. »Ebenjenes Eingeständnis der Schwäche und der Schuld führt zu Dylans Erlösung« (Pichaske, S. 89). Hilfe von ›oben‹ in letzter Minute – die Parallele zum Motorradunfall des Songschreibers liegt auf der Hand. Es hätte schiefgehen können, doch die Götter meinten es gut mit dem Haltlosen, der weiß, daß es allerhöchste Zeit wird, sein Leben anders einzurichten.

In dem Stück *As I Went Out One Morning* berichtet Dylan von der Begegnung mit »der schönsten Maid, die je in Ketten ging«. Doch ihr Äußeres trügt, und er spürt sofort, daß sie ihm Böses will. Er versucht sie von sich zu stoßen, doch sie sträubt sich. Genau in diesem Moment eilt Tom Paine herbei, ruft die Holde zur Vernunft und entschuldigt sich für ihr ungehöriges Benehmen.
Das Lied ist in Zusammenhag mit der Verleihung des *Tom Paine Award* an Dylan im Dezember 1963 (kurz nach dem Attentat auf J. F. Kennedy) zu sehen, einem Preis für Verdienste um die Bürgerrechtsbewegung. Diese Auszeichnung wurde von dem *Emergency Civil Liberties*

Committee vergeben, ein Zusammenschluß weißer Liberaler, die propagandistisch für die Sache der Schwarzen eintraten. Die Feierstunde im Ballsaal eines renommierten New Yorker Hotels war durch Dylans verunglückte ›Dankesrede‹ verpatzt worden (vgl. Scaduto, S. 259ff.). Die in Ketten gelegte Schöne des Liedes dürfte für das durch vielerlei Zwänge und Konventionen bedrängte und eingeengte Individuum stehen: die amerikanische Freiheitsstatue in Fesseln gelegt. Erst Tom (Thomas) Paine, jener einflußreiche Agitator des amerikanischen Unabhängigkeitskrieges, der mit seinem wortgewaltigen Pamphlet *Common Sense* (1776) das Freiheitsstreben der Kolonisten entscheidend nährte, vermag den Bedrohten zu erretten. *As I Went Out One Morning* – ein Gleichnis: Ideal und Wirklichkeit klaffen weit auseinander.

Auch in dem Song *The Wicked Messenger* behält Dylan seine moral-didaktische Kursrichtung bei. Von einem niederträchtigen Boten aus Eli hört man da, der die kleinste Kleinigkeit zur großen Sensation aufbauscht. Doch seine ewigen »Schmeicheleien« bleiben nicht ungestraft. Seine Fußsohlen fangen an zu brennen, und immer mehr Leute stellen sich gegen ihn. Der Song würde seine Zugehörigkeit zur LP *John Wesley Harding* leugnen, enthielte er nicht in den Schlußversen das für diese Platte fast obligatorische explizite Resümee. Der Bote – und das gibt ihm zu denken – muß sich von der aufgebrachten Menge folgendes sagen lassen: »Wenn du keine guten Nachrichten hast, dann bring lieber gar keine.«
Parker ist zu Recht der Ansicht, daß es in diesem Stück um das Problem ›Entstellung von Tatsachen‹ geht. Der Umstand, daß der Bote, sonst »ein Symbol für [korrekte] Information«, alles aufbauscht, verleihe dieser Figur einen Hauch von Absurdität und dem Lied »überzeugende innere Ironie« (Parker, S. 75). Dylans immer wieder zum Ausdruck kommende leidenschaftliche Wahrheitsliebe bedarf keiner weiteren Erörterung. Ungleich interessanter ist die Aussage der mahnenden Schlußstrophe: ›Entweder gute Nachrichten oder gar keine!‹ Aus der Einsicht heraus, daß jedermann das Recht, ja die Pflicht habe, sein eigenes Urteil zu bilden, sowie aus der Erkenntnis, daß das Leben viel zu kurz sei, um es mit Destruktiv-Negativem zu vertun, zieht Dylan die logische Schlußfolgerung, in Zukunft eine ›frohe Botschaft‹ zu bringen. So sind denn auch die beiden Schlußnummern der B-Seite dieser Platte, *Down Along the Cove* und *I'll Be Your Baby Tonight*, »hübsche Liebesliedchen, *ohne* bitteren Nachgeschmack, wie er sie... vorher kaum einmal geschrieben hatte« (Liederschmitt, Bd. II, S. 134).

Schließ die Augen, schließ die Tür
Du brauchst dir keine Sorgen mehr zu machen
Ich werd bei dir sein heut nacht.

John Wesley Harding, Dylans achte LP, bricht in kommerzieller Hinsicht alle bisherigen Rekorde des Songpoeten. Wenige Wochen nach Erscheinen der Platte schreibt Hubert Saal in *Newsweek,* die nach der langen Sendepause ausgehungerten Fans hätten sich regelrecht auf dieses Album gestürzt. »Innerhalb eines Monats sprang es in der *Billboard-*Hitparade auf Platz zwei, überrundete die Rolling Stones und bedrängte die Beatles auf dem Spitzenplatz« (Saal in McGregor, S. 244). Zwar meint Rodnitzky, die neuen Texte seien in ihrer überraschenden Schlichtheit für manchen geradezu schwer verständlich, war man doch bei Dylan gewöhnt, sich auf die Atmosphäre zu konzentrieren, nicht auf die Worte; die meisten Rezensenten aber erkennen recht genau, worauf es bei den Stücken ankommt. Treffend urteilt Robert Shelton, die Platte weise eine inhaltliche Geschlossenheit auf, wie sie im Werk des Songschreibers bislang noch nicht anzutreffen gewesen sei (vgl. Shelton, 1968). Parker faßt zusammen: »Man spürt, daß Dylan sich selber etwas ernster nimmt. Es scheint, als habe der Motorradunfall und die lange Genesungszeit Dylan verändert, durch den Schrecken zum Wandel gezwungen. . . . Er ist nicht länger das vorlaute Kind von früher, nicht länger der Skeptiker« (Parker, S. 68).

Das eigentliche Neuartige an dieser Platte ist nicht allein der leisere, unaufdringliche Ton, den der Songpoet nun anschlägt, sondern vor allem die stringente religiöse Moralität der Aussage. Der wütende, nicht selten selbstgerechte Protestler, der bissige Satiriker, der ironische Spötter wird zum ernsthaften, nachdenklichen, beinahe abgeklärten Moralisten. Die in der zweiten Phase vorherrschenden, von sozialkritischen Spitzen durchsetzten egozentrischen Versuche, in einer irritierenden Welt den eigenen gesellschaftlichen Standort zu bestimmen, sind einer ausgeglichenen, von Verständnis getragenen Kompromißbereitschaft gewichen. Der Songschreiber ist deutlich bemüht, die Sackgasse, in die er sich vor seinem Unfall manövriert hatte, in Zukunft zu umgehen. Smucker schreibt, die LP *John Wesley Harding* offenbare einen Dylan, der sich aus der »Zwangsjacke« seiner vorausgegangenen Platten zu befreien versuche (vgl. Smucker in McGregor, S. 302). In gleichem Sinne resümiert Harloff: »Dylan hat offensichtlich seine Ziele neu gesetzt und festgestellt, daß seine Bitterkeit und sein Zorn von Mitte der sechziger Jahre nach hinten losgingen« (Harloff, S. 45). Die ›frohe Botschaft‹ seines Auferstehungsalbums läuft letztlich auf die Aussage des Neuen Testaments hinaus: »Liebe Deinen Nächsten.« Was ist von AUSSEN schon zu erwarten? Auf den persönlichen Wandel von INNEN kommt es an. Von ›oben‹ ist mit keiner umfassenden Reform zu rechnen; gesellschaftlicher Wandel muß von ›unten‹ ausgehen, beginnt in den Herzen der Menschen. Dylan als Idealist; der Motzer von einst setzt auf Ausgleich und Liebe. Knapp dem Tode entronnen, ist der Rebell versöhnlich geworden.

Die Veröffentlichung einer Langspielplatte mit folksonghafter Musik und idealistischen, religiös geprägten Texten gerade zu einer Zeit, als in der populären Musik ein entgegengesetzter Trend vorherrscht, ist ein in jeder Weise bemerkenswerter Schritt und ein großes Risiko. Erneut zeigt sich Dylan nicht nur als wandlungsfähiger Songwriter, sondern auch als eine Künstlerpersönlichkeit, die den Mut hat, neue Einsichten und stilistische Vorstellungen ohne Zaudern und Rücksichtnahme auf sein Publikum in Lieder umzusetzen. »Der Dylan von John Wesley Harding ist ein wahrhaft eigenständiger Künstler, der sich niemandem verpflichtet fühlt« (Landau in McGregor, S. 259).

Dylans achte LP ist eine Sammlung relativ reifer Texte. Stand der Songschreiber in seiner (Folk-)Rock-Zeit noch selber im Zentrum allen Geschehens, hält er nun Abstand zum Chaos Leben. Diese Distanz ermöglicht ihm ein angemesseneres, ausgewogeneres Urteil. Am Ende einer dreiphasigen Entwicklung ist es Bob Dylan gelungen, den sarkastisch-resignierenden Existentialismus der zweiten Periode durch eine lebensbejahend-konstruktive, damit aber keineswegs kritiklos-konformistische Weltanschauung zu überwinden.

Dylans neue Botschaft bedarf einiger grundsätzlicher Ausführungen. Zahlreiche Stücke seiner bisherigen sieben Langspielplatten entsprachen in ihrer ›Botschaft‹ dem traditionellen Generalthema des sozialkritischen Liedes: Die Songs stellen kritisch eine soziale Realität dar, von der Gefahr für das Individuum ausgeht. Gegen diese Bedrohung gilt es die elementaren menschlichen Bedürfnisse ›Überleben‹ und ›Freiheit‹ durchzusetzen (vgl. S. 77). Der gemeinsame Ausgangspunkt aller sozialkritischen Lieder ist mithin eine Krise – das Spannungsverhältnis Mensch : Umwelt.

In den Liedern der dritten Dylanschen Phase steht nun jedoch eine andere Thematik im Mittelpunkt – das Verhältnis Mensch : Mitmensch. Dies ist eine entscheidende Schwerpunktverlagerung. Bob Dylans Ton ist nicht mehr kämpferisch, sondern friedfertig; er sucht nicht mehr die Konfrontation, sondern will die Wogen glätten. Dem Songschreiber geht es inzwischen nicht mehr um die im sozialkritischen Lied üblichen Themen aus dem gesellschaftlichen *Makro*-Bereich (Rüstung, Kriegsgefahr, Rassenfrage etc.), sondern um das *Mikro*-Feld zwischenmenschlicher Beziehungen. Dylan setzt sich in seinen späten Liedern der Sechziger nicht länger für die Belange einer ganzen Bevölkerungsgruppe ein, sondern konzentriert sich auf den einzelnen, auf die alltägliche Begegnung mit dem Nachbarn etwa oder dem Vermieter. Indem der Songpoet nicht mehr vehement für die globalen Anliegen ›Überleben‹ und ›Freiheit‹ streitet, sondern statt dessen Nächstenliebe, Verständnis und Mitgefühl propagiert, erhalten Bob Dylans Lieder eine neue Dimension. Diese Songs haben keinen tagespolitischen Bezug mehr, sie sind zeitlos. Genau das gleiche gilt für das traditionelle Volkslied. So beschreibt Shepard die *Popular Ballad* als »profunde Allegorien des menschlichen Daseins« (Shepard, S. 37) und attestiert ihnen »eine zeitlose Bedeutung« (Shepard, S. 44). Mit anderen Worten: Das, was den wesentlichen Unterschied zwischen Dylans späten Stücken und dem sozialkritischen

Lied (›Protestsong‹) ausmacht, erweist sich zugleich als eine offenkundige Gemeinsamkeit mit dem traditionellen Volkslied. Liegt damit in Dylans Abkehr vom gesellschaftskritischen Lied, in seinem Aufbruch zu neuen Prioritäten nicht eine Hinwendung zum Alten, eine Rückkehr zu den grundlegenden Werten des Folksong? Ein jahrhundertelanger Entwicklungskreis ist geschlossen.

Seit Monaten lebt Dylan mit Frau und Kindern in einem abgelegenen Landhaus bei Woodstock im Bundesstaat New York. Grüne Idylle und Familienleben schlagen sich in seiner neunten Platte nieder, der letzten der sechziger Jahre – NASHVILLE SKYLINE. Bob Dylan zu Plattenaufnahmen in Nashville, der Hauptstadt des Country Sound! Ausgerechnet eine Widmung von Johnny Cash auf dem Cover! Dieser Künstler macht es seinen Fans wahrlich nicht leicht: Zwölf sauber produzierte, schön anzuhörende Liedchen zum Thema Liebe, locker gemacht und leicht verdaulich – eine im wahrsten Sinne des Wortes ›frohe‹ Botschaft, »gutgelaunte... Hymnen auf die Freuden des Lebens« (Scaduto, S. 410).

Wirf meine Fahrkarte aus dem Fenster,
wirf den Koffer hinterher,
jag meine Probleme vor die Tür,
ich brauch das alles jetzt nicht mehr,
denn heut' nacht, da bleib ich hier bei dir.
(Tonight I'll Be Staying Here with You)

Bob Dylans beschwerliche Odyssee durch die *sixties* – »eine Pilgerreise... vom Protest zur Transzendenz, vom absurden Alptraum zur Vernunft... von der Verzweiflung zur Hoffnung, von der Schuld zur Errettung« (Pichaske, S. 87) – hat ein glückliches Ende genommen. Der hoffnungslos in die Wirren der Welt Verstrickte wirkt befreit, gelöst, ›erlöst‹. Er »läßt die Hoffnungslosigkeit hinter sich, um das Leben zu bejahen und zu feiern« (Campbell, S. 702). Happy end.
Die Kritiker zerreißen diese Platte in der Luft; Liederschmitt trifft gut den allgemeinen Grundtenor: »Ziemlich abgeschmackte Country-Liedchen, seltsamerweise alle neu komponiert (!), die aber teilweise klingen, als seien sie schon von der Großvätergeneration an kalten Winterabenden hinter dem Ofen gesungen worden. Voll von kitschigen Klischees und falscher Romantik. Typische Nashville-Schnulzen. Keine Spur mehr von Dylans früheren Aggressionen und Seitenhieben auf die Gesellschaft« (Liederschmitt, Bd. II, S. 135). Bob Sarlin erläutert, der Wechsel des Maestro zum Country-Sound sei für die Dylan-Gemeinde ein noch größerer Schock gewesen als seinerzeit der Übergang zum Rock. »Vor allem die *underground*-Presse konnte nicht begreifen, daß Dylan in dem zutiefst zerrissenen Land zur anderen Seite übergelaufen war. Nashville repräsentierte das stiernackige (redneck) Amerika, die Killer

»in [dem Film] *Easy Rider* und den rassistischen Süden« (Sarlin, S. 69/70). Frederik Hetmann sagt es wieder einmal ganz besonders griffig: »Vergeßt, daß es diese Platte gibt!« (Hetmann, S. 148) – und doch wird *Nashville Skyline* mehr als einemillionmal verkauft.

Die erstaunliche Botschaft ›Nächstenliebe statt Revolte‹ der LP *John Wesley Harding* und der ›Ausverkauf an den Country-Kommerz‹ mit *Nashville Skyline* am Ende der Sechziger sollen nicht die letzten Überraschungscoups bleiben. Zehn Jahre später wird der Jude Zimmerman überzeugter Christ. Seine Platten *Slow Train Coming* (1979) und *Saved* (1980) (bandbegleitete Rocknummern mit background-Gesang) sind leidenschaftliche Plädoyers für die Sache des Herrn. Jetzt fühlen sich viele Fans endgültig vor den Kopf gestoßen, und auch die Kritiker sind giftiger denn je. Doch warum diese Aufregung? Vom Aufruf zur Nächstenliebe im Jahre 1968 bis zur musikalischen Kampagne für Jesus Christus war es gar kein so weiter Weg mehr.

Daß alte Fans über seine neuen Lieder die Nase rümpfen und sich pikiert von ihm abwenden, dies hat Bob Dylan im Laufe seiner langen Karriere schon mehrfach erlebt. Am Ende konnte er doch noch immer sein Publikum vergrößern. Der Songschreiber selbst scheint wenig auf die Meinung seiner Hörer zu geben. Für ihn zählt letztlich nur eines – seine künstlerische Unabhängigkeit. In dieser Hinsicht ist Bob Dylan stets ein Sohn der sechziger Jahre geblieben. Er geht seinen Weg: von aller Schelte unbeirrt, ein wenig trotzig – engagiert.

Forever young.

11 Wie ein rollender Stein

Versuch einer Würdigung

Dylan in London, 1979 (© Nobby Clark, CAMERA PRESS Ltd., London/
Marion Schweitzer, Photo-Agentur-Bildarchiv, München).

Bob Dylan gab in den sechziger Jahren eine Reihe bedeutender soziokultureller Impulse.

Vor ihm spielte die verbale Aussage in Songs, die für den Massenmarkt produziert wurden, eine denkbar untergeordnete Rolle. Den vorherrschenden seichten Schnulzen mit ihren austauschbaren Phrasen und Klischees zum Thema ›Liebe‹ war in der zweiten Hälfte der 50er Jahre mit dem Rock 'n' Roll zwar vorübergehend eine Konkurrenz erwachsen, doch lag die Anziehungskraft dieser Musikrichtung primär im außersprachlichen Bereich. Sänger und Bands paßten sich der ›Konvention der Sprachlosigkeit‹ an. Alles richtete sich nach dem vermuteten Bedürfnis und Geschmack des Publikums; an dem Status quo etwas zu ändern, ist keinem Musiker eingefallen. »Mit dem Eintritt in die Welt des Pop nahmen sie deren Bedingungen und Beschränkungen als dauerhaft hin« (Gray, S. 144).

Nicht so Bob Dylan. Für ihn besaß das Wort in jeder Entwicklungsphase hohen Stellenwert. Solange er sich allerdings innerhalb der weitgehend geschlossenen Folk-Szene bewegte, in einem Mikro-Milieu also, das im Zuge des *Folk Revival* den Liedversen ohnehin zunehmende Bedeutung beimaß, vermochte er den Makro-Bereich der populären Musik nicht zu beeinflussen. Dies änderte sich jedoch in dem Moment, als Dylan im Sommer 1965 Textbezogenheit des Folk und Rhythmusbetontheit des Beat fusionierte. Mit den (Folk-)Rocksongs seiner zweiten Entwicklungsphase bot der Liedautor einem überwiegend aus Teenagern bestehenden Millionenpublikum, das – wie Nik Cohn bemerkt – noch nie Musik mit »halbwegs intelligentem« Text gehört hatte (Cohn, S. 149), Liedkompositionen, in denen verbale und nichtverbale Elemente gleichberechtigt zusammenwirkten. Damit war der Text gegenüber Musik und Präsentation emanzipiert – ein Wendepunkt in der Geschichte der populären Musik, der gar nicht hoch genug eingeschätzt werden kann. »Zum ersten Mal setzte einer Jugendlichen Songs vor, die etwas aussagten« (Cohn, S. 149).

In der Tat: Zwischen »Be-bop-a-lula, she's my baby/Be-bop-a-lula, I don't mean maybe« (1956) und »You don't need a weather man/To know which way the wind blows« (*Subterranean Homesick Blues,* 1965) liegen Welten. Bob Dylan war der Beweis gelungen, daß die von einer Band gespielte Beat- bzw. Rockmusik hervorragend zur Vermittlung von Aussagen über die Realität der Moderne geeignet war, in vieler Hinsicht sogar besser als der schlichte Sound der Folkmusik. Dylan etablierte den Rocksong als *die* zeitgemäße Form des sozialkritischen Liedes. Hier wurde das jahrhundertealte Thema vom Existenzkampf des bedrohten Individuums in ansprechend-moderner Darbietungsform präsentiert, das Streben des Kleinen Mannes nach gesellschaftlichem Wandel ohne Substanzverlust für den Massenmarkt aufgearbeitet.

Trotz der im Vergleich zum bisher Üblichen in vielen Fällen recht komplexen Textaussage seiner Lieder – oder besser: gerade deshalb – fanden Dylans Produktionen zum Erstaunen der Branche reißenden

Absatz, ja sogar Aufnahme in Hitparade und Musikbox und machten den Songpoeten innerhalb kurzer Zeit zum Millionär. Ein Zeichen war gesetzt: »Er hatte den Beweis erbracht, daß ein Rocksong die geeignete Form für universale Aussagen sein kann und daß Millionen Leute darauf ansprechen« (Gray, S. 145).

Nach dem erfolgreichen Debüt gesellschaftsbezogener Popmusik konnten und wollten zahlreiche andere Musiker nicht einfach nach den altbewährten, unverbindlichen Schemata weiterproduzieren. »Mit einemmal durften die Pop-Schreiber über das Liebesliedchen aus drei Akkorden hinausgehen; sie brauchten nicht mehr geistlos zu sein« (Cohn, S. 150). Von den Beatles über The Doors und Simon & Garfunkel bis hin zu den Rolling Stones brachten nun Bands und Interpreten neu gewichtete Songs auf den Markt. »Es kam zu einer Explosion von Bands mit merkwürdigen Namen, die echte Pionierarbeit leisteten. Dylan war ihr Vater« (Gray, S. 150). »Fast jeder ist von ihm angetrieben worden«, schreibt Cohn auf Dylans Impulsgeber-Rolle eingehend, »und fast alles, was heute auf Neuem abläuft, hat in ihm seinen Ursprung« (Cohn, S. 153)*. »Bob Dylan war ein Rockstar, der in Amerika eine Musik-Bewegung anführte, die die Welt erobern sollte. Das Magazin *Life* nannte die neuen Hitmacher ›Bob Dylans Kinder‹« (Gross, S. 54). Der Dylansche Einfluß wurde von dessen Kollegen auch keineswegs bestritten. Stellvertretend sei hier John Lennon, ›Kopf‹ der Beatles, erwähnt, der in einer Fernsehsendung erklärte, er habe vor Dylan überhaupt nicht in Betracht gezogen, größere Sorgfalt auf die Texte der Beatles zu verwenden (vgl. Sarlin, S. 37). Zu Recht sieht Bob Sarlin Dylan denn auch als den »Mann, der... den Songschreibern half, die traditionellen Grenzen ihres Mediums zu sprengen« (Sarlin, S. 73). Die zu neuen Ufern aufbrechenden Interpreten fanden bereitwillige Förderung durch ihre Plattenfirmen, die schnell das enorme Absatzpotential der neuen Songs erkannten. Getreu dem Grundsatz, daß produziert wird, was sich verkaufen läßt, nahm man in den Chefetagen der Medienkonzerne den renitent bis revolutionären Charakter, die gegen das Establishment gerichtete Botschaft vieler Rockverse in Kauf. Ralph Gleason vermerkt nicht ohne Ironie, daß die amerikanische Industrie selbst Aufrufe zur Zerstörung ihrer eigenen Branche verkaufe – sofern sich nur genug Profit daraus schlagen lasse (vgl. Gleason in Denisoff/Peterson, S. 144).

Es ist von untergeordneter Bedeutung, ob ein Literaturwissenschaftler Dylans Verse im einzelnen für inhaltlich aussagekräftig und formal überzeugend hält. Die durchaus bestehenden Schwächen im Detail (gelegentlich inhaltliche Ungereimtheiten, unglücklich gewählte Formulierungen und aufgesetzt wirkende Bilder) ändern nichts an dem grund-

---

* Daß die gesellschaftsbezogenen Texte der Kollegen unterschiedliches Niveau hatten und sich in einige dieser Lieder durchaus klischeehafte Phrasen einschlichen, ist eine andere Sache.

sätzlichen Tatbestand, daß es hier einem experimentierfreudigen Autodidakten gelungen ist, eine erstarrte Konvention aufzubrechen und die populäre Musik des multinationalen englischen Sprachraumes nachhaltig zum Positiven zu verändern. Nik Cohn fragt rhetorisch: »Guter Text, schlechter Text – was spielt das für eine Rolle?« und resümiert: »Er hat schlicht und einfach den Pop erwachsen werden lassen; hat ihm Verstand gegeben« (Cohn, S. 150 und 153).

So wird der durch Dylan ausgelöste Wandel von der Kritik übereinstimmend gewürdigt. »Er bewies den anderen Musikern, daß Popmusik nicht hirnloser Schmäh zu sein brauchte«, heißt es bei Scaduto (S. 359). Ellen Willis schreibt: »Er hat… einer analphabetischen Musik seine sprachlichen Fähigkeiten aufgezwungen« (Willis in McGregor, S. 221); und Goldstein sieht Dylans »bemerkenswerte Leistung« darin, der Rockmusik »poetische Kraft« (Goldstein, S. 7) injiziert zu haben: »Es hat wohl niemand größeren Einfluß auf die Struktur des modernen Rock gehabt als Bob Dylan. Er schaffte… die mageren Strophen ab, die einst den Pop beherrschten, und ersetzte sie durch eine flexiblere organische Struktur. Seine üppigen *ballads* töteten den 3-Minuten-Song und halfen die Langspielplatte als das wichtigste Kommunikationsmittel des Rock zu etablieren… Durch Dylans Erfolg war der Nachweis erbracht, daß poetische Bildersprache in der Popmusik einen Platz hat« (Goldstein, S. 6).

Daß Bob Dylan als erstem Songpoeten im Zeitalter der Massenmedien – »dem Walt Whitman der Musikbox« (Goldstein, S. 11) – in der Chronik der populären Musik eine herausragende Position zukommt, wird von allen Autoren immer wieder unterstrichen. »Er akzeptierte keineswegs, was er vorfand, um sich dann in einer lukrativen Nische niederzulassen, sondern sprengte vielmehr die ganze Popwelt weit auseinander und schuf eine neue« (Gray, S. 145). Sarlin schreibt: »Ganz aus eigener Kraft« habe »dieser schmächtige Flüchtling aus dem Ödland Minnesotas ein für allemal die Welt der Songschreiber verändert« (Sarlin, S. 38), und Donald Myrus würdigt Dylan als »die wichtigste Figur im Bereich des populären Liedes« (Myrus, S. 16). »Dylan hat eine Revolution ausgelöst«, urteilt Ellen Willis. »Er erweiterte die Folk-Mundart zu einer klangvollen bilderreichen Sprache und durchsetzte den Protestsong mit literarischen und philosophischen Feinheiten« (Willis in McGregor, S. 221). Jener Ausweitung des Song-Wortschatzes geben Gleason und Gray einen noch erheblich über den Bereich der Popmusik hinausgehenden Stellenwert. Der Einfluß Dylans auf die Kultur der englischsprachigen Welt sei, so argumentiert Gleason, »außerordentlich [groß] und zumindest in bezug auf… die Bereicherung der Sprache nur mit Shakespeare und der Bibel zu vergleichen« (Gleason, 1974). Michael Grays Einschätzung zielt in dieselbe Richtung: »Bob Dylan befreite den öffentlichen Geschmack. Er hat mehr getan als jeder andere, … um in einem Massenpublikum eine gewisse Aufnahmebereitschaft für Geistreiches und Nicht-Triviales zu wecken, wo dererlei bislang alleiniges

Vorrecht elitärer Minderheiten gewesen war« (Gray, S. 153). Der Dichter Allen Ginsberg schließlich bilanziert: »Es war eine künstlerische Herausforderung, zu sehen, ob sich wahre Kunst über die Musikbox vermitteln läßt. Und er bewies: es geht« (Ginsberg nach Gleason in McGregor, S. 185).

Doch reicht Bob Dylans Bedeutung weit über jene Niveauanhebung der Popmusik hinaus. Dank seiner immensen Popularität gab der Songpoet (wohl eher unbeabsichtigt als gewollt) eine Reihe weiterer Stimuli. So argumentiert Sarlin mit einiger Berechtigung, Dylans Liebeslieder der Platte *Another Side* (1964) hätten den Grundstein für die *Make-love-not-war*-Bewegung gelegt (vgl. Sarlin, S. 39). Die Texte der sich anschließenden Rock-Phase (sowie die Nummern anderer von ihm inspirierter Musiker) waren Wegbereiter des großen Trips der Jugend zur Entdeckung des eigenen Ichs. Die Rocksongs nährten das Streben nach Persönlichkeitsentfaltung, sie stärkten den Wunsch, die individuellen Möglichkeiten und Grenzen zu erkunden. »Der Versuch, mit sich selbst in Wettstreit zu treten anstatt mit anderen, die Bereitschaft, auf eigenen Füßen zu stehen, sich den Veränderungen der Zeit zu stellen, wo es nötig ist – Dylan machte es allen vor, genauso wie seine Lieder zeigten, daß sich Rock mit realen Themen beschäftigen durfte, nicht nur mit konventionellen Unwahrheiten. Doch nicht nur das: Das Experiment, aus Drogen zu lernen..., die Abfuhr an die herrschende Logik und das Sich-Öffnen für Mystisches – Dylan hat all dies... angekurbelt« (Gray, S. 151).
Als der Songpoet 1966 nach seinem schweren Motorradunfall die ländliche Abgeschiedenheit suchte, vollzogen im Laufe der folgenden Jahre Tausende stadtfrustrierter junger Menschen den gleichen Schritt, und überall, in der Provinz entstanden Kommunen. Auch stellt sich die Frage, ob das legendäre Woodstock Festival (August 1969), jenes große Finale des Jahrzehnts der friedlichen Rebellen, zu jenem beeindruckenden Massen-Happening geraten wäre, hätte nicht ein gewisser Bob Dylan ganz in der Nähe des Veranstaltungsortes ein Landhaus bewohnt. Der Geist dieses ungewöhnlichen Songschreibers war allgegenwärtig. »Seine gigantische Silhouette schwebte über den Scharen auf den Rockmusik-Festivals. Die große heimliche Hoffnung von Woodstock war, daß Dylan auftreten würde, sozusagen um das Ganze abzurunden, es zu segnen und perfekt zu machen, wie ein Moses, der von seinem Berg herabsteigt« (Gray, S. 151).
Was er auch tat, es zog Kreise. Als Dylan 1969 mit *Nashville Skyline* eine Country-LP vorgelegt hatte, war damit die bis dahin als ›reaktionär‹ verschriene Südstaaten-Musik vorzeigbar geworden. Viele Kollegen und Hunderttausende von Hörern, die vorher kaum auf die Idee gekommen wären, sich auf Nashville-Produktionen einzulassen, begannen sich nun für diesen Sound zu erwärmen. »Wiederum hatte er binnen kurzem den sensiblen Teil der Rock-Interpreten in seinem Sinne umge-

stimmt: Auf das psychedelische Elektronik-Inferno folgte eine Periode leiserer Töne und eine Rückbesinnung auf die Country-Tradition« (Der Spiegel, 1974).

Bob Dylan und die Gegenkultur der sechziger Jahre waren – im Guten wie im Zweifelhaften – untrennbar miteinander verwoben. Der Songschreiber wirkte als Trendsetter par excellence. Seine Katalysator-Funktion ist unbestreitbar. Biograph Scaduto faßt zusammen: »Es lag wenigstens zum Teil an Dylan, daß es im Land bald Hunderttausende von Freaks gab, die ein Leben außerhalb der etablierten Gesellschaft zu führen versuchten, ... entschlossen, sich nicht in den Fußangeln der sogenannten Zivilisation zu verfangen. Dylans Einfluß ist spürbar in denen, die das System in Frage stellen, indem sie ihre Mitarbeit verweigern oder es frontal angehen. .... Marcuse, Hesse, Fanon, Sartre, Camus, Proudhon und andere lieferten die Ideologie. Doch von Dylan kam der emotionale Drive, der das alles durchschlagen ließ« (Scaduto, S. 360).

Wer sich mit dem Zeitgeist der sechziger Jahre in den Vereinigten Staaten (oder auch anderer westlicher Länder) beschäftigt, kommt an Robert Allan Zimmerman aus Minnesota nicht vorbei. «Bobby Dylan sagt, was viele von uns fühlen, aber nicht ausdrücken können«, bemerkte einst die Sängerin Joan Baez (nach McGregor, S. 65), und *Der Spiegel* (1974) schrieb: »Kein Rockautor und -interpret hat die kollektiven Emotionen der Zeit mit einem solchen Bilderreichtum ausgedrückt wie dieser ›Shakespeare seiner Generation‹.« Jerome Rodnitzky urteilt: »Wie kein anderer Interpret... symbolisierte Dylan, was es bedeutete, in den Sechzigern jung und entfremdet zu sein« (Rodnitzky, S. 113).

Der Songpoet prägte und dokumentierte jene Dekade wie keine andere Figur des popular-kulturellen Lebens. »Als wir ein für allemal unsere Unschuld verloren, hielt Dylan diesen Moment künstlerisch fest«, formulierte der Autor Peter Hamill (nach Baseler, *Evening News*). So wird die Schallplatte zur Chronik, der Liedtext zum zeitgeschichtlichen Dokument. In den Song-Kompositionen lebt die eigentümliche Atmosphäre jenes unruhigen Jahrzehnts weiter, ein Stimmungsgemisch aus Hoffnung, Ängsten, Liebe und Zorn. Wer die Sechziger ergründen will, der widme sich ihren Songs – »die besten kamen von Dylan« (Pichaske, S. 184).

Als dem Sänger 1970 die Ehrendoktorwürde der angesehenen Princeton University verliehen wurde, charakterisierte der Hochschul-Präsident Bob Dylan als »den authentischen Ausdruck des beunruhigten Gewissens seiner Generation« (nach Sandner, *FAZ*). In der Tat: Dylans Lieder sind Spiegel ihrer Zeit, ein Erbe des Jahrzehnts der Rebellion – Geschichte nach Noten.

Discographie

In den 60er Jahren offiziell veröffentlichte Dylan-LPs:

Bob Dylan, Feb./März 1962
1: She's No Good; Talkin' New York; In My Time of Dyin'; Man of Constant Sorrow; Fixin' to Die; Pretty Peggy-O; Highway 51.
2: Gospel Plow; Baby, Let Me Follow You Down; House of the Risin' Sun; Freight Train Blues; Song to Woody; See That My Grave Is Kept Clean. (Nur »Talkin' New York« und »Song to Woody« von Dylan verfaßt.)

The Freewheelin' Bob Dylan, Mai 1963
1: Blowin' in the Wind; Girl from the North Country; Masters of War; Down the Highway; Bob Dylan's Blues; A Hard Rain's A-Gonna Fall.
2: Don't Think Twice, It's All Right; Bob Dylan's Dream; Oxford Town; Talking World War III Blues; Corrina, Corrina (trad.); Honey, Just Allow Me One More Chance (with H. Thomas); I Shall Be Free.

The Times They Are A-Changin', Januar 1964
1: The Times They Are A-Changin'; Ballad of Hollis Brown; With God on Our Side; One Too Many Mornings; North Country Blues.
2: Only a Pawn in Their Game; Boots of Spanish Leather; When the Ship Comes In; The Lonesome Death of Hattie Carroll; Restless Farewell.

Another Side of Bob Dylan, August 1964
1: All I Really Want to Do; Black Crow Blues; Spanish Harlem Incident; Chimes of Freedom; I Shall Be Free No. 10; To Ramona.
2: Motorpsycho Nitemare; My Back Pages; I Don't Believe You; Ballad in Plain D; It Ain't Me, Babe.

Bringing It All Back Home (Subterranean Homesick Blues), März 1965
1: Subterranean Homesick Blues; She Belongs to Me; Maggie's Farm; Love Minus Zero/No Limit; Outlaw Blues; On the Road Again; Bob Dylan's 115th Dream.
2: Mr. Tambourine Man; Gates of Eden; It's Alright, Ma (I'm Only Bleeding); It's All Over Now, Baby Blue.

Highway 61 Revisited, Aug./Sept. 1965
1: Like a Rolling Stone; Tombstone Blues; It Takes a Lot to Laugh, It Takes a Train to Cry; From a Buick 6; Ballad of a Thin Man.
2: Queen Jane Approximately; Highway 61 Revisited; Just Like Tom Thumb's Blues; Desolation Row.

Blonde on Blonde, Juni 1966
1: Rainy Day Woman No. 12 & 35; Pledging My Time; Visions of Johanna; One of Us Must Know (Sooner or Later).
2: I Want You; Stuck Inside of Mobile with the Memphis Blues Again; Leopard-Skin Pillbox Hat; Just Like a Woman.
3: Most Likely You Go Your Way and I'll Go Mine; Temporary Like Achilles; Absolutely Sweet Marie; Fourth Time Around; Obviously Five Believers.
4: Sad-eyed Lady of the Lowlands.

Bob Dylan's Greatest Hits, April 1967
1: Rainy Day Women Nr. 12 & 35; Blowin' in the Wind; The Times They Are A-Changin'; It Ain't Me, Babe; Like a Rolling Stone.
2: Mr. Tambourine Man; Subterranean Homesick Blues; I Want You; Positively 4th Street; Just Like a Woman.

John Wesley Harding, Januar 1968
1: John Wesley Harding; As I Went Out One Morning; I Dreamed I Saw St. Augustine; All Along the Watchtower; The Ballad of Frankie Lee and Judas Priest; Drifter's Escape.
2: Dear Landlord; I Am a Lonesome Hobo; I Pity the Poor Immigrant; The Wicked Messenger; Down Along the Cove; I'll Be Your Baby Tonight.

Nashville Skyline, Mai 1969
1: Girl from the North Country; Nashville Skyline Rag; To Be Alone With You; I Threw It All Away; Peggy Day.
2: Lay, Lady, Lay; One More Night; Tell Me That It Isn't True; Country Pie; Tonight I'll Be Staying Here With You.

Bibliographie

Dieses Literaturverzeichnis enthält alle Bücher und Artikel, aus denen in dem vorliegenden Buch zitiert wurde, sowie ausgewählte zusätzliche Werke. Die bislang umfangreichste Bibliographie (ca. 30 S.) findet sich in dem Buch *The Hollow Horn* von Dennis Anderson (s. u.). Ferner sei auf den bebilderten und ausführlich kommentierten Katalog des HOBO-Versands hingewiesen, ein in der Welt einmaliger Spezial-Service für Dylan-Publikationen, -Platten und -Fanmagazine. Anschrift: HOBO, Wendl-Dietrich 6, 8000 München 19.

A) *Publikationen über (und von) Bob Dylan*

Anderson, Dennis, *The Hollow Horn. Bob Dylan's Reception in the United States and Germany,* München: Hobo Press, 1981
(sachkundige Aufarbeitung der Dylan-Rezeption)
Dylan, Bob, *Tarantula,* New York, 1971
(Dylans erstes und bisher einziges Buch)
Dylan, Bob, *Texte und Zeichnungen.* Deutsch von Carl Weissner, Frankfurt: Zweitausendeins, 1975 (Titel der amerikanischen Originalausgabe: *Writings and Drawings,* New York, 1973)
(zweisprachige Textsammlung, inzwischen teilweise überarbeitete Neuauflage)
Gleason, Ralph, »The Poet Returns. The Media Boggle«, *Rolling Stone,* 14. 1. 1974
Gray, Michael, *Song & Dance Man. The Art of Bob Dylan,* London, 1972 (1981 überarbeitete und aktualisierte Neuausgabe, Fotos)
(Textanalyse aus literaturwissenschaftlicher Sicht)
Gross, Michael, *Bob Dylan. An Illustrated History,* London, 1978 (Deutsche Ausgabe unter dem Titel: *Bob Dylan. Der Messias der Rock-Generation,* München: Heyne Discothek, 1980)
Harloff, Steven, *Bob Dylan and the Culture of the 1960's,* Magister-Arbeit, Bowling Green State University, Bowling Green, Ohio, o. J. (1976, 77 od. 78)
Herdman, John, *Voice Without Restraint. A Study of Bob Dylan's Lyrics and their Background,* Edinburgh, 1981
Hetmann, Frederik, *Bob Dylan,* Reinbek: rororo-rotfuchs (Jugendbuch), 1976
(inzwischen erweiterte und aktualisierte Neuausgabe)
Knobler, Peter, »Blonde on Blonde«, *Crawdaddy,* März 1967
Kramer, Daniel, *Bob Dylan,* New York, 1968
(klassischer schwarzweiß Fotoband zum Zeitraum 1964/65)
Krogsgaard, Michael, *Twenty Years of Recording. The Bob Dylan Reference Book,* Kopenhagen, 1981 (umfangreichste Discographie)
Liederschmitt (Schmitt, Walter), *Bob Dylan halb & halb,* 2 Bde., Trier, 1978. Bd. I *Lonesome Sparrow* 1960–66; Bd. II *Mighty Mocking-Bird* 1967–78
(bisher interessanteste deutschsprachige Dylan-(Text-)Analyse; inzwischen erschien auch ein aktueller Nachtrag)
Malanga, Gerard, »Dylan: Poet«, *Changes,* April 1971
McGregor, Craig (Hrsg.), *Bob Dylan. A Retrospective,* New York, 1972
(unentbehrliche Materialsammlung mit zahlreichen Aufsätzen und Zeitungsartikeln über Dylan. 1980 aktualisierte Neuauflage)
Miles, Barry, *Bob Dylan in His Own Words,* London, 1978 (Zitatensammlung);

(deutsche Ausgabe unter dem Titel *Bob Dylan – wie er sich selbst sieht,* Bergisch-Gladbach: Bastei, 1983)

Parker, Kenneth Roy, *Bob Dylan. Poetic Reflections on American Confusion,* Magister-Arbeit, San Francisco State University, 1976

Pickering, Stephen, *Bob Dylan Approximately. Portrait of the Jewish Artist in Search of God,* New York, 1975
(Interpretation von Dylans Werk und Leben aus jüdisch-theologischer Sicht. Fotos)

Rinzler, Alan, *Bob Dylan. The Illustrated Record,* New York, 1978
(großformatiger Fotoband)

Sandner, Wolfgang, »Wie weit muß er noch gehen? Das Deutschland-Debut eines Heros der Folk-Rock-Musik. Bob Dylan in Dortmund«, *Frankfurter Allgemeine Zeitung,* 30.6.1978

Scaduto, Anthony, *Bob Dylan,* Deutsch von Carl Weissner (Erstausgabe), Frankfurt: Zweitausendeins, 1976 (Titel der Originalausgabe: *Bob Dylan. An Intimate Bibliography,* New York, 1971)
(bislang ausführlichste Biographie)

Schmidt, Mathias R., *Bob Dylans ›message songs‹ und die angloamerikanische Tradition des sozialkritischen Liedes,* Europäische Hochschulschriften, Frankfurt/Bern: Peter Lang Verlag, 1982
(erste deutschsprachige Dylan-Dissertation)

Shelton, Robert, »Dylan Sings of Lovers, Losers«, *New York Times,* 14.1.1968

Sloman, Larry, *On the Road with Bob Dylan. Rolling with the Thunder,* New York, 1978
(über die legendäre Rolling-Thunder-Tournee 1975)

Der Spiegel, »Bob Dylan. Illumination einer Legende«, 14.1.1974, S. 110–116

Thomson, Elisabeth (Hrsg.), *Conclusions on the Wall. New Essays on Bob Dylan,* Manchester, 1980

Thomson, Toby, *Positively Main Street. An Un-Orthodox View of Bob Dylan,* New York 1971
(leger geschriebene ›Biographie‹ über Dylans Jugendjahre)

Williams, Paul, *Dylan – What Happened?,* South Bend, Glen Ellen, 1980
(über Dylans Hinwendung zum Christentum)

Yenne, Bill, *One Foot on the Highway, Bob Dylan on Tour,* San Francisco, 1974
(über die 1974er Tournee, die erste nach achtjähriger Auftrittspause)

Fast alle der nicht im Buchhandel erhältlichen Titel sind über HOBO, München (s.o.) beschaffbar.

B) *Publikationen zum (zeit-)geschichtlichen Hintergrund*

Adams, Willi Paul (Hrsg.), *Die Vereinigten Staaten von Amerika,* Fischer Weltgeschichte, Bd. 30, Frankfurt, 1977

Ames, Russel A., *The Story of American Folk Song,* New York, 1960

Bluestein, Gene, *The Voice of the Folk. Folklore and the American Literary Theory,* Amherst, Mass., 1972

Child, Frances James, *The English and Scottish Popular Ballads,* 5 vols, London, 1882–98, repr. New York, 1965

Cohn, Nik, *Rock from the Beginning,* New York, 1970

Denisoff, R. Serge, *Solid Gold, The Popular Record Industry,* New Brunswick, 1975

Denisoff, R. Serge, und Richard A. Peterson (Hrsg.), *Sounds of Social Change,* Bowling Green, Ohio, 1972

DeTurk, David A. und A. Poulin, Jr. (Hrsg.), *The American Folk Scene. Dimensions of the Folksong Revival,* New York, 1967

Ewn, David, *All the Years of American Popular Music. A Comprehensive History,* Englewood Cliffs, N. J., 1977

Faulstich, Werner, *Rock-Pop-Beat-Folk. Grundlagen der Textmusik-Analyse,* Tübingen, 1978

Goldstein, Richard, *The Poetry of Rock,* 12. Aufl., New York, 1976

Greenway, John, *Folksongs of Protest,* Philadelphia, 1953

Guggisberg, Hans R., *Geschichte der USA,* Stuttgart, 1976

Guthrie, Woody, *Bound for Glory,* New York, 1943 (Biographie)

Harrington, Michael, *The Other America. Poverty in the United States,* repr. with afterword, New York: Pelican, 1981

A History of the United States from 1877, New York: Holt, Rinehart and Winston, Publishers, 1979

Hodgart, Matthew, *The Ballads,* London, 1950

Kornbluh, Joyce L. (Hrsg.), *Rebel Voices. An I.W.W. Anthology,* 2. Aufl., Ann Arbor, Mich., 1965

Lomax, Alan, *The Folk Songs of North America in the English Language,* New York: Dolphin Books, 1975

ders., *The Penguin Book of American Folksongs,* Harmondsworth, o. J.

Mehnert, Klaus, *Jugend im Zeitbruch. Woher – Wohin?,* Stuttgart, 1976

Myrus, Donald, *Ballads, Blues and the Big Beat,* New York, 1966

O'Neill, William L., *Coming Apart. An Informal History of America in the 1960's,* 6. Aufl., Chicago, 1977

Pichaske, David, *A Generation in Motion. Popular Music in the Sixties,* New York, 1979

Rodnitzky, Jerome L., *Minstrels of the Dawn. The Folk-Protest Singer as a Cultural Hero,* Chicago, 1976

Rosen, David M., *Protest Songs in America,* West Lake Village, Cal., 1972

Sarlin, Bob, *Turn It Up (I Can't Hear the Words), The Best of the New Singer/ Songwriters,* New York, 1973

Schmidt-Joos, Siegfried, und Barry Graves, *Rock Lexikon,* aktual. u. erw. Aufl., Reinbek: rororo, 1979

Shelton, Robert, *Young Folk Song Book,* New York, 1963

Shepard, Leslie, *The Broadside Ballad,* London, 1962

Sinclair, Upton, *The Jungle,* New York: Signet Classic, 1960

Siniveer, Kaarel, *Folk Lexikon,* Reinbek: rororo, 1981

Dank

Dieses Buch basiert auf den Erkenntnissen meiner Dissertation. Niemandem bin ich daher mehr verpflichtet als Prof. Dr. Horst Oppel, Marburg (†), der mich von dem Moment an, als ich ihm seinerzeit mein Dylan-Projekt vortrug, nach Kräften unterstützte und ermutigte. Später wurde die Arbeit von Prof. Dr. Horst Breuer weiter betreut; auch ihm bin ich für Kritik und Ratschläge verbunden.

Alle in den Vorbemerkungen genannten amerikanischen Interview-Partner sowie die vielen bereitwilligen Helfer an den von mir besuchten Institutionen in den Vereinigten Staaten und London haben ihren Teil dazu beigetragen, die Materialgrundlage dieser Untersuchung zu verbreitern. Dennis Anderson, Peter Hoffmann, Harald Müller und Hans-Ludwig Seim gaben willkommene Anregungen und beschafften Informationen. CBS Frankfurt stellte mir Dylan-Platten zur Verfügung; die Deutsche Forschungsgemeinschaft förderte eine meiner Rechercenreisen. Ganz besonderen Dank schulde ich meiner Frau Tanja-Gabriele; ihre konstruktive Kritik hätte ich nicht missen wollen.

M. S.